中国の恐るべき監視体制

独裁政治の未来

THE SENTINEL STATE
Surveillance and the Survival of Dictatorship in China

ミンシン・ペイ 著
Minxin Pei

布施亜希子 訳

河出書房新社

中国の恐るべき監視体制——独裁政治の未来——目次

中国の恐るべき監視体制　独裁政治の未来

略語一覧

CPLC	(Central Political and Legal Affairs Commission)	中央政法委員会〔PLCの上部組織〕
DSP	(Domestic Security Protection)	国内安全保衛
KI	(Key Individuals)	重点人員
KP	(Key Populations)	重点人口
LSG	(leading small group)	領導小組
MPS	(Ministry of Public Security)	公安部
MSS	(Ministry of State Security)	国家安全部
PLA	(People's Liberation Army)	人民解放軍
PLC	(political-legal committee)	政法委員会
PSB	(Public Security Bureau)	公安局
PSC	(Politburo Standing Committee)	政治局常務委員会
PSD	(Public Security Department)	公安庁
SSB	(State Security Bureau)	国家安全局

はじめに

ジョージ・オーウェルの『一九八四年』〔高橋和久訳、ハヤカワepi文庫、二〇〇九年〕で描かれたディストピアの世界は、長い間、サイエンス・フィクションの物語だと考えられてきた。ところが、世界最先端の監視技術を積極的に導入する中国政府はSFを現実のものにしつつあるようだ。二〇一七年、BBCのジョン・サドワース記者によって中国のハイテク監視能力が試された。貴州《きしゅう》省の五〇〇万人都市である貴陽《きよう》市の通りを歩く記者を警察が捜し出せるかという挑戦だった。サドワース記者の写真、監視カメラのローカルネットワーク、顔認証技術を武器に、警察が大都市をさまよう記者の位置を特定するのにかかった時間はわずか七分だった。[1]

貴陽市は、一般人の顔を感知してスキャンし、自動的に主要な識別情報を取り込み、警察のデータベースに登録して照合できるきわめて高度な技術を備えている。これは都市の規模にかかわらず、中国国内のどの都市も同様だ。二〇一九年末に発表された『ニューヨーク・タイムズ』紙の調査によると、このいたるところに存在する監視体制によって「警察が通りを歩く人々の身元を把握し、接触相手を突き止め、共産党員か非党員かを特定」できるという。[2]

しかし、一般の中国人が経験する恐怖やプライバシーの喪失は、新疆《しんきょう》ウイグル自治区に住む少数民族、ウイグル族の人々が受けている侵入行為や屈辱行為に比べれば取るに足らないことだ。二〇一七年にこの地域を訪れた『ウォール・ストリート・ジャーナル』紙の記者は「IDスキャナーを備えた検問所が鉄道の駅や町の出入り口の道路を警備し、顔認証装置がホテル、ショッピングモール、銀行での出入りを監視しています。警察は携帯端末を使い、スマートフォンの中の暗号化されたチャットアプリや政治色の強い映像、その他の疑わしいコンテンツを調べます。ガソリンを入れるには、ドライバーがまずIDカードを機械に通し、カメラを凝視しなければならないのです」と語っている。[3]

新型コロナウイルス感染症の大流行時には、中国の監視体制の持つ能力と規模が存分に発揮された。厳重なゼロコロナ政策を実施するため、政府は電話追跡、秘密アルゴリズム、ビッグデータを使って一般人の健康状態や渡航履歴を把握し、公共の場への立ち入りを許可するか検疫の対象とするかを決定した。二〇二二年十一月末、ロックダウンに反対する自然発生的な抗議デモが発生したあと、警察はコロナ検出計画を展開した。監視カメラや顔認証技術はデモ参加者を特定するのに役立っていたが、この技術の妨害目的でマスクやアイゴーグルを着用したデモ参加者を特定するための計画だった。[4]

外から見れば恐るべき技術だが、その監視能力に満足していないと見える中国共産党は、壮大な「社会信用システム」を発表した。これは、個人の社会的・経済的活動に関するデータに基づいて、個人の政治的忠誠心を評価し、その志向を政府当局が予測できるようにするしくみだ。「すべての監視体制の母」ともいえるこの計画は、有名な投資家であり、開かれた社会〔一九三二年に仏哲学者ベルクソンが提唱し、のちに英国のポパーによって発達した、開かれた社会で政府は敏感で寛容深く、政治機構は透明で柔軟であるという概念。

権威主義の反対〕の支持者であるジョージ・ソロスが、「歴史上前例のない方法で、個人の運命を一党独裁国家の利益に従属させる」計画であると警告するほど、憂慮すべきものだ。[5]

このような記述や警告によって、私たちは中国の技術的に高度な監視システムの出現に関心を向けてしまうが、最新ツールに世間が注目するあまり、もっと重大なこと、つまり中国の監視体制の基盤にある、技術レベルの低い労働集約的なアプローチを見落としている。数十年にわたり、中国の党国家〔政権党と政府が密接不可分に融合した「党＝国家」の党政一体型体制〕は綿密に人的資源と組織構造を組み立てたが、こうした技術的要素が導入されたのはごく最近のことだ。実際に、中国の監視体制に与える歴史的な影響は一〇〇〇年前にさかのぼる。開発が進められたのは毛沢東主義の時代からで、一九八九年の天安門民主化運動の鎮圧後に大規模な投資の焦点となった中国共産党のアナログ監視体制が、世界最強の一党独裁体制を存続させる鍵となっているというのが、私の主張だ。理論上は、自由化や民主化さえ促進されるはずの経済成長の中で、党国家が存続してきたのは、史上最も有能な監視インフラを保有しているからである。

中国共産党がこれほど熱心に取り入れる注目のテクノロジーが少なからず有効なのは、潤沢な資金が提供され、うまく組織化され、党体制に対する政治的脅威を抑止して封じ込めるために注意深く設計された安全保障官僚組織の人員によって、テクノロジー自体が党体制にとって脅威となることなく展開されているからだ。本研究の目的は、中国の監視体制の進化、組織、運営、技術的向上について包括的に分析することと、独裁政権がいかにして存続するか、中国共産党が繁栄する一方で、他の権威主義政権が〔時には自国の治安機構の手によって〕弱体化するのはなぜかという二点への理解を深めることにある。現代中国の監視構造の起源にさかのぼり、ローテクな方法が新しいシステムとともに機能し続けている過程を観察することで、毛沢東時代後、天安門事件後の時代に起こった急進的な社会的・経済的変質にもかかわらず、中国共産党が権力の独占に成功してきた方策をよりよく理解できる。

中国における国家監視の研究

中国の国家的強制力は、学術的にとても興味深い。法を執行し犯罪を取り締まろうとする公安組織の構造、人的資源、戦術における近年の変化については、とくに目を引く。[6] また、学者たちは天安門事件後の安全保障の優先順位についても言及してきた。天安門事件以降、公安当局者は政治的地位を高め、国内治安のための資金も大幅に増加している。[7] 少数民族や宗教団体への迫害、人権侵害、異議への弾圧、「安定維持（維穏《いおん》）」に関する研究もある。[8]

また、通常のインターネット、とりわけソーシャルメディアに対して検閲を行う、神経をとがらせるような記念日の前後に行われる政治活動を先制的に弾圧する、財産権の譲渡や抗議活動を市民に強制的にやめさせるために親族や雇われた暴漢を配置する、情報提供者を利用する、政府工作員が小さな村へ潜入する、一般の中国人を監視するために国の福祉提供を利用するなど、弾圧的な戦術の高度化について詳述する評論家もいる。[9] 中国の先端技術の導入に関連した研究もある。この最新の話題はジャーナリストによって広められたが、この問題をより深く研究している学者にとっても大きな関心事だ。[10]

テクノロジーに過度に注目した浅薄な報道記事を除けば、こうした研究によって中国の安全保障体制の方策を深く理解することができる。しかし、そのほとんどは、安全保障体制そのもの、つまりその構造と組織の本質については脇に置いたままだ。中国の国家安全保障機構が存在することに疑問の余地はない。問題はこの機構の全容と機能ではなく、その効果がどのようなものであるか、ということだ。中国共産党が「なぜ」国内のスパイ活動や社会統制にこれほど重きを置いているのかについて、弾圧の具体的な手段を詳述する研究にはほとんど語ることができないのも当然のことかもしれない。[11]

本書は、私自身の研究と他の学者の研究による情報から、中国の監視体制に関するより基本的な疑問に答えようとするものだ。そして何よりも、監視体制の進化をたどり、その基本的な構造を明らかにすることに注力している。そして、国内治安を監督し協調する中国共産党の政治・法律機構、国内スパイ活動を明確に任務とする強制機関部門、情報提供者のネットワーク、おもな大規模監視プログラム、そして最も一般的な監視戦術という、中国の監視体制の最も重要な構成要素を深く掘り下げた調査を示している。

これらの構造と方法が集合的に、中国流の「予防的弾圧」を構成している。この概念は、今後の研究の中心となるだろう。予防的弾圧は、独裁者にとって最も強力な武器の一つである。その発想は単純で、反体制派が行動を起こす前にその動きを封じるというものだ。予防的弾圧は、プロパガンダや観念的な洗脳ではなく、そもそも反体制派を結成させないことをねらいとしている。単に潜在的な敵に賄賂《わいろ》を贈るという問題でもない。また、逮捕、殴打、投獄、さらには殺害といった形の国家的暴力であるはずもない。これらは後手後手の手法なのである。これとは対照的に、予防的弾圧は、目に余る暴力行為に及ぶことなく政権を守るべきだという見解を反映している。反体制派の計画や、とくに体制に異議を唱え、弱体化させようとする人々の集団行動に対して、さりげなく障害を設けるのだ。

現代中国の監視体制がこれまで包括的な検証を免れてきた理由は二つある。一つめは、党が監視体制の拡大、強化、近代化に着手したのは一九八九年の天安門事件の後であり、完全に近代化された監視国家が出現したのはおそらく二〇〇〇年代末だったということがある。結果的に、現代中国の監視体制を振り返り、その発展を評価する時間はあまりなかった。二つめに、さらに重要なことだが、監視体制の大規模な組織と運営を理解するために必要な情報の多くは公開されていないということがある。この障害を回避するには現場の治安当局者へのインタビューも一つの方法だ。しかし、研究者たちは、そのような人々やシステムの内部を知る人物に簡単にアクセスすることができない。

実施計画上の課題はさておき、秘密のベールを突き破り、監視体制の構造、運営、弱点に光を当てる調査は、非常に大きな価値がある。理論上、このような研究は、権威主義体制全般の存続に関する文献や、とくに体制の型と耐久性の関係に関する文献にとって役立てられるだろう。中国の事例を研究すれば、レーニン主義国家の制度がいかに優れた弾圧・監視能力をその強制組織に装備させているかを解明できる。また、中国の事例は、近代化と民主化の関係を考えるうえでも特別な意味合いを与える。豊かな社会ほど民主的傾向がある一方で、中国に顕著であるように、急速な経済成長が持続しているにもかかわらず権力を維持できている独裁国家もある。急速な経済成長が政治的独占の価値を高めた結果、こうした政権が権力維持への決意をより強固なものにしている、という説明が説得力を持つ。同時に、潤沢な資金と先端技術を利用して、こうした政権は反対勢力を無力化する力を拡大し向上させることができる。

とりわけ、これは実証的な研究であり、中国の監視体制の組織と運営について慎重かつ詳細に記述している。この記述的プロジェクトは、一九九〇年代初頭以来、中国が経験してきた大規模な社会経済的変化にもかかわらず、中国共産党がいかにして権力の掌握を維持してきたかを理解したいという、最大の目的を達成するのに役立つ。

弾圧と独裁政権の存続

世襲政権、一族王朝、軍事政府から全体主義的な共産主義一党独裁国家に至るまで、すべての独裁政権は、権力を維持するために政治的弾圧に依存している[12]。これは決して容易なことではない。

独裁者が反対勢力を抑止し、制圧するために暴力や暴力の脅威に頼る場合、二つの大きな課題に直面する。一つめは、行う弾圧の量を微調整することである。一方では、独裁政権は市民を弾圧しなければならない。不充分な弾圧では、その支配を弱体化させようとする集団を抑止できず、政権存続が危ぶまれる。他方では、過剰な弾圧は、深刻なイメージ悪化という損失や国際的制裁を招くだけでなく、反対勢力を急進化させ、支配層に対する暴力的反発を引き起こす可能性がある[13]。弾圧を過剰に行えば、支持者を遠ざけてしまうことで独裁者がより不安定になり、みずからの安全保障が脅かされる恐怖が支持者の背信行為への動機となる可能性がある[14]。過剰な弾圧を行う独裁国家は経済成長を抑制する傾向があるが、これはおそらく弾圧によって財産権が保護されなくなり、経済的自由が制限されることが多いからだろう[15]。また、行きすぎた弾圧が引き起こす政治的不安定性、つまり反発やさらに内戦は、成長抑制にもなる[16]。長期にわたれば、成長の欠如により政権の歳入は減少するだろう。支持を獲得して国家の強制機構に資金を供給するという独裁者の能力を弱め、政権の権力保持力を弱めることになる。弾圧の最初のジレンマを解決するには、敵を育てることなく反対勢力を封じ込めるために、どの程度の弾圧が適切かを見極めることだ。

二つめの課題は、一つめの課題に続くものである。弾圧は、それが過剰なものであれ、精密に調整されたものであれ、多くの当局者の手によって行われる。弾圧に頼る独裁者は、大規模な強制組織を構築し、維持しなければならない。しかし、ここにはいわゆる「強制のジレンマ」がある。民衆の反乱から支配者を守る組織が、その支配者を転覆させる力を持つ可能性があるというわけだ。[17] 一九五〇年から二〇一二年の間に、権力の座から追われた独裁者の三分の一は、内部の人間主導のクーデターによって倒された。[18] この危険性に対抗するため、独裁者は治安部隊間の対立を煽《あお》るなど、クーデターを防ぐ戦術をとる。そして、強制組織のある部門を他の部門より優遇すること（たとえば、秘密警察を軍よりも優遇するなど）によって独裁者は自分の下に権力が集中するのを防ぐことができる。しかし、均衡を保つには代償が伴う。背信行為を助長し、対象となった組織の有効性を低下させる可能性がある。加えて、政治色の強い治安当局は過剰な暴力を行使する可能性があり、前述した一つめの課題を引き起こす。[19]

こうした問題は克服できないものではないが、有効な対処は容易ではない。通常、さまざまな政策が必要とされるため、最も洗練され成功した独裁政権、つまり最も長く存続し、最も安定した政治環境で統治する独裁政権は、権力を維持するための多様な手段を備えている傾向がある。[20] 独裁政権は、経済成長を促進し、生活水準の向上を実現し、生活に直結した問題を利用して国民の目に映るみずからを正当化するかもしれない。[21] プロパガンダ、教育システム、その他の手段を用いて、独裁政権は、国民の支持を強化するために民族主義的感情や世論を操作するのが一般的だ。[22] 政権は財界首脳、宗教団体、知識層、労働組合の長など、選ばれた社会的支配層を、特権を分かち合うことで取り込むことがある。こうした支配層は、その影響力を利用して、政権への支持を拡大する。[23] 不正な選挙に長けた独裁政権というのは、支配権の主張に見せかけの民主的正当性をかぶせることができる。[24] こうした努力は、弾圧と並行して行われるため、後者はきわめて重要ではあるが、権力を保持するための手段の一つにすぎない。

強制のジレンマに対するもう一つの解決策は、弾圧をより効率的に行い、払う代償を減らすことだ。

弾圧組織の効率性が向上すれば、より少ない犠牲でより多くのことができる。過剰な暴力を振るうことなく、また政権にとって危険となるまでに強制組織を増強することなく、恐怖政治を効果的に維持するのだ。実際、最も効果的な弾圧は、事後的なものではなく予防的なものである。ここでとくに有用なのは高度に組織化された有能な監視体制であり、反体制的な活動を主導したり、活動に参加したりする可能性が高い人々を対象として、集団行動に転じる前に特定し、無力化する。[25]

反体制派に対する効果的な監視を維持できない政権は、より大きな犠牲を払う手段、すなわち大規模で長期にわたる投獄、拷問、暗殺に頼らざるをえない。また、こうした政権は基本的な自由を制限し、市場が機能不全に陥るほど完全に情報の流れを止めざるをえないこともある。このようなあからさまで暴力的な弾圧は反対派を扇動する傾向があるが、これこそが独裁者の望まないことだ。最悪の場合、予防的弾圧の能力が不充分な独裁政権は、潜在的に悲惨な結果に直面する。[26] 二〇一〇年末から二〇一一年にかけての「アラブの春」や、グルジア（二〇〇三年）、ウクライナ（二〇〇四年）、キルギス（二〇〇五年）における「色の革命」〔二〇〇〇年代に複数の旧ソ連国家で独裁政権の交代を求めて起こった民主化運動。非暴力の象徴として色や花の名を冠したことからカラー革命、花の革命とも呼ばれる〕のような大規模な街頭抗議行動は、独裁政権を退場させる可能性を持っている。

独裁国家における監視

ベルリンの壁崩壊前の東ドイツ（ドイツ民主共和国）や、天安門事件後数年の中国のように、効果的な監視を組織できる独裁政権は、組織的な反対運動や集団行動を阻止し、先手を打つ手段を持っている。最低限、監視を行う政権側は、敵対勢力の活動や意図について適時に貴重な情報を入手し、警告を発したり、主要な反体制派を拘束したりする手段をとって、その計画を妨害することができる。監視のもう一つの重要な機能が自制力を促すことにある。つまり秘密警察やその情報提供者が監視しているかもしれないと知るだけで、反体制的な活動を抑制したり、当局から逃れるためなら大きな代償を払うような手段をとったりするようになる。特定の状況下では、自分が監視されている、あるいはその可能性があると理解することで、反体制派は目的達成への努力を放棄するようになるかもしれないということだ。

予防効果に加えて、効果的な監視は波及効果を生み、反体制派の集団行動をさらに妨げる。重要な波及効果の一つは、恐怖感と不信感を誘発することだ。すべての独裁政権が、敵対勢力と目される人物やその疑いのある人物の身近な関係者、おもに同僚や隣人からスパイや情報提供者を採用していることを考えてみよう。こうした諜報員は秘密警察に情報を提供し続けるが、それは行動による貢献以上の価値がある。潜入行為の可能性はまた、反体制派に疑惑を生み、仲間が独裁者のために働いているのではないかという疑念を抱かせるのだ。その結果、反体制派は誰に計画を任せていいのかわからなくなり、不信感、さらには妄想症《パラノイア》によって集団行動が困難になっていく。多くの情報提供者がいる社会では、反体制派が仲間を増やすことは困難だ。政治的に敏感な活動への参加をもちかけられた人物は、当然ながらおとり捜査を恐れ、実行に移したがらないからである。このように情報提供者は、情報を提供するだけでなく、その存在そのもの、あるいは潜在的な存在という効力によって、反体制派の結成、拡大、組織化を阻むのである。

独裁政権の種類を問わず、国内の反対勢力への予防的弾圧は、専門の官僚機構、通常は秘密警察に委ねられ、秘密警察は通信を監視し、情報提供者を動員することによって監視を行う。[27] 秘密警察に監視を委任する論理的根拠はわかりやすい。監視は一般的に隠密に行われるため、この任務を遂行する官僚機構は秘密のベールに包まれていなければならない。さらに、ほとんどの監視活動には、情報提供者の指揮管理、反体制派グループへの潜入、高度な盗聴機器の操作など、専門的な技能が必要とされるため、通常の警察では役割を果たせない可能性がある。そのため秘密警察は、通常の警察よりも新人を厳しく審査する傾向があり、より高い地位と支配者からの大きな信頼を享受することになる。

　秘密警察は非常に効果的ではあるが、監視を独占的に担わせることは大きなリスクを伴うことでもある。高い地位と権力は、腐敗を招きやすい。強力な国内諜報機関は、独自の官僚的利益と、統治者のそれとは乖離した行動指針を持つ、国家の中の国家になりかねない。野心的な諜報機関長が長期にわたって秘密警察を支配すると、彼らが秘密警察を個人的な領地にして、政治指導者の権力を脅かすようになることもよくあるのだ。[28]

　秘密警察の利用にはもう一つ、コストという大きな不利益がある。ほぼすべての独裁政権が低・中所得国を支配しているため、大規模な秘密警察を雇う余裕はほとんどない。たとえば、イランの国王が統治していた国家情報安全保障機構（ＳＡＶＡＫ《サヴァク》）は、人口三三〇〇万人だった一九七〇年代には、わずか五三〇〇人の職員と五万五〇〇〇人の情報提供者しかいなかった。これは人口六二〇〇人に一人のサヴァク職員、五五〇〇人に一人の情報提供者という計算である。それに比べ、アメリカのエリート警察機関である連邦捜査局（ＦＢＩ）の職員は約三万五〇〇〇人で、アメリカ人およそ九五万人に一人の割合である。チリの軍事独裁政権下の秘密警察である国家情報局は、一〇〇〇万人をはるかに超える人口に対して諜報員はたった二〇〇〇人だったと言われる。[29] 旧ソ連では、国家保安委員会（ＫＧＢ）将校の人口比は五九五人に一人、ルーマニアでは一五五三人に一人、チェコスロヴァキアでは八六七人に一人、ポーランドでは一五七四人に一人だったと推定される。例外だったのは東ドイツで、国家保安省（Ｍｆ

S、またはシュタージ）には一九八九年時点で九万一〇一五人の専任捜査官がいて、これは国民一六五人に一人の割合だった。[30] さらに、ベルリンの壁崩壊時、シュタージには一八万九〇〇〇人、国民一〇〇人に一人以上の割合の情報提供者がいた。東ドイツが国家として存続する間に、シュタージの情報提供者は合計で約六〇万人にのぼった。[31] ほとんどの低・中所得国では、シュタージほどの秘密警察組織を維持するために必要な資源は望めない。中国の場合、国民一六五人に一人の秘密警察工作員を雇うには八五〇万人の秘密警察官が必要で、二〇一〇年の公安部部長の声明によれば、その規模は通常の警察の四倍以上であるという。[32]

情報提供者を大量に採用する方法もあるが、それには限界がある。情報提供者の採用は、秘密諜報員を雇って訓練するよりも少ないコストで秘密警察の諜報能力を拡大することができるが、財政的・運営上の制約から、生産的に採用できる情報提供者の数には限界がある。イデオロギー的な動機や政治的な動機がない限り、ほとんどの情報提供者には報酬を支払わなければならない。たとえば、サダム・フセイン政権下のイラクでは、情報提供者に月給を与え、[33] 東ドイツでは、情報提供者に住宅、自動車、電話などを、それらが利用可能である限り優先的に利用させ、海外渡航の許可を与えていた。[34] 経済を支配し、大学や文化団体など主要な社会的機関を統制している共産主義政権では、秘密警察は雇用や許認可に対する影響力を人材確保のために活用することができ、大規模な情報提供者集団を維持できる。しかし、ほとんどの独裁主義政権にはそのような能力がない。

また、情報提供者の数は必ずしも多ければ多いほどよいというわけでもない。秘密警察の幹部が、多数の情報提供者を効果的に管理できない可能性もあるからだ。審査や訓練に加え、秘密警察は情報提供者と定期的に接触し、彼らが提供する情報を評価しなければならない。[35] このような活動は多大な時間と労力を必要とする。情報提供者との面会には通常二人の秘密警察官の同席が必要だが、これは正確な記録を確保するためと、秘密警察官自身が信用できない可能性に対する防衛策である。一九七〇年代のサヴァクの正規捜査官五三〇〇人のうち、五万五〇〇〇人の情報提供者を監督していたのは半数だけだったと仮定すると、監督官一人につき二〇人の情報提供者がついていたことになる。東ドイツでは、シュタージの捜査官と情報提供者の比率はおよそ一対二だった。シュタージの捜査官のわずか四分の一がこの責任を担っていたのだとしても、彼らの任務はサヴァクの任務よりはるかに管理しやすかっただろう。

ほとんどの独裁国家はシュタージのような大規模で豊富な資金を持つ秘密警察機関を維持することができないため、秘密警察による監視の範囲と強度は必然的に制限される。その結果、予防的弾圧、ひいては監視そのものを秘密警察だけに依存することはできない。結局、より広範な監視体制が重要であることがわかる。

監視の組織化

監視体制という言葉は広く使われているものの、定義されることはほとんどない。本研究では、監視体制を「国民の活動、私的な通信、公的な言論、とくに支配層エリートにとって脅威、あるいは潜在的脅威とみなされる個人や組織についての情報を得る目的で行われる官僚的組織、人的・技術的ネットワーク、国家的戦略のシステム」と定義する。この観点では、監視体制は個別の構成要素からできており、それぞれが相互に関連し、その運営戦術とその効果に影響を与える他のさまざまな要因から分析することができる。しかし、監視の構成要素は機能的に異なるものの、それらはすべて、国内の政治的敵対者に関する情報の収集と運用を通じた予防的弾圧という共通の目的のために働く。

監視体制の有効性は、各構成要素の能力だけでなく、その構成要素の連携と統合にかかっている。したがって、通常、監視体制の必要不可欠な構成要素である秘密警察は、体制の他部門から協力を得られれば最大に効果を発揮すると考えられる。つまり、監視体制というものの全体は部分の総和以上なのである。ゆえに、独裁国家の防衛に関する調査は、秘密警察に限らず、官僚組織全体で監視活動がどのように調和しているのか、あるいは調和していないのかに細心の注意を払う必要がある。「サイロ化」した官僚組織では監視の連携が困難になることから、効果的な連携のためには通常、絶対的な権威を具体的に示し、協力に対して見返りを与え、罰則を科すことのできる独立した統括組織の下に各部門を配置して、監視体制の諸機関間の活動を調整する必要がある。

結果として、最も効果的な監視体制は、政治的権限の増強、組織能力、資金や技術的能力を含む実質的な資源といった面で、最も制約の少ない体制となる。政治的権限の増強とは、支配者が予防的弾圧を優先させ、監視を任務とする組織に権限と自由裁量を与えることを指す。この点で、民主主義国家と独裁国家の対比はじつにはっきりとしている。民主主義国家の法執行機関は強力な監視能力を有しているが、市民のプライバシー権は保護されているため、これらの機関には独裁国家の相当機関が享受する権限や裁量がない。独裁国家間でも違いはある。ソフトな独裁政権（制度的革命党政権下のメキシコ、統一マレー国民組織政権下のマレーシア、人民行動党政権下のシンガポールなど）では、国家の監視は比較的緩やかだ。[36] さらに、独裁政権による予防的弾圧の優先度は、時代によって異なることもある。後述するように、中国の監視体制は一九八〇年代、リベラルな改革者たちのおかげで、政治上大きな制約の下で運営されていた。とくに胡耀邦《こようほう》と趙紫陽《ちょうしよう》の二人は、中国共産党の日常業務を取り仕切り、その地位を利用して治安機構を厳しく規制した。

政治的権限の増強と並んで、組織的能力は効果的な監視にとってきわめて重要だ。複雑かつ有能で、政治的に忠実な監視組織を構築し維持できる政権は、他政権が失敗する予防的弾圧を成功させる。とくに、高度な「政権浸透力（主要な経済・社会制度にも草の根社会にも手を伸ばし、統制する能力）」を持ち合わせている独裁政権は、秘密警察を支援する情報提供者や活動家をより多く採用できる。社会的に組み込まれた監視は、強制組織に少ない負担で情報をもたらし、既知の脅威や潜在的な脅威を注意深く監視して威嚇する手段を提供する。また、政権の能力は、弾圧機構のさまざまな構成要素を連携するメカニズムを育てる。これは、監視と国内治安のあらゆる側面を監督する前述の政策執行機関、関連政府機関のスタッフを集めて単一の最優先課題を処理する専門機関や部署、政府が治安上の課題を伝達し、強制機構のさまざまな構成員が情報を交換する日常的な機関横断会議などを含む構造だ。

そして、独裁国家が財源と先端技術を手に入れれば、監視能力が強化されることは明らかだ。しかし、物的資源だけでは不充分で、相当に高度な組織と政治的監督がなければ、資金と技術は浪費されたり、誤用されたり、汚職で失われたりする可能性が高い。独裁政権による完全装備の監視体制の構築は、資源と組織能力が組み合わさって初めて実現する。この点で、天安門事件後の中国はまさに模範的な例を示している。

レーニン主義の監視体制

効果的な監視の決定要素をざっと見ただけでも、組織の洗練度が低く、資源も不足しているせいで、ほとんどの独裁国家には手に負えないことがわかる。監視体制とは本質的に国家の縮図であるため、これは驚くようなことではない。並外れて冷酷無情な独裁国家であっても、国家機関の組織力が弱く能力が低ければ、有能な監視体制を保有することは難しい。

国家の能力と監視体制の有効性との関連を見ると、個人による独裁政権がいかに厳格でも、その監視体制が高度であることはめったにないことがわかる。スハルト政権下のインドネシア、国王統治下のイラン、デュバリエ政権下のハイチ、フェルディナンド・マルコスSr.政権下のフィリピンが数少ない有名な例である。個人による独裁政権では通常、自分の権力を脅かしかねない国家機関に不信感を抱く支配者が集中的に権力を握っているため、このような政権が支配する体制は比較的力が弱く、利益供与、対抗意識、お粗末な技術力が目につく政治色の強い強制組織に依存している。[37] 加えて、個人の独裁者は社会との結びつきが弱く、おもに世襲的な取り決め、つまり忠誠心と引き換えに個人や団体に便宜を図ることで統治を行うため、弾圧的な組織を社会に根づかせたり、社会的資源を結集して監視能力を強化したりすることができない。イランの国王やエジプトのホスニ・ムバラクのように、恐ろしい秘密警察を持つ個人独裁政権もある。[38] しかし、サヴァクやエジプトで恐れられているムハーバラート〔治安情報機関〕でさえ、ソ連、東ドイツ、現在の中国といった共産主義国家に存在する監視能力に匹敵するとは考えられない。イランやエジプトの政権には、社会に浸透し、大規模な監視ネットワークを日常生活の営みに埋め込む能力が欠けていたからである。[39] したがって、イランとエジプトの政権は、対応的弾圧という点ではかなり有能であったものの、予防的弾圧を行う力はそれほど高くなかった。

軍事政権は、監視体制を構築し維持するうえで、個人による独裁政権と比べて効果にそれほど変わりがないかもしれない。個人独裁政権と同様、軍事政権も孤立性によって妨げられる。個人による独裁政権は、社会的支持基盤が限られていて、みずからの意志を貫徹できる国家機関がないために制約を受けるが、軍による独裁政権は軍隊の制度的孤立性によって制約を受け、それによって国家官僚組織を横断して政策をまとめ、主要な社会組織と持続的な関係を築き、強制と監視のために社会的資源を結集する政権の能力が制限される。また、軍事政権は、権力を脅かすいかなる脅威も軍隊が粉砕してくれるという（おおいに正当化される）信念から、監視への投資が消極的になる傾向がある。[40]

監視体制の導入という観点で最も有能な独裁国家は、レーニン主義国家だろう。ここでいうレーニン主義とは、ウラジーミル・レーニンの思想の、正統派マルクス主義の色濃いイデオロギー的特徴を指しているのではない。私は、レーニンとその幹部がソヴィエト連邦の初期に開拓した一党独裁国家の組織構造を念頭に置いている。レーニン主義体制は、厳格な組織的ヒエラルキー、確立された任命・昇進の手順、経済・教育・科学・文化などの重要な部門を支配することにより社会との広範なつながりを持つ、高度に制度化された党によって統治される。[41] こうした政府の特徴は、監視のために作られたものである。さらに、レーニン主義政党は、そのエリート主義的な性質を持ちつつも、すべての主要な国家的、社会的、経済的機関に党委員会と下部組織を置くという形をとり、現場での存在感を維持している。[42] ソヴィエト連邦と中華人民共和国の全体主義的段階が、それぞれ一九五三年のヨシフ・スターリンと一九七六年の毛沢東の死によって終わった後も、レーニン主義の共産党は支配的であり続け、カリスマ的指導者と暴力的弾圧がない場合でも、その耐久性を証明している。[43]

レーニン主義政党にとって国家、社会、経済への浸透力は、高度な監視体制のために望ましい条件を確立する鍵だ。政治面では、党に支配力があれば、人事、昇進、物質的な動因《インセンティブ》を利用して、弾圧機構の忠誠と党の治安政策の遂行を確実にできる。組織面では、上意下達式《トップダウン》のレーニン主義体系は、指導部が国内治安上の優先事項を伝えて政策に反映させ、政策の実施を監督するというしくみに適している。運営面では、中央政府、地方政府、大企業、大学などの社会機関に党が遍在しているため、監視の連携と、監視体制の構築・維持に利用可能な行政的・物質的資源の結集が容易にできる。レーニン主義体制の協調能力は、監視技術の導入においても有利になる可能性がある。このような体制は必ずしも、あるいはとくに技術革新に適しているわけではないにせよ、その組織的な到達範囲と規制力を利用して、地方政府、政府系事業団体、民間企業に監視技術を迅速かつ大規模に導入するよう命じることができる。

また、レーニン主義体制の比類のない社会的・経済的浸透力には、情報提供者の採用を推進する力がある。秘密警察は、同胞へのスパイ活動を拒否すれば、職や免許、その他の利益を失うことになると脅すことで、新人スパイの採用を強行することができるのだ。加えて、レーニン主義体制は、党員に情報提供者としての役割を求めたり、直接的な費用をかけずに治安任務を遂行させたりすることもできる。たとえば東ドイツでは、共産党員の二〇人に一人がシュタージのスパイだった。一九六〇年代の中国の地方の治安委員会のメンバーの約半数は、中国共産党とその傘下の青年団のメンバーだった。政府は最近のデータを公表していないが、党員や青年団員が警備ボランティア活動に動員されていることは、地方政府や大学のウェブサイトで容易に確認できる。[44]

さらに、レーニン主義の党国家は、他の独裁国家にはできない方法で、監視体制の費用を賄《まかな》うことができる。ほとんどの独裁国家にとって監視に使えるのは、取り締まりに使える国費だけだ。ところが中国では話が別だ。レーニン主義モデルに従って、規模や重要度がさまざまな機関の指導部に基本的に党幹部が組み込まれている。党幹部は大学、企業、その他の非政府機関を直接管理し、地方政府の支出も管理しているから、どの機関と関連していても、あらゆる大金が監視の資金源となっている可能性がある。第4章でわかるように、地方政府は、警察よりもはるかに大規模な情報提供者ネットワークをつくり、維持するコストを負担している。さらに、第5章で詳述するように、地方政府の情報提供者や職員は、警察よりも多くの対象者を監視している。

中国の特色を生かした監視

革命後の中国は、レーニン主義政党支配国家の比類のない能力と、一〇〇〇年さかのぼる社会統制システムの要素を兼ね備えている。中国共産党の監視機構には、中国帝国時代の制度的遺産の一つである「保甲」制度が生かされている。北宋時代の改革派の宰相、王安石《おうあんせき》によって一一世紀に導入されたこの制度は、都市計画、国勢調査、徴税、法執行などの要素を組み合わせ、地方レベルで社会秩序を強制するものだった。世帯は一〇戸で一つの「保」に、一〇の「保」を一つの「甲」にまとめられた〔これに倣ってのちに採用された一九三〇年代の国民党統治時代の制度は、一〇戸で一つの「甲」に、一〇甲で一つの「保」に編成されている〕。各世帯は、犯罪や衝突、不審な行動など、地域で起きている問題を保長に報告し、保長が甲長に報告することもあった。同様に、甲長は、指揮系統を経て国家当局に報告した。各家庭は、隣人が犯した犯罪やその他の違法行為に対して責任を問われるため、監視し報告しなくてはという動機があった。[45]また、徴税や強制労働のために世帯が登録され、国家は家族構成に関する情報を収集した。

保甲制度は完全な形では実施されていない。一部の保守派が王安石の意欲的な改革に反対し、住民の多くは日常生活に階層的で軍事化された組織を強制されることに憤慨したからだ。[46]明の時代には、一部の地域で保甲が実施されたものの、全国的な実施には至らなかった。[47]しかし、清の時代で保甲は復活し、監視機能は復元された。[48]保甲制度は一九一一年の清朝崩壊後も存続した。日本の植民地支配者は満州と台湾でこれを適用し、同様に中国国民党〔孫文を指導者として一九一九年に成立した中国の政党。のちに台湾を統治〕による政府も取り入れて一九三九年に体制の構築に取り組んだ。[49]

現代中国では、近代化された「保甲」が「戸口（戸籍）」と「網格化管理（グリッド管理）」という形で運用されている。戸口は、性別、生年月日、国民識別番号、民族、宗教、居住地、学歴、雇用状況、血液型、配偶者の有無など、個人情報を収集する。一九四九年の中華人民共和国建国以来、農村居住者か都市居住者かという個人の身分は、公費で賄《まかな》われる教育やその他の社会サービスを利用する権利など、国家給付金の対象者かどうかの判断に使われてきた。一方、グリッド管理は、保甲の地域区分を発展させたものだ。人口集中地区は、治安、国務の向上、交通規制、衛生管理を目的として複数の区域に分割されている。

戸口とグリッド管理の組み合わせ、つまり現代技術によって補完されたシステムは、保甲よりはるかに強力になった。帝国時代、国家には、保甲を真に有能な監視ツールに変えるだけの強制力を持つ組織的資源がなかった。しかし、レーニン主義の党国家はそのような資源を豊富に有し、大小の都市に分布する党の下部組織や党員を通じて、深く広く社会に浸透していることが特徴的だ。二〇二一年末時点で、中国共産党の党員数は九六七〇万人、地方支部数は四九三万に達している。[50] 党員や活動家を頼りに、党は居民委員会や村民委員会といった準国家組織を形成し、グリッド管理を活用して社会統制を強化している。帝国時代の中国にはなかった地域警察署は、今ではいたるところに存在し、国家監視機構の不可欠な歯車として機能している。そして重要な点として、帝政国家は、国家が経済を支配していなかったため、雇用、食糧、住宅、社会サービスの利用を管理するために保甲を生かせなかったということがある。これに対して、毛沢東政権以降の中国は戸口を利用し、まさにこれを行っている。こうした方策を通じて、現代の中国国家は日常生活を監督するだけでなく、国民に関する詳細な情報を入手している。

この構造によって、社会統制を維持するために必要な情報を確実に継続して当局に提供できるように、中国のレーニン主義党国家はおもに試行錯誤と適応を経て、私が「分散型監視」と呼ぶ革新的なシステムを開発した。分散型監視の特質は、監視の責任とコストをさまざまな安全保障官僚機構、他の国家機関、非国家機関に分散させることであり、その連携は党の専門官僚組織である中国共産党の政法委員会（PLC）が行う。

監視の責任は、公安部内の国内安全保衛部隊、第一線の警察署、省・市の国家安全局の三つの警察官僚組織に分担されている。重要なのは、これらの機関が階層的に組織されていないことだ。むしろ、アメリカの法執行機関が地方、州、連邦と分かれているように、それぞれが別々の管轄区域を持っている。こうすることで、党国家は単一の安全保障官僚機構に権力が集中することを避けている。このような責任の分散は、クーデター防止のための古典的な対抗戦略とは異なり、これらの安全保障官僚機構の間で比較的明確な分業を行うことで、作戦の有効性を損なうような対立を防いでいる。さらに、党は、企業、大学、地方の居民委員会や村民委員会などの国家関連機関といった他の形での国家機関や、党の忠実な支持者や情報提供者などの協力者に、二次的な監視任務を割り当てている。

分散型監視は、安全保障機構内の権力集中を防ぐだけでなく、安全保障以外の国家関連組織や低賃金または無報酬の情報提供者に重責を移すことで、コストの抑制にも役立っている。二次的監視の限界費用は、企業や大学から見れば低い。それは監視の責務がない場合でも、人員は確保されているからだ。こうした追加業務にも人手を追加する必要がなく、職員がかける時間も比較的少なくて済む。一方で情報提供者については、価値ある情報を提供した場合にのみ報酬が支払われることが多く、金銭以外の報酬が出されることもある。

分散型監視を監督するのは党の政法委員会で、政治的忠誠心を強要し、国家機関と非国家機関の監視活動を調整する。このような包括的な構造が可能なのは、党国家のなせる業だ。レーニン主義の理想は、中央当局が社会のあらゆるレベルに組み込まれ、国有の大企業などの主要な経済組織、大学などの主要な社会機関、そして居住地域レベルに至るまで、当局者や情報提供者が活動している形だ。したがって、党国家は日常生活のさまざまな状況に密接に存在して、多様な機会へアクセスできるように働きかけ、人々の行動を観察し、情報を収集している。

監視体制と中国の謎

一九八九年以降の中国は、経済の近代化は民主化と結びつくという長年にわたって有力な理論に正面から疑問を投げかけている。[51] 経済成長は民主的価値観、資源の非集中化、国家の弾圧に対する抵抗力を組織できる中産階級や市民社会の拡大をもたらすという理論だ。情報へのアクセスが拡大した国民は、集団行動を起こす力を得て、統治に対してより大きな発言力を求めるようになる。中国の一党独裁体制は、持続的な経済発展の中でどのように繁栄してきたのだろうか。

中国の一党支配体制が存続していることについては、多くの説明がなされてきた。その耐久性を、社会的支配層、とくに民間企業家を取り込むことに成功したからだとする者もいる。また、党の適応能力を評価する者もいる。中国共産党は任期制を導入し、党と政府幹部の任命と昇進に実力主義を確立し、国民の日常的なニーズに対する国家の対応力を向上させることで、内部対立を管理し、国民の要求に応え、制度改革に成功したと考えられているのだ。全体として、国民は中国共産党の経済的成果に満足していて、それは政権の存続にとって間違いなく重要な要素である。[52]

中国の謎に関するもっともらしい説明は、進化する監視体制が中国共産党の予防的弾圧能力を強化し、党国家が経済改革と近代化によって生じる脅威を無効化できるほどの規模になったというものである[53]。中国共産党の予防的弾圧能力は著しく向上し、政治的敵対勢力や集団行動を抑止するために最も残忍な方法をとらずともよくなった（チベット自治区と新疆ウイグル自治区を除く）。人権侵害は日常的かつ広範囲に及んでいるものの、残虐性の尺度であり、予防的弾圧とは反対の反応的弾圧のバロメーターである政治犯の数は天安門事件以降、相対的に減っている[54]。

急成長する経済を支配する独裁者には、監視能力を強化する動機も手段もある[55]。研究者たちは、ほとんどの独裁政権において、基本的に支配層エリートが民主主義への移行を決定するという説得力のある議論を展開してきた。正当性の危機が独裁者に自由主義化を迫るのが一般的だ[56]。反対に、急速に近代化する社会の指揮を執る独裁政権は、成果の正当性を主張してそのような危機を回避することができる。何より、繁栄が進んで政治的独占の価値が高まり、独裁者は権力を富（あるいは、より有利な「超過利潤」〔地位的コスト差や市場独占などによる通常以上の利潤〕）に変えることができる。その結果、独裁政権の支配者は自由化改革に着手する代わりに、自分の権力を守ろうと決意を固めるのだ[57]。

経済的に破綻している独裁国家の支配者と異なり、豊かな経済を支配する独裁者は、秘密警察の規模を拡大し、多数の情報提供者を採用し、より多くの団体を標的にし、先端技術を獲得することによって監視能力を拡大し、向上できるありあまるほどの資源を持っている。近代化で増大する富を利用して監視能力を強化できる独裁国家は、言うまでもなく失敗する可能性が低い[58]。

目的と要旨

本書の目的は二つある。実証的に中国の監視体制の構造を理解し、その計画と作戦戦術を明らかにして、レーニン主義政権の組織能力と、比較的最近の先端技術の獲得が結びついた結果、この監視体制が唯一無二の恐るべきものになっていることを論証しようと努める。理論上、本書は強制のジレンマの解決における分散型監視の役割と、国家監視の実際的課題を探ることで、独裁国家における国家監視に関する文献の一助となる。また、逆に経済の近代化によって、少なくとも短期から中期的に、独裁政権がより効果的な監視能力によって自国の警備を強化できるようになる理由を、焦点を絞って説明する。端的に言えば、一九八九年以降の中国のように、経済的近代化に成功すると、独裁者は権力を守る決意を固めるだけでなく、近代化によって生まれた民主化勢力を予防的に弾圧する能力を強化するために不可欠な資源を生み出す。つまり、近代化に成功した独裁政権では、近代化に失敗した独裁政権よりも民主主義への移行が起こりにくいということだ。中国の状況においては、将来、民主化へ移行する場合の前兆となる可能性が高いのは、経済的に成功しているときではなく失速しているときなのだ。

　本研究が寄与するのはおもに実証的なものであるので、本書では中国の監視体制の進化をたどり、その組織構造を詳細に示し、その運用戦術を記述する。第1章では、監視体制の歴史的発展を再現する。第2章では、監視を連携させる機構とメカニズムに焦点を当てる。第3章では、中国の監視機構の重層的な組織構造を説明する。第4章では、中国のスパイと情報提供者の広大なネットワークを探る。第5章では、個人を対象とした二つの大規模監視プログラムを分析する。第6章では監視戦術を分析し、第7章では一九九〇年代後半以降の監視の技術的高度化について述べる。

　こうした本題に入る前に、一つ明確にしておく必要がある。監視は弾圧とは概念的に異なるように思えるかもしれないが、この区別は現実には曖昧《あいまい》なことが多い。反対意見を阻止または抑圧する目的で行われる監視は、とくに、監視活動が対象者に知らされずに行われている場合、暴力や明確な強制を伴うことはないかもしれない。しかし、非暴力的な監視は、そのおもな目的が独裁政権の権威に対する平和的な抗議を阻止または抑圧することであるため、抑圧的とみなされるべきである。運用上、監視を行う強制組織の一部は、脅迫、嫌がらせ、逮捕といった弾圧的活動を行う警察当局でもある。結果的に、監視体制は強制機構に組み込まれていることになる。

先述の通り、中国の監視体制に関する直接的な文書を入手するのは難しい。これは事実ではあるが、中国の監視体制の多くの秘密はありふれた風景の中に潜んでいる。本研究は、おもに地方の年鑑や公報など、中国の監視体制の組織と運用に関する簡潔だが重要な詳細情報を開示している公式資料の宝庫のおかげで実現可能となった。場合によっては、リークされた機密資料も貴重な証拠となる。また、時には公式ウェブサイトに掲載された情報が、意図せず有用な手がかりを明らかにしてくれることもある。研究者は中国の制度上のリークを実りある形で利用することができる。たしかに、本書は重大な疑問を残したままではある。たとえば、チベットや新疆などの少数民族地域における中国の監視体制の運用については、入手可能な情報源からはほとんど知ることができない。チベット仏教僧院の監視は取り上げることができるが、それ以外はこの二つの敏感な地域に焦点を当てていない。実際、障害となるのは情報だけではない。この二つの地域の民族的、経済的、社会的、地理的条件が特有なものであることを考えれば、チベットと新疆の監視体制に関する独立した研究プロジェクトは、情報が入手可能になった場合には、より適切なものになるだろう。それでも私は、この調査が中国の監視機構と、理論上、今ではより開かれたものに変わっているはずの政権を維持し、さらに権限を与える監視機構の果たす役割を理解するうえで、大きな進展をもたらすことを願っている。

第1章　中国監視体制の発展

中国の監視体制の発展段階は、はっきりと四つに分けられる。第一段階では、革命後の一〇年間（一九五〇～五九年）に、全体主義的な制度構築プロジェクトの中で監視の基本的な枠組みが生まれた。第二段階では、一九五九年の大躍進政策から一九七六年の文化大革命の終結まで、経済的・政治的な動揺が監視体制に打撃を与えた。一九七九年の改革開放に始まり、一九八九年の天安門事件で終わる第三段階では、監視体制は徐々に修復され、専門化された。しかし、回復した監視体制は、明確な政治的使命を欠いていた。国内治安機構はその資源のほとんどを鄧小平《とうしょうへい》の「厳打《げんだ》」犯罪撲滅運動に充て、政治的雰囲気は概して寛容で、党指導部に改革派が存在したため、予防的弾圧の実行は限られたものだった。資源の制約も監視体制の近代化を妨げた。ほぼすべてが変化したのは、天安門事件後の第四段階である。一九八九年に党が瀕死の状態に陥ったことにより、指導部に投資・制度化・技術を通じて監視を拡大し、向上させるという、経験に基づいた動機を与えた。

毛沢東時代後の中国の監視体制について、大まかな主張が二つある。一つめは、この時期の変革的な経済近代化は、全体主義的な監視体制の制度と組織の基本的な枠組みには手をつけないどころか、急速な経済成長によって生み出された資源によって、党国家はその強制力を強化することができた、ということ。二つめは、潤沢な資金と技術的に高度な監視体制が出現したのは、天安門事件後の時代になってからであるということだ。

毛沢東主義時代の監視体制

毛沢東と仲間の革命家たちは、支配の最初の一〇年間、反革命分子のレッテルを貼られた国内の潜在的な敵を排除し、権力を強化することを重要視した。反革命分子とは、大まかにはスパイ、保守政党の要人、復古思想の宗派や秘密結社の指導者、地主、国民党や日本の傀儡《かいらい》政権の幹部で、「反革命的な姿勢」を維持し続ける者を指す。[1] 一九五〇年代には、政敵を特定し、その中でも最も危険な人物を処刑または投獄することを目的とする全国的な粛清が行われた。しかし、粛清活動が抗議の恐怖に対する瞬間的な反応だとすれば、党国家は長期的な社会統制を行うための組織構造も発展させた。警察力を拡大し、スパイと情報提供者のネットワークを草の根レベルまで浸透させ、思想的熱意を持った委員を頼りに地方の安全委員会に自由裁量の活動を任せ、中央集権的な安全保障官僚機構と政策立案機構を立ち上げ、持続的な大規模監視プログラムに着手したことなどである。

こうした努力はすべて、構造上の重要な課題に直面した。中国は広大で膨大な人口を抱える国家であるため、治安当局の連携が難しい。また、革命後の初期国家は富も高度な技術もなかった。解決策の大半は大衆動員だった。一般市民が互いに監視し報告し合うことに頼っていたのだ。それでも、監視体制の確立には時間がかかり、その過程にはばらつきがあった。農村部に比べ都市部の方が、進展は早かった。さらに、大衆動員の根底にあったイデオロギー的な熱意そのものが、安全保障の目標と異なることもあった。大躍進政策〔一九五八～五九年に毛沢東が主導した農作物と鉄鋼製品の増産政策〕、反右派闘争〔一九五七年に毛沢東が発動した、体制を批判する民主諸党派や知識人を摘発し、追放した思想・政治闘争〕、文化大革命のような社会的・政治的変革の上意下達型《トップダウン》の計画はすべて、政権に対する国民の支持を煽《あお》り立てた。しかし、それに伴う粛清や、大躍進政策が引き起こした飢饉《ききん》、文化大革命による政治的混乱は、初期段階にあった安全保障体制を弱体化させた。安全保障体制が回復し始めたのは、毛沢東時代後のことである。

粛清運動

他国の全体主義政権と同様に、中国の新しい党国家は、恐怖支配を確立し、政治的脅威を特定するために、大量逮捕、投獄、処刑という手段を用いた。[2] 一九五〇年十月から五五年末までの間に、中国共産党は粛清運動を指揮し、六億人弱の人口のうち四六〇万人が逮捕された。[3] そのうち七七万人が処刑され、一八〇万人が投獄された。さらに、六〇万人の反革命主義者が「管制（強制管理）」の下に置かれた。彼らは投獄されはしなかったものの、自由はほとんど失われた。管制の対象者は、日常業務をするにも許可が必要で、活動報告を義務づけられていた。[4] さらに、政権は「保守的な政党や団体」に属する者全員に地方当局への登録を義務づけた。地方の公安公報によれば、保守的な政党や団体の「重要人物」数十万人が出頭したことが明らかになっている。[5]

一九五二年にこうした登録運動が完了すると、党は膨大な党員数を持ち、組織的な脅威となりうる「復古的な宗派や結社」を禁止した。江西省《こうせい》の公安庁（ＰＳＤ）は、一九四九年当時、省内には三二の主要な宗派と結社があり、およそ一万四〇〇〇人の指導者と二一万人の会員がいたと主張した。[6] 上海市では、市の公安局（PSB）は二〇三の宗派と結社のうち五二を「反革命的」と指定した。[7] 取り締まりを施行する間に、これらの宗派や団体の指導者は逮捕され、処刑された。江西省では、警察は九〇七人の宗派指導者を逮捕し、一二万三〇〇〇人以上の会員に脱退を迫った。上海市ではこうした指導者六五人が処刑され、三二万人以上が宗派を離脱させられた。浙江《せっこう》省の警察は、二六四の宗派と秘密結社の活動を禁止し、二一三六人の指導者を逮捕し、六四万九二〇〇人に脱会させるという手柄を立てた。[8]

しかし、大規模粛清をもってしても、政権の不安を和らげることはできなかった。一九五五年七月、党は多数の危険分子が摘発の網をすり抜けたことを恐れ、「隠れ反革命分子の粛清」という新たな組織運動を命じた。隠れ反革命分子やその他の悪質な分子が、政府機関、軍、学校、企業に関わるすべての人々の五％を占めているという前提だった。[9] 一九五七年十月にこの粛清が終了した時点で、一八四五万人が調査され、一〇万二三二人が隠れ反革命分子や悪質分子として摘発された[10]（後述するように、この集団は定義が曖昧《あいまい》だったが、警察は「悪質分子」というカテゴリーを正式に認めた）。

一九五九年三月、一連の粛清運動が完全に終結するまでに、党は主要な目的のほとんどを達成した。[11] 旧体制の支配層と潜在的な野党指導者の大部分を壊滅させたことに加え、数百万人もの明らかな政治的脅威と思われる人物を特定し、恐怖支配を確立したのである。一九五七年九月、公安部（MPS）部長の羅瑞卿《らずいきょう》は、「反革命的社会基盤」に属すると考えられるのは国民のわずか二％にすぎないと見積もっていた。それでも約一二〇〇万人にのぼり、彼らはその後、国家監視の対象となった。[12]

警察

一九八六年から九一年にかけての一時期を除き、中国政府は、正式には人民警察と呼ばれる文民警察の規模を公表したことはない。とはいえ、地方の公安公報や、MPS内部で発行されている「中華人民共和国建国以来の公安上のおもな事象」に掲載されている公開情報に基づいて、中国の警察力の伸びを推定することはできる[13]（これらの推計は、外国公館の警備、テロとの闘い、大規模な暴動への対応などを任務とする国内準軍事組織である人民武装警察を除いたもの）。MPSの報告によれば、一九五八年末、中国には四〇万八〇〇〇人の警察官がいた。[14] 一九八四年六月には、政府公認の警察官の総数は六五万八〇〇〇人に達した。[15] これは雇用が許可された警察官の数を示したものだが、これがほぼ実際の警察官数だと仮定すれば、一九五八年から八四年の間に正式な警察組織の規模は年に約二・五％増加したことになる。[16]

しかし、大躍進政策（一九五八〜五九年）と文化大革命（一九六六〜七六年）という二つの動揺のせいで、成長は直線的ではなかった。大躍進政策は毛沢東が打ち出した、方向を見誤った経済・社会変革で、経済破綻と、数千万人の死者を出す近代史上最悪の飢饉を引き起こした。文化大革命は、当初、毛沢東が党内の政敵を粛清し、党をイデオロギー的に浄化する手段として意図したものだったが、集団暴力と一〇年にわたる政治的混乱を招いた。また、一九六〇年代には警察の規模が縮小し、その後は毛沢東主義時代の終わりまで停滞した。浙江省のデータは、より広範な傾向を物語っている。一九五七年には七五〇二人の省警察官がいたが、一九六二年には六〇〇二人にまで減少している。文化大革命前夜の一九六五年には一万五〇〇人まで回復したが、一九七八年には再び六二六八人まで減少した。それ以来、警察人員は急速に回復し、一九八二年の公式人数は二万三八〇〇人だった。[17] 甘粛《かんしゅく》省を見ると、一九五五年には一万一五五二人の警察官がいて、一九六四年に六一六五人にまで減少したのち、一九八二年には七八六〇人にまで回復している。[18] 一方、貴州《きしゅう》省は一九五五年に一万一二七二人の警察官を擁していたが、予算削減と粛清によってその規模は一九七二年までに三〇％削減されている。省警察が力を回復したのは文化大革命後のことだ。[19]

この二つの動揺の大きさは、地方レベルにも見ることができる。一九五〇年代、浙江省の象山《ぞうざん》県と鄞《ぎん》県の警察官の数はそれぞれ平均五八人と五四人だった。一九六〇年代には、警察官の平均数は象山県で四一人、鄞県で三四人に減少した。一九七〇年代に入ると、警察の規模はほぼ一九五〇年代の水準に回復したが、人口の増加に比べるとかなり縮小していた。その後、一九八〇年代には警察が拡大し、象山県で平均一二六人、鄞県で平均一五六人となった。一九八九年の天安門事件の後、政権が最終的に国内治安を強化する決定をしたことと、財源の増大が原因と思われる。鄞県では、一九九〇年代の平均警察官数が三三二人に達している。[20]

スパイと情報提供者

一九五〇年代初頭に新設されたMPSの最優先事項は、スパイと情報提供者のネットワークを開発することだった（後の章では、スパイと情報提供者の違い、スパイと情報提供者の種類について述べる）。マイケル・シェーンハルス〔スウェーデンの中国学者。現代中国社会を専門とするルンド大学名誉教授〕が詳述しているように、MPSは文化大革命以前から「特別情報人員（特別課報員）」の広範なネットワークを構築し、運用していた。これが、今日まで続く監視体制の重要な構成要素の始まりである。

特別課報員の数は秘密だが、リークされた文書や「中華人民共和国建国以来の公安上のおもな事象」で開示された資料から、毛沢東主義時代に確立され、MPSが独占的に管理していたスパイと情報提供者のネットワークがある程度明らかになった。スパイの離職率は高く、平均勤続年数はわずか数年で、一九五〇年代半ばのスパイの総数は比較的少なかったようだ。[21] 羅瑞卿公安部部長は一九五四年、政治安全保護系統（システム）が二万三〇〇〇人のスパイを雇用していることを明らかにしたが、彼はこの数は少なすぎると訴えた。そして、課報員の質にも不満を持っていた。羅は、人口約三〇〇〇万人のうちスパイがわずか一〇一三人しかいない北京市を取り上げた[22]。人口三〇〇〇万人近い湖北省《こほく》には、一九五五年時点で一二三一人の特別諜報員がいたが、そのうちの約五七％は政治安全保護部門に所属しており、対妨害工作や政治的脅威の監視を担当していた[23]。

当時、MPSには三種類の諜報員がいた。特別捜査諜報員（専案特情）は、捜査対象の団体や個人に接触する。情報諜報員（情報特情）は、警察が秘密捜査を行うための情報を収集した。状況諜報員（整地特情）は、重要な場所や施設を保護し、監視空間で起きている不審な活動について警察に報告する。最初の二つの諜報員はほとんどが「敵陣営」からの採用で、通常、警察のためにスパイ活動を強要された対象集団のメンバーだった[24]。MPSは現在もこの三種類のスパイを使い続けている。

文化大革命の間、スパイネットワークは壊滅的な打撃を受けた。シェーンハルスが言うように、「全国の捜査活動は深刻な打撃を受け、大多数の諜報員が迫害された[25]」。実際、一九六七年十二月にはスパイの使用が一時的に停止され、秘密工作基地が解体され、スパイ自身が調査されている。しかし、この一時停止は長く続かず、スパイ活動は一九七〇年代初頭に再開された。MPSによれば、再開に至った経緯は驚くほど些細なものだった。一九七二年十月、北京市民が天安門広場南側の草花を何万本も掘り起こして持ち帰ったことに、周恩来《しゅうおんらい》首相が激怒したという。周はこの不法行為がまかり通ったのは情報不足のせいだとし、MPSにスパイの再配置を指示した。一九七三年十一月、MPSは全国でスパイの使用を正式に再開した[26]。

地方治安委員会

毛沢東時代初期、治安維持のための委員会（治安保衛委員会）が、監視を含む補助的な治安機能を果たす主要な大規模組織だった。一九五二年六月に設立されたこの委員会は、「四種類の分子（四類分子）」（地主、「富農」、反革命分子、悪質分子）を監視し、「改造」し、反革命分子のみを対象とする管制の取り組みにおいて警察を支援する責任を負っていた。[27] 委員会は地方政府と公安機関の監督の下で活動した。数千の委員会はそれぞれ三〜一一人で構成され、委員はおもに中国共産党と共産主義青年団から集められたボランティアだった。[28] 数百万人の党員と関係者を配備し、低費用で、あるいは費用をかけずに監視を行うという組織で、レーニン主義体制の特別な能力を物語っている。

一九五二年から五四年までの吉林《きつりん》省、浙江省、福建《ふっけん》省、湖北省、江西省のデータでは、この委員会の委員は省人口の〇・三一％から一・一五％であったことがわかる。この五省の平均は〇・七四％だった。[29] このように、政府側の人員が不足する警察業務は、その何倍もの規模の補助部隊によって補強されていた。実際、一九八〇年代半ばから九〇年代初めにかけて、一二〇〇万人以上の人々がこうした組織に所属し、その数は人口の約一・一％を占めていた。[30]

政法小組

一九五八年六月、党は天安門事件以降の時代における国家監視のおもな監督者かつ調整者となる中央政法委員会（CPLC）の前身となる組織を設立した。この前身となる組織は政法小組として知られ、政治局員の彭真《ほうしん》が率いていた。最高人民法院や最高人民検察院の院長、MPSの部長が含まれるこの組織は、政治局と中央委員会書記処に直属し、彭真もその一員だった。[31] これが、国内治安を担当する組織のトップを中央委員会書記処に任命する慣行の始まりとなった。

政法小組はＣＰＬＣの前身としては重要だったが、毛沢東主義時代には国内の治安政策の調整において果たした役割はささやかなものだった。天安門事件以後のＣＰＬＣが国内治安の議題を設定する会議を毎年開催しているのに対し、小組がそのような会議を開催したのは、記録に残っているところでは一九五九年一月の一回だけである。[32] 毛沢東時代以降に開かれた会議は一九八二年七月が初めてだった。[33] 地方レベルでは、小組に相当する実質的な組織はなかった。たしかに、ほとんどの地方党委員会には名目上、政法党組があったが、地方公報によると、この党組には専任の職員も専用事務所もなかったことがわかる。[34]

小組が受動的な役割を担っていたため、文化大革命以前は、政策の調整と実施の主要なメカニズムとして、党はもっぱら全国公安会議に頼っていた。一九五〇年から六五年の間、中国共産党はこのような会議を一四回開催した。文化大革命の間に二回（一九七一年と七三年）、一九七八年から二〇一九年の間に五回開催され、ＣＰＬＣへ権限の中心を移していった。

世帯登録

これまで見てきたように、「保甲」は帝政期に初歩的な形式の戸籍として、また法の執行手段として発展した。保甲は家族構成に関する情報を国家に提供し続け、徴税や奴隷労働の召集に不可欠なものだった。[35] 国民党政府は一九三〇年代、社会統制と法執行のためにもこの制度を利用した。[36] 一九四九年以降、「戸口」と呼ばれる新しい登録制度は、乏しい資源の配給、農村から都市への移住の管理、法の執行において重要な役割を果たすようになった。[37]
戸口は監視にも不可欠だった。戸口は、居住地の住所や家族構成などを警察に登録することを義務づけており、警察は定期的な調査で記録された情報を確認した。また、各世帯の登録情報は最新の状態を求められ、警察は出生、死亡、転居などの情報をつねに把握していた。戸口は後述の重点人口プログラムの制度的基盤となった。

戸口は効力があったが、構築と維持に費用がかかった。毛沢東時代の人員不足の警察は、危険人物の監視や統制を（ほとんどが読み書きのできない）ボランティアや活動家に委託できたが、出生登録、世帯情報の更新、転居の承認といった業務は、読み書きのできる政府職員だけが行った。地方の公安公報によれば、大躍進政策と文化大革命の政治的動揺と相まって、警察の人員不足により、この制度の発展と有効性は限られたものだった。居住者数が人口の一八％に満たない都市部でのみ施行されたのだ。[38]その結果、戸口は一九五一年に初めて実施されたものの、監視制度としての効果を充分に発揮したのは、労働集約的で情報集約的な制度を維持するための充分な資源と技術を党が獲得した毛沢東後の時代になってからだった。[39]

農村地帯は警察の配備がまばらだったため、全国的な戸口の普及は遅々として進まなかった。ＭＰＳによれば、一九五四年後半までに地方の中心都市の半数以上では「予備的に確立された」制度であったが、これは多くの住民が実際に登録されたことを意味するものではない。江西省では、警察は一九五六年までに郊外の行政区の三分の二で戸籍登録を完了したと報告されているが、村落は含まれておらず、農村人口のほとんどが対象となっていないことを示唆している。[40]湖南《こなん》省では、一九五四年までに登録されたのは人口のわずか一〇％だった。一九五九年には、湖南省の村落の四〇％ではまだ戸口が開始されていなかった[41]。

一九五八年一月、「戸籍登録管理条例」が公布され、警察が行政の独占的権限を持って全国的に戸口が正式に制定された[42]。政府は戸口がいくつかの重要な監視機能を果たすことを意図していた。羅瑞卿公安部部長は、戸口は「反革命分子やその他の悪質分子の活動や妨害行為を制限」することができると述べた[43]。警察と地方裁判所は、仮釈放中の者、執行猶予中の者、政治的権利を剝奪された者を追跡するために戸口を利用した。彼らは他の行政区画に移住する際には、当局の承認を得なければならなかった。反革命主義者やその他の犯罪者が戸籍登録の過程で発見される可能性もある。一九五八年に浙江省がこの条例を施行した際、警察は逮捕の対象を特定するために戸籍を利用し、一五〇〇人以上の反革命主義者を摘発した。その後数年間に、登録によってそれまで知られていなかった逃亡者や「四類分子」に属する者たちが発見された[44]。

しかし、完全に施行された後も、戸口は厳しい制約に直面した。地方における警察人員の不足から、政府は大躍進政策期に設立された政治・経済的集団であり、すべての農村住民が加入を義務づけられていた人民公社〔一九五八年より始まった農村の行政・経済の基礎単位。労働や資本を集約的に活用することを目的とした国家計画経済の末端組織。一九八二年の新憲法による郷政府制の復活により解体〕に行政を移管せざるをえず、すでに多忙を極めている簿記係に責任を負わせた[45]。さらに問題なのは、戸口が完全に確立された直後に大躍進政策期が到来し、その効果を低下させたことだった。大躍進政策の結果生じた飢饉によって飢えた農民が都市へ大移動し、警察力のなさから流入に対処できなかった多くの行政区画では、戸口は施行不可能となった[46]。その後、文化大革命期に、戸口の施行を担当する多くの警察官が配置転換されたり、解雇されたりした。戸籍ファイルは紛失されたり破棄されたりした。多くの行政区画で、この制度は実質的に機能しなくなった。一九七一年に戸口の再生が始まったが、完全に機能するようになったのは文化大革命が終わった後の一九七六年だった。[47]

大規模監視プログラム

毛沢東主義時代には、管制、四類分子、重点人口（KP：Key Populations）〔特定の政策目的のために注目する人口集団〕という三つの集団監視プログラムがあった。社会統制のモデルが毛沢東主義政権に影響を与えた旧ソ連と同様、これらのプログラムの下に置かれた個人は、多くの市民的・政治的権利を奪われた。[48]すべての監視プログラムは、党にとって政治的脅威とみなされる人々の活動を制限する目的で設計されたため、複数のプログラムで重複して対象になった。四類分子のレッテルを貼られた人物は、同時に管制の下に置かれ、管制の下に置かれた人物は前提としてKPでもあった。

これまで見てきたように、管制は、反革命分子と特定された人物の活動を制限する刑事罰の一形態だ。一九五二年に導入された管制は、地方裁判所と公安局の管轄であり、過去の犯罪が逮捕や投獄に値しなかった反革命分子に対して罰則を適用した（一九五六年十一月からは、地方裁判所のみが個人を管制に処することができるようになった）。管制下に置かれた者は、一回に最長三年間、市民権と政治的権利を剝奪され、その期間は延長されることもあった。個人が管制の判決を受けた後、「大衆」は公の場でその判決を知らされた。名目上は警察が管制を執行していたが、実際には警察は地域の安全委員会の活動家に頼って、処罰された者の活動を追跡していた。毛沢東主義時代、管制は比較的わかりやすい手順に従っていて、明確に反革命分子を対象としていたため、国内で最も型どおりかつ抑圧的な監視プログラムだった。一九五九年以前は、管制対象者の割合は人口の〇・一五％以下に抑えられていたが、一九五九年以後は、最大でも〇・一三％に減少した。[49]

文化大革命下では、管制は機能しなくなった。江西省では、警察は「管制の仕事は混乱に陥った」と認めており、天津市《てんしん》では、管制の監視グループは解散し、対象者のファイルは破棄され、「大衆の監視と改革の業務は完全に麻痺《まひ》した状態にあった」という。[50] 管制は毛沢東時代後に復活したが、一九九七年に改正刑法が施行されると、管制は軽犯罪の罰則に指定された。実際には、現在はＫＰプログラムに統合されている。

毛沢東主義時代、四類分子プログラムは監視対象人口のうち最大の人数を占めていた。四つのカテゴリーのうち、地主と富農の二つは階級に基づくものだったが、残りの二つは、反革命分子と悪質分子で、政治的な関連や個人の行動によって決定された。反革命分子はさらに、「歴史的反革命分子」と「現代的反革命分子」に分けられた。歴史的反革命分子とは、国民党政権、あるいは日中戦争（一九三七～四五年）中の日本の傀儡《かいらい》政権と過去に関係があった人物だ。禁止された宗派の指導者も歴史的反革命分子とされた。現代的反革命分子のレッテルは、一九四九年以前の政権とは関係がないが、中国共産党の政権奪取後に反革命行為を行った者に貼られた。最後の悪質分子は、他の三つのカテゴリーに当てはまらない不届き者に適用される包括的なカテゴリーだった。誰が反革命分子で、誰が悪質分子であるかは恣意的に決定された。どのカテゴリーに属するかを正確に規定した国内法や規則はなく、レッテルを貼るための明確な手順もなかった。一九五七年には、その年の反右派闘争で迫害された知識人を中心に対象とした、右派という別のカテゴリーが追加された。第五のカテゴリーが創設されたにもかかわらず、「四類分子」という用語は一般的なままであった。一九七九年一月、四類分子プログラムは廃止され、党は地主と富農のレッテルを取り除いた。しかし、すべてのレッテルが剝がされるまでには、さらに五年を要した。[51]

さまざまな節目で、数千万人の一般中国人が四類分子に指定された。毛沢東主義政権が政治運動中には監視を強め、弾圧を緩めた時期には監視を弱めたため、分類される人数はいつも変動的だった。中央政府は実際にラベル付けを行ったわけではなく、さまざまな監督カテゴリーに該当する人数に関するデータを収集したわけでもない。地方当局だけが、政治的中心地からのしばしば曖昧で理不尽な絶対的指示に従い、一般的に緩やかな規則に従って個人を分類した。また、この制度の効果に関する情報を収集したのも地方当局だけだった。

このプログラムの範囲に関する最も信頼できる開示情報は、『中国法律年鑑一九八七』に記載されており、一九四九年以降の数年間に二〇〇〇万人以上が四類分子のレッテルを貼られたことが明らかになっている。[52]ある年の総数が死亡、新規指定、指定解除の影響を受ける可能性があるため、どの時点でも四類分子のレッテルを貼られた人口の割合を推定するのは困難だが、毛沢東主義時代と一九七〇年代末のいくつかの地方の公安公報のデータから大まかな推定が可能である（表1－1）。文化大革命以前は、どの年でも人口の平均約一・五％が四類分子のレッテルを貼られていた。この割合は、党が一九七九年に四類分子プログラムの廃止を決定する以前にもかかわらず、一九七〇年代末には約〇・五％にまで激減した。

入手可能なデータによれば、四類分子の指定は地域によって異なっていたようだ。農村部では、おもに階級的分類によって指定された個人を対象としていたが、都市部では、政治活動や個人の行動に基づいて分類された人の方が多かった。たとえば、上海市では、一九六二年の四類分子の半数は反革命分子と悪質分子であり、残りは地主と富農であった。これに対して、より農村部の浙江省では、一九五九年当時、地主と富農が四類分子の七三％を占めていた。貧しい貴州省では、一九六〇年には地主と富農の割合が八二％と高かったが、反革命分子のレッテルを貼られた者の割合は四類分子のわずか八％にすぎなかった。[53]

四類分子の監視の程度はさまざまだった。一九五八年に人民公社が設立されると、農村部の四類分子は小分類に分けられ、とくに管制下で煩《わずら》わしい制限を受けることになった。[54] 管制に含まれる四類分子の割合に関する全国的なデータはないが、地方のデータによれば大きなばらつきがあることがわかる。一九五六年、管制に占める農村部の四類分子の割合が低い例は、浙江省でわずか三％、湖南省でわずか五％だった。同年、反対に高い例は、江西省で約二〇％が、福建省で二五％が対象となっている。[55] 管制の対象でない四類分子はより大きな自由を享受していたが、それでも地域の治安組織による監視下に常時置かれていた。広西《こうせい》チワン族自治区では、「監督改造」の対象として指定された四類分子の名前が公衆の面前に掲示され、彼らが従うべき制限や規則も示された。上海市でも、大衆が指定された者を監視できるように、同様の方策がとられた。一九六二年の時点で、上海市の四類分子のおよそ四分の一が、一九五八年の貴州省でも、およそ四分の一が監督改造の対象となっていた。[56]

一般的な規則として、四類分子はそれぞれ「監督改造チーム」の監視下に置かれる。このチームは通常一〇人の「善良な人々」で構成されていた。これは、通常は地元の役人、地方の政法委員会の委員、党のその他の支持者だった。チームは対象者の肉体労働と活動を監視し、その成果を定期的に評価した。四類分子は設定された年間目標を達成しなければならなかった。毎年末に、対象者は地域コミュニティによって評価され、改造を完了したと判断された者は、レッテルが剝がされた。[57]

四類分子プログラムは不明確で、その運用はほとんどボランティア（大衆）の手に委ねられていた。

監視に充てられる人的資源は限られており、潜在的な対象者は多くいたため、政府はなんとかやりくりしなければならなかった。恐怖政治により住民に関する充分な情報が集められた。しかしその結果、親

表1-1
各省における四類分子に指定された人口の割合

省・市	年	人口に占める割合（%）
広東省	1956	1.7
陝西省	1958	0.82 a
	1966	0.86
	1979	0.49
天津市	1973	0.54 a
江西省	1956	2.34
	1978	0.8
湖南省	1956	1.70 b
	1973	0.65
上海市	1962	1.05
	1979	0.33
福建省	1956	2.1
	1979	0.42
甘粛省	1979	0.45
吉林省	1977	0.24
浙江省	1956	1.6
	1979	0.68
広西チワン族自治区	1979	0.60
貴州省	1958	2.76 c
	1960	2.36
平均	1977年以前	1.4
平均	1976年以降	0.50

a 「監視と改革」の対象となった者のみ。
b 人民公社に入っている農村地域の四類分子のみ。
c 1957年と1961年の人口データを基に算出した推計値。
データ出典は原注参照。

政権の活動家たちは粗削りな大規模監視プログラムを運用し、三〇年間で二〇〇〇万人以上という膨大な数の人々を犠牲にした。彼らは非常に不快な経験をした。多くの人々が自由と尊厳を失い、差別と搾取の惨めな生活を余儀なくされた。

政府と国民の安全を脅かす重大な脅威を対象とした重点人口（ＫＰ）プログラムは、四類分子プログラムよりもかなり小規模だった。管制と四類分子が実質的に大衆に委託されていたのに対し、ＫＰは戸口を頼りに対象者を特定・登録・追跡し、警察だけが戸口にアクセスできた。そのためＫＰプログラムは、人員不足の公安機構に行政上の深刻な課題を突きつけた。ＫＰプログラムの実施の困難は一九五〇年代後半には明らかだった。浙江省の地方公安局によると、ＫＰ対象者の名前は長期間更新されていなかったが、これは大躍進政策による混乱と緊縮政策による警察力の削減による可能性が非常に高いという。[58] 文化大革命の混乱の中、ＫＰプログラムは中断された。[59] その結果、このプログラムは一九八〇年代まで、大規模監視において有意義な役割を果たすことはなかった。

ＫＰは、一九五六年三月にＭＰＳが「重要人物管理に関する暫定規則」を公布して制定された。[60] 対象はおもに歴史的な反革命主義者だったが、公式には、ＫＰの指定は多岐にわたり、他のプログラムの対象と重複していた。一九六二年、ＭＰＳはＫＰに「地主、富農、反革命分子、悪質分子、右派、反革命的容疑者とその他の犯罪容疑者、反革命的階級の社会基盤に属する分子」を含めた。[61] 反革命分子とは、既知の反革命主義者であり、反革命的容疑者とは、嫌疑はかけられているがまだ現行犯で捕まっていない者であり、社会基盤には、反革命主義者の家族、資本家や地主など、職業や社会経済的地位が反革命傾向と関連している者が含まれていた。

地方で開示されたＫＰに関する情報からは、毛沢東主義時代におけるプログラムの領域が垣間見える。

一九五九年、黒竜江省《こくりゅうこう》は住民の〇・一六％にあたる二万七三二五人をＫＰプログラムに入れた。このうち、一七五人は反革命活動やその他の犯罪活動の疑いがあり、六三三二人は常習犯罪者と「敵対的部類分子」であり、さらに一万九二四三人は調査・管理・教育による改造が必要であるとされた。[62] おそらくこの最後のグループには、普通の犯罪者と政敵の両方が含まれていたと思われる。一九五九年当時、黒竜江省はさまざまな潜在的要注意人物を優先して取り上げ、反革命活動が疑われる人物はＫＰプログラムのごく一部にすぎなかったようだ。歴史的な反革命主義者への直接的な言及がないのは、こうした人物が以前の恐怖政治下ですでに投獄または処刑されていたことを示しているのかもしれない。

一九五〇年代の一部の地方でのデータから、このプログラムが対象にしているのは人口に対してごくわずかな割合であることがわかる。一九五八年にＫＰに指定されたのは重慶《じゅうけい》市の人口のわずか〇・〇六％で、浙江省の六つの農村県でも平均して同じだった。杭州《こうしゅう》市は、一九五五年から五八年にかけて人口の〇・五九％という、かなりの割合をＫＰに指定した唯一の地域であるようだ。[63] 一九六〇年代のデータが乏しく、地域の公安公報に開示されていないことから、毛沢東主義時代には、ＫＰプログラムは実質的な監視プログラムというよりも概念にすぎなかったと考えられる。おそらくは、戸口の未発達、警察の人員不足、絶え間ない政治的混乱が原因だろう。毛沢東政権後の時代には、瀕死のように見えたＫＰプログラムが開花し、監視体制の柱となるまでに充分に強化された。

一九八〇年代における監視体制の構築

一九八〇年代の監視体制の進化は、毛沢東時代後の中国の発展のより大きな推進力を反映していた。この一〇年間は、容赦のない弾圧を特徴とする全体主義的な毛沢東主義時代と、一党独裁体制の下での市場経済発展を特徴とする新権威主義的な天安門事件後の時代という、政治上はっきりと区別できる期間に挟まれた一種の空白期間だった。一方では、文化大革命で大きく損なわれた弾圧機構がその能力を取り戻し始めた。他方では、財政的な制約が監視体制の近代化を依然として制限していた。また、政治的脅威に対して積極的に動こうとしない改革派の指導者が党の日常業務を管理していた。

監視体制を修復するプロセスは一九八二年、党の新しい「政法工作強化の指導」から始まった。この命令は、政治・法律機関の規模を拡大し、スパイや反革命主義者に対する秘密工作を重要視した[64]。この再建の過程は、前述のように警察力の増強に反映された。MPSによると、一九七二年七月の制服警察官の数は三八万人強であった（文化大革命末期の規模に関する情報はない）[65]。一九八六年までに制服警察官の数は六〇万人となり、五八％増加したが、そのほとんどは一九八〇年代初頭に増加したとみられる。一九八九年の統計では、制服警察官は七六万九〇〇〇人で、一九八六年から八九年にかけて年平均九・四％増加した[66]。地方の公安機関でも増加した。湖北省では、公認のPSD職員の数が一九七九年の二万一三二一人から八九年には三万三三七四人と、年平均五・六％増加している[67]。

監視体制の強化は、制度化と専門化の産物でもあった。一九八〇年代における最も重要な制度的発展は、間違いなく一九八五年九月の全国人民代表大会によって成立した住民身分証条例だ。最終的には、個別の身分証の発行と改良が、国家監視をおおいに促進することになった。

もう一つの重要な制度的発展は、一九八〇年一月にCPLCが設立されたことだ。一九五〇年代に党の最高幹部として国内治安を担当していた彭真《ほうしん》が委員長を務め、公安部部長をはじめとした法執行機関や司法官僚のトップが委員に名を連ねた。新委員会の当初の任務は、大部分が政策の調査と策定にとどめられていた[68]。国内治安をまとめる能力は、少数のスタッフと地方の政法委員会のマンパワー不足によって制限された。[69]

新設されたCPLCの最も実質的な貢献は、不定期ではあるが、国内治安の課題を設定するための国内会議を開催したことである。最初の全国会議は一九八二年七月に開催された。一九八三年、CPLCは鄧小平の「厳打」犯罪撲滅運動を任され、同年四月にも重要な会議を開催した。出席者は、国家安全部の新設や、より優れた技術による国内治安機構の近代化といった改革を提言した。党指導部はまもなくすべての提言を承認した。[70]

国家安全部（MSS）は、防諜活動と国内監視活動の効率的な分業を実現するために設立された。一九八四年六月、党幹部は「MSSとMPSの協力強化に関する意見」と題するMPSとMSSの共同提案を承認した。この未公表の文書には、両機関の作戦上の責任が明記されていると思われる。[71]さらに、MPSは、「情報提供者の使用に関する暫定規則」（一九七八年）、犯罪捜査に関する運用規則（一九七八年）、情報収集の強化に関する意見書（一九七九年）、「都市警察署の基本レベルの業務の強化」に関する文書（一九八〇年）、KP管理規則の二度の改訂版（一九八〇年と八五年）など、監視に関する一連の規則を新規にまたは改訂して発布した。運営面では、MPSはKP監視プログラムを復活、拡大させた。同機関は一九八四年十二月の報告書で、過去数年間に警察が「密偵部隊（秘密力量）の構築を強化した」と結論づけた。密偵部隊とは、スパイや情報提供者の総称で、つまり治安や犯罪防止に関わる「地域治安グループと大衆組織」だ。[72]

一九八〇年代の大半を通じて、MPSはしっかりと党内強硬派の支配下にあった。[73]そして政治的脅威に対する監視能力と作戦を強化することに躍起になっていた。政治的治安に関する定期的な会議を開催し、スパイ能力強化の重要性を執拗に強調し、宗教団体の取り締まりを実施し、一方では国内の反革命分子や「破壊分子」、他方では外部の敵対勢力に対する警戒を絶えず要求した。[74]

こうした改善や治安機関の主要制度の厳格化にもかかわらず、監視体制は全体として深刻な資源制約の下で運営されていたため、党の技術や人材への投資能力は限られていた。一九七九年から八九年までの政府の歳入総額の伸び率は年平均八・三%で、一九九〇年から二〇一二年までの年率一八%の伸び率の二分の一以下だった。[75]

政治上では、胡耀邦《こようほう》やのちの趙紫陽《ちょうしよう》のような改革派指導者が存在したことによって、弾圧機関には「改革開放」〔鄧小平主導の下、一九七八年に始まった経済体制の全面的改革と対外開放政策〕への道を歩む中国のイメージを損なう可能性のある、積極的な監視慣行を採用する明確な権限が与えられなかった。他の党高官たちも同様に、監視体制の強化を阻んだ。彼らは自由主義者ではなかったが、一九八〇年代にCPLCの責任者であった彭真、彭沖《ほうちゅう》、陳丕顕《ちんひけん》らは文化大革命期に苦い経験をし、毛沢東全体主義を復活させる気はなかったようだ。

弾圧機構が明確な政治的支持を得ると、政治的脅威の監視から人材を転用するような仕事が割り当てられた。とくに一九八三年の鄧小平の犯罪撲滅運動は、過剰な逮捕、投獄、処刑を引き起こした。[76]一九八七年一月の運動終了までに、一七七万人が逮捕され、ほとんどが刑務所に送られた。死刑執行の正確な数は不明だが、ほとんどの学者は、逮捕が不当であれば死刑執行も不当であった可能性が高いとみている。[77]毛沢東主義時代の最悪の行きすぎを彷彿《ほうふつ》とさせる運動に乏しい警察資源を割いたことに加え、鄧小平の犯罪との闘いが監視体制に新たに大量の対象者を負わせた。刑務所から釈放された人々は自動的にKPプログラムの対象となったため、警察は突然、非常に多くの人々を監視しなければならなくなった。その中には犯罪者もいたかもしれないが、反革命分子とみなされたり、政権にとって脅威となったりするような人物はほとんどいなかった。[78]

振り返ってみれば、一九八〇年代の民主化運動を監視体制が先手を打って回避できなかった理由を、ここに見いだすことができるかもしれない。この一〇年間を通じて、民主主義を主張する知識人や大学生は、執筆、出版、人との交流など、政治変革の境界を押し広げることにおいて、かつてない自由を享受した。[79] 大学のキャンパスは自由主義の温床となり、一九八六年と八九年には学生主導の大規模な民主化運動が起こった。一九八八年には、政治的に慎重さを要するテーマについてオープンに議論することを特徴とする「文化熱」が起こった。党の権力掌握を脅かすこうした勢力を監視体制がほとんど抑えられなかったとすれば、それはリベラルな改革派や躊躇《ちゅうちょ》する保守派が、弾圧機構に積極的な活動を行う権限を認めなかったためであり、鄧小平が犯罪問題にとりつかれるあまり注意散漫となったためだろう。

天安門事件後の監視体制

一九八九年六月、党は軍隊と戦車を配備して天安門民主化運動を鎮圧したのち、同じような危機に再び党の支配が脅かされるのを阻止する決意を固めた。

党はまた、社会秩序を維持する能力への新たな危険にも直面している。一九九〇年代初頭から、人々が地方から都市部へ大移動し始めた。好景気によって都市部での就業機会が増え、政府が国内移住の規制を緩和したためである。これによって戸口制度は窮迫した。経済改革の中で労働力の流動性が高まったことで、政府という雇用主、つまり、それまで労働者の行動を監視・統制するのに有効だった組織に都市住民を縛りつけていたしがらみも緩んだ。[80] 加えて、富が増大し、情報へのアクセスや言論に対する規制が緩和されたため、中国社会は革新的な通信技術を活用できるようになり、しだいに世界の情報に触れるようになった。民主化運動は鎮圧されても、別の手段で市民のために開かれた場は拡大し、政治的抵抗や社会不安が生まれやすい環境になった。[81] 一九九〇年代後半には、土地の権利、賃金、公害をめぐる論争が起こり、安定に執着する政権を疲弊させた。[82]

実際、天安門事件後の社会経済的変化は、監視体制にかつてないほどの試練を与えた。毛沢東主義時代には、監視体制の対象者、つまりおもに反体制派の人々は、政治的な関連や社会経済的な地位によって定義しやすく、市民的自由を剝奪することで監視が単純化し、容易だったのだ。加えて、市場に基づく経済活動、物理的な移動、情報へのアクセスに対する制限は、毛沢東主義時代よりも程度は低いとはいえ、一九八〇年代まで続いたため、粗削りな監視機構であっても大部分は社会統制に関する党のニーズを満たすことができた。しかし、天安門事件後、中国経済の躍進は新たな社会的・政治的対立の源泉を生み出し、監視体制に対する要求は高まって、党指導者はより高度な抑圧機構への投資を促された。

こうして天安門事件後の数十年間、政府は政治的脅威への監視の近代化・強化と、社会安定の維持に資源を注ぎ込んだ。古い統制方法が復活し、洗練され、更新され、強硬派が治安機構を監督する立場を任されて、政権の存続が党国家の最優先事項となった。

政権の優先順位と決意

一九九〇年四月、天安門事件の直後の時期に、党は「社会安定の維持と、政法業務の強化」という通達を出した。[83] この画期的な文書は、安定維持が政府の最重要の任務であると定めている。実質的には、党は地方委員会に対して政法業務（党内でいう国内治安業務）を優先するよう指示し、地方に対して人員、資金、政治的地位の面で必要な支援を提供した。もう一つの重要文書、党の「公安業務の強化に関する決定」は一九九一年十月に出された。リークされた秘密文書の要約によると、党は莫大な資源を投入して強制機構の能力を高めることを約束した。[84]

十一月、MPSは一九七七年十二月以来初となる第一八回公安会議を開催した。[85]その直後、MPSはKPプログラムの管理強化、大学キャンパスにおける警備と秘密活動の増強など、潜在的な政治的脅威の監視を優先するためのいくつかの構想を立ち上げた。一九九二年、MPSは「浸透と平和的発展」(教育、文化、商業交流を通じた欧米からの圧力を表す婉曲表現)を警戒することで「政治的安全保護」を強化し、カトリックの地下組織や「邪教」(反社会的、狂信的な宗教)とみなされる宗教団体を標的にした。MPSの努力は一〇年経っても緩むことはなかった。一九九七年七月にはオンライン監視を強化し、十月には中国の社会科学研究機関に対する海外からの資金提供の規制を強化した。[86]

並行する構想として、一九九一年二月、党指導部と国務院、つまり中国の内閣は、「社会・公共秩序管理の全面的強化」に関する共同決定を下し、政権の安全と社会の安定を守るための包括的な戦略を打ち出した[87](二〇〇一年九月には、これに続く命令が出された)。この戦略の主要な構成要素として、公安組織の能力を余すことなく活用すること、地方の治安機構を強化すること、草の根の治安組織を動員すること、地方当局者が安定維持策を確実に実施するための厳格な説明責任を果たすこと、党の指導の下で緊密な組織間連携を行うこと、弾圧・予防・教育・日常的な強制を等しく重視すること、社会的紛争を解決し封じ込めることが含まれていた。

二〇〇〇年代初頭、党はさらに強制力を増強する措置をとった。この新たな改良は、強硬派の羅幹《らかん》がCPLCのトップに昇格し、有能な官僚だった周永康《しゅうえいこう》が公安部部長に任命されたことと時を同じくして行われた。周は二〇〇七年に羅の後を継ぐことになる。一九九八年から二〇一二年までCPLCのトップとして、二人は監視体制の近代化に尽力した。[88] 一九九〇年代初頭の党による措置と比べると、二〇〇〇年代初めの取り組みははるかに体系的かつ野心的であり、それは二〇〇三年の画期的な文書「公安業務のさらなる強化・改善に関する中国共産党中央の決定」に見て取れる。[89]

この文書では、警戒すべきさまざまな脅威が挙げられている。外的・内的な敵対勢力による「浸透」、民族分離主義者、宗教過激派やテロ集団による破壊活動、精神的修行活動を行う法輪功《ほうりんこう》や他の「邪教」による違法活動、暴動、国家の安全と社会の安定を脅かす組織を形成する可能性のある個人などだ。党は、公安機構の草の根活動を強化し、公安に確実に資金を提供し、警察力を拡大し、警察官の給与と手当を増やし、「科学技術を利用した監視」を強化するために莫大な資源を投入することを約束した。また、国内治安における党の指導力を確保するため、地方警察署長の政治的地位を高めた。この文書は、地方警察署長を党常務委員会の委員とし、副省長や副市長と兼任させるよう地方党委員会に命じている。[90]

投資と制度化

持続的な経済成長による増収のおかげで、天安門事件後、党は弾圧機構に莫大な投資ができた。[91] 一九九一年の中国の国家歳入は三一四九億元だったが、二〇二〇年には一八兆二九一〇億元に達し、これは実質値で一二倍に増加したことになる。[92] 表1-2は、これに伴って起きる国内治安支出の増加を示している。[93] 人民武装警察への支出を除いた国内治安への支出は、名目値で一九九一年から二〇二〇年の間に二四倍、インフレ調整後で約一九〇〇%増加した。[94]

支出の大半を投資された警察は、急速な拡大につながった。[95] 一九八九年当時、中国の公安組織の職員は七六万九〇〇〇人だったが、二〇一〇年までにその数は少なくとも二〇〇万人に跳ね上がった。[96] 陝西《せんせい》省、湖北省、浙江省のデータによれば、天安門事件後の警察の規模は一九八〇年代前半から後半にかけてよりもはるかに速いペースで拡大している。湖北省ＰＳＤの公認職員数は一九八九年の三万三三七四人から一九九九年には五万八八七四人に増加した。[97] 浙江省は一九九〇年から二〇〇三年の間に九回にわ

表1-2

警察、検察、裁判所への支出（1991–2020年）

年	金額（10億元）	公共支出全体に占める割合 a
1991	10	4.1
1995	30.5	6.19
2002	110	4.99
2004	154.8	5.43
2007	334	6.91
2011	522	4.78
2014 b	702	4.62
2017 b	10,467	5.15
2020 b	11,645	4.74

a　中央政府、省政府、地方政府によるすべての支出を指す。
b　これらの年の数値は推定値。
データ出典は原注を参照。

たって警察組織の規模を拡大し、一九八五年当時の規模の四〇％に相当する七八四〇人を増員した。[98] 貴州省は一九九一年から二〇〇〇年の間に一万六七四人の警察官を増員した。[99]

　地方のデータによると、二〇〇〇年と二〇〇一年に国内監視を担当する部門が拡大された。二〇〇〇年、中央政府は湖北省に対し、「国内治安基本業務と柔軟な対応部門」のためだけに四四〇人の警察官増員を許可した。二〇〇一年、中央政府は湖北省に対し、「邪教」と闘うための国内治安部門に九〇人増員した。[100] 同様に、浙江省は二〇〇一年に国内治安部門に五四〇人の増員を許可された。入手できるのは省の個別的な情報に限られるが、国内治安を担当する警察部門は全国的に増員され、一万人以上の警察官が増員されたようだ。[101]

　国家はマンパワーに投資する一方で、弾圧のための技術的能力も向上させた。一九九一年十一月、ＭＰＳは法執行技術の近代化に関する全国会議を開催し、国の広範な技術近代化プログラムに求められている「公安のための科学技術」を取り込むことを発表した。[102] 翌年八月、ＭＰＳは全国犯罪情報データセンターの建設を開始し、情報システムのデジタル化への第一歩を踏み出した。ＭＰＳが一九九八年五月に「公安における科学技術業務の強化に関する決定」を発表した直後、党はいわゆる「グレート・ファイアウォール」〔香港とマカオを除く中国本土のインターネット通信を監視する大規模情報検閲システム。万里の長城《グレートウォール》と防火壁《ファイアウォール》を合わせた言葉〕を含むＩＴ近代化プログラムである「金盾《きんじゅん》工程」〔公安の情報デジタル化を目指す包括的な情報管理システム構築プロジェクト〕を正式に承認した。[103] 二〇〇四年、ＭＰＳは先端技術の映像録画システムとセンサーによる監視プログラム「スカイネット」を立ち上げた。それから一一年後の二〇一五年、ＣＰＬＣはスカイネットを補完するもう一つのビデオ監視プログラム、「シャープアイズ」を発表した。

同時に、党は監視体制の制度を抜本的に見直し、CPLCとその地方組織を強化した。こうした強化は多角的に行われた。一つは、治安機関の政治的地位を高めて、監視の優先順位を示すことだった。たとえば党が、監督する党幹部を地方党委員会の常務委員や副書記にも任命するよう指示することで、地方政法委員会の政治的地位を高めた。同様に、新たな委員会である「中央社会治安総合治理委員会」がCPLC内に設置された。これは見せかけの委員会で、スタッフもおらず任務もなかった。しかし、中国の政治慣習の中で、その存在はCPLCが行っている仕事の重要性を証明していた。実際、地方政法委員会は法執行官の任命と昇進において重要な役割を与えられていた。復活したCPLCと地方政法委員会は「マクロレベルの指導」を行い、国内治安部門の仕事を連携するという広範な任務を与えられた。[104]そして、CPLCとその下に属する地方政法委員会は、一九九〇年から年に一度の全国政法工作会議とそれに相当する地方会議を設置した。一九八〇年代のCPLCはこのような会議を不定期かつまれに開催していたが、一九九〇年以降、CPLCと地方政法委員会は、毎年欠かすことなく工作会議を開いている。

CPLCと地方政法委員会の強化に加え、党は特定の政治的脅威への対応を連携するため、より専門的な弁公室（事務局）を設置した。これには、二〇〇〇年代半ばに設立され、ストライキ、抗議行動、暴動などの社会的紛争に対処する任務を負う「安定維持弁公室」が含まれる。正式にはCPLCと地方政法委員会の一部であり、安定維持弁公室には専任のスタッフがいて、独自の情報網を運用している。[105]法輪功やその他の精神運動団体を弾圧するため、党は「カルト教団」撲滅のための特別事務所、通称「六一〇弁公室」を設置し、ここもCPLCと地方政法委員会の傘下に置かれた（六一〇弁公室は二〇一八年に廃止）。一九九八年八月、インターネットを監視し、サイバー犯罪と闘う特別警察組織である公共情報ネットワーク安全監察局が、ＭＰＳとそれに相当する地方組織に設置された。新たな脅威に対処するためのもう一つの取り組みだ。

習近平時代

二〇一二年末に習近平《しゅうきんぺい》が政権を握るころには完全に近代化された監視体制が思いのままに使えた。しかし、習近平政権下で全体主義的慣行が復活したにもかかわらず、監視体制の発展には矛盾した傾向が見られる。一方で、習は監視の技術的高度化を続け、とくにサイバー監視を強化した。二〇一四年にはインターネット情報弁公室を設立し、インターネット管理を連携した。二〇一八年、この弁公室は中央委員会に昇格し、広範な権限が与えられた。[106] 国家監視をさらに促進するため、同政権は二〇一六年にサイバーセキュリティ法、二〇二一年にデータセキュリティ法を成立させた。前述の通り、先端技術を駆使した「シャープアイズ」プロジェクトは習近平の監視下で二〇一五年に開始され、「スカイネット」はアップグレードされた。習政権は、グリッド管理システムを全面的に導入し、当局が個人の行動パターンや政治的忠誠心まで追跡しうるデータ駆動型システムである社会信用制度を立ち上げたという功績を残している。[107]

一方、二〇一二年以降経済成長が減速したため、習近平政権は実質的に圧迫した財政状況に直面している。その結果、国家歳入は二〇〇三年から一二年までの二〇％増に比べ、二〇一三年から二〇年までは年平均五％増という貧弱な伸びとなった。[108] このため、国内治安費の増加は鈍化した。二〇一三年から二〇年にかけての国内治安に関する支出の平均名目成長率は年率一二％だが、二〇〇三年から一二年にかけては年率三五％という驚異的な数字だった。[109]

習近平はまた、政治的忠誠心を確保するため、国内の治安機構の一部に狙いを定めている。政権に就いて間もなく、CPLCの前書記〔委員会のトップ〕（二〇〇七〜一二年）の周永康を粛清し、CPLCの政治的地位も格下げした。CPLCの書記は政治局員として残ることが許されたが、常務委員会の委員にはなれなかった。二〇一四年、党は習近平を委員長とする中央国家安全委員会を設立し、CPLCの正式な権限はさらに弱体化したように見えた。[110] 習近平は二〇一八年から三年間、国内の治安機構を粛清するキャンペーンを展開し、その結果、四人の元MPS副部長、多くの省警察署長、省・地方政法委員会書記、多数の地方警察署長、検察官、裁判所幹部などを含め、数万人の警察官を逮捕・処罰した。[111] 後で詳述するが、こうした変革は国内治安の重要性を引き下げたわけではない。むしろ、これは習近平が強制のジレンマに対処するための奮闘であり、習近平自身に忠実な官僚や警察官で空席を埋めている。

新型コロナウイルス感染症大流行時の監視体制

中国の監視体制の能力は、二〇一九年十二月に武漢《ぶかん》市で始まった新型コロナウイルス感染症が大流行した際に総動員された。発生直後、中国政府はウイルスを根絶することを目的とした、いわゆるゼロコロナ政策を実施するために監視能力を活用した。公衆衛生ツールとして設計されたわけではなかったが、中国の監視体制は、一般人の動きや活動を追跡する技術的・組織的手段を持ち合わせたため、再利用は容易だった。病人を見つけ出して隔離させるのに役立ったのだ。[112]

テクノロジー面では、党は個人の健康状態、社会的接触、移動を追跡するために、アプリやGPSによる位置監視など、スマートフォンを利用したツールを頼みの綱とした。[113] とくに、政府はアリババやテンセントといった民間のテクノロジー企業や、チャイナ・モバイルやチャイナ・ユニコムのような国有通信会社と協力し、健康コード（健康碼）と行程コード（行程碼）を開発、実施した。

健康コードは理論上、ユーザーの入力とビッグデータ分析に依存し、個人の健康状態を評価し、赤、黄、緑の三つに色分けされたグループのいずれかに割り当てる。緑色コードのユーザーは自由に移動でき、店、レストラン、学校、病院などの公共の場所にアクセスできる。赤色または黄色のコード（赤は高リスク者と新型コロナウイルス感染者と診断された者、黄色は中程度のリスクを示す）の者は、自宅での隔離を余儀なくされる。アリババのスマートフォンアプリを利用したこのシステムは、同社の従業員の健康状態や親しい交友関係を追跡するために、二〇二〇年二月に動き出した。アリババが本社を置く杭州市の政府はすぐにこのアプリを採用した。その後まもなく、すべての地方政府がテクノロジー企業（おもにアリババとテンセント）と提携し、独自の政策を展開した。単一の国家システムは存在しなかった。コードは、テンセントが開発し、中国で一〇億人以上が利用するアプリ「ＷｅＣｈａｔ」と、アリババが開発し、中国で広く利用されているデジタルウォレット「ＡｌｉＰａｙ」にリンクしたアプリによって生成された。ＷｅＣｈａｔとＡｌｉＰａｙの利用者は、個人情報（国民識別番号、年齢、性別、住所）と健康関連情報（ワクチン接種状況、新型コロナウイルス検査結果）を入力する必要があった。ＷｅＣｈａｔとＡｌｉＰａｙのアプリは、ユーザーが感染者と密接に接触したかどうかを識別するために、ユーザーの動きを追跡した。

健康コードが実際にどのように運用されているのか、正確には明らかになっていない。アプリの背後にあるアルゴリズムは不透明なままであり、やはり国家的な基準は存在しなかった。地方当局がデモ参加者や反体制派の動きを制限するために健康コードを悪用したという報道を見る限り、地方当局が潜在的な病気の拡散者を追跡することとは関係のない目的でシステムを利用する可能性があることは明らかだ。[114]二〇二二年十二月にゼロコロナ政策の中止が急がれる以前は、健康コードは新型コロナウイルスに感染していない人々を含む一般市民の日常生活を著しく制限していた。緑コードの人たちでさえ、偶然出会った誰かのせいで自分の健康状態に関係なく黄や赤にステータスが変更されることを恐れて、普通の生活を送ることはほとんどできなかった。

健康コードの他に、中国は個人の移動履歴を追跡するアプリも導入した。このアプリは、国有通信会社三社が提供する位置情報データを利用して、個人が過去二週間に移動した場所のログを生成する。当局はこのログから、個人が流行地域に行ったかどうか、あるいは公共交通機関で感染者と接触したかどうかを確認することができた。二〇二二年十二月十一日、ゼロコロナ政策に終止符を打つことになった激しい抗議を受けて、政府は行程コードを廃止し、関連データをすべて削除したと断言した。

健康コードと行程コードは、公衆衛生を保護するという公式の、公に発表された目的を果たしたと思われるが、同時に、党による監視技術の使用を人口規模で大きく前進させることを可能にした。中国史上初めて、国家は先進技術を駆使して一般人の健康状態や移動履歴を把握し、それに応じて移動の自由を制限することができた。パンデミックの間に収集された大量の健康データと移動データはまた、将来、国家の監視能力を強化するための貴重な資源となるかもしれない。

実際、二重用途ツールとしての健康コードの効力は、二〇二二年十一月に中国政府が、全国民のデジタル化された健康記録を収集する統一国家健康プラットフォームを三年以内に構築する計画を発表したほどだった。[115]このプラットフォームが完成すれば、現在一般の中国人になじみのある色分け健康コードのような、特定の識別マーカーを生成することができ、国家が市民を監視・管理する能力をさらに強化できる。

しかし、ゼロコロナ政策を純粋な技術的努力として扱うのは間違いだ。国家はグリッド管理という労働集約的な施策を導入し、ゼロコロナ政策を効果的に実施してもいるからだ。前述でその制度的起源を保甲制度までさかのぼったグリッド管理は、北京市では二〇〇三年に犯罪防止と都市施設の運営改善のために導入され、しだいに国家による監視の強力な手段へと発展した。[116] このシステムは、コミュニティをいくつかのグリッド〔碁盤の目状〕に分割し、それぞれのグリッドには通常約三〇〇世帯が含まれる。グリッドごとに、居民委員会や村民委員会のパートタイムまたはフルタイムの職員である係員が配置され、法執行を支援し、インフラの問題や交通違反などの軽微な事件についてリアルタイムで報告を行う。裕福な地域の当局は、グリッドに専用アプリや公共施設に関するデジタル化された情報などの高度なテクノロジーを装備している。パンデミック以前から、グリッド管理は標的となる個人を監視するために使われていた。

パンデミックは、ゼロコロナ政策を維持するうえで、グリッド管理が健康コードと行程コードを補完し、中央政府の政策を全国的に実施するために利用された最初の機会を与えたということになる。習近平は二〇二〇年二月上旬のパンデミック発生時の政治局常務委員会で、湖北省での流行を封じ込めるために「地域社会におけるグリッド管理を強化する」よう指示した。[117] ワクチン接種、集団検査、消毒、健康コードの照合、家庭内隔離の実施、大規模施設（ホテルやマンションなど）でのロックダウンの強制には、いずれも地域レベルでの労働集約的な取り組みが必要だからだ。既存のグリッド管理システムは、こうした努力を展開するためのしくみをもたらした。

習近平の指示に従い、湖北省およびその周辺の地方政府は、感染症や感染地域からの移動者の報告、必要不可欠なサービス（ロックダウン下の家庭への食料品の配達など）の提供、集合住宅へのアクセスポイントのスタッフ配備、公式発表の伝達をグリッド管理に依存した。係員はＷｅＣｈａｔでグリッドの住民にメッセージを送り、消毒を行い、健康コードを確認し、新型コロナウイルスの集団検査やワクチン接種の促進を支援した。[118]

パンデミックの間、グリッド管理は幅広い責任を負い、システムの運用能力が試された。結果的に、この社会的統制のしくみは大幅に改善されたようだ。少なくとも、公衆衛生対策を実施する権限を与えられたグリッドの係員は、新たなスキルを身につけ、一般の人々に関するこれまでにない量の情報を得たと思われる。そしておそらく当局も、ストレスの多い条件下で長期間にわたってシステムが機能することに関して貴重な知識を得ただろう。

毛沢東主義時代、政権は監視体制の制度的・組織的基盤を確立した。中央集権的な公安官僚機構、スパイのネットワーク、ボランティア治安組織、大規模監視プログラム、戸籍制度などだ。こうして、革命後の最初の二五年の間に、分散型監視の枠組みがしっかりと整えられた。本書でこれから焦点を当てていく毛沢東主義時代後の監視体制は、この基盤の上に成り立っている。人的資源の不足を補うため、毛沢東主義政権はその残虐性と組織力を最大限に発揮した。人民の支持と党員のイデオロギー的献身を利用し、財政的コストをほとんどかけずに、膨大で労働集約的な監視組織を維持した。「大衆路線」（一般大衆を動員して日常的で低レベルの治安業務を行わせること）が採用され、広く推進された。この監視手法は習近平のお墨つきを得ており、現在も予防的弾圧の重要な手段となっている。[119]

毛沢東主義時代に発展した監視体制には、それでも深刻な弱点があった。資源不足に加え、政権がより洗練された指揮・連携機関を発展させることができず、先進技術を獲得できなかったため、その範囲は限られていた。結局、毛沢東主義政府は自身が最大の敵となった。大躍進政策と文化大革命を鼓舞したそのイデオロギー的過激主義は、まさにその政府を守るための監視体制を著しく混乱させ、悪化させた。

天安門事件後の中国の監視体制のストーリーは、これ以上ないほどの変貌ぶりだ。毛沢東全体主義体制の制度的基盤を頼りに、党は投資と制度化を行い、監視体制を大幅に改良した。相対的な政治的安定と、安全保障と社会的安定を優先するという政府の決定により、監視体制は新たな運用能力と戦術的な向上を得ることができた。一九九〇年代後半以降の高度な監視技術の採用は、分散型監視に新たな次元をもたらし、デジタル通信や標的とする個人の動向監視など、党は特定の任務をより効果的に遂行できるようになった。現代中国の監視体制を独自の恐るべき存在にしているのは、潤沢な資金と先進的なテクノロジーと一体となった、その人的資源とレーニン主義的な階層構造なのである。

第2章 命令・統制・連携

効果的な国家監視を行ううえで、すべての独裁国家は二つの大きな課題に直面する。まず、政治的課題は、弾圧機構、とくに秘密警察当局者の忠誠心を維持するという強制のジレンマに対処することにある。このような重要な地位にありながら野心的で不誠実な人物は、自分の監督者をスパイし、監督者のライバルと共謀する手法を持っているのだ。[1] 二つめの課題は、政権の治安政策を確実に実行に移すことである。この二つの課題に対処する能力は、独裁国家の制度的取り決めと組織能力しだいで決まる。

個人がトップに立つ独裁政権の支配者は、この強制のジレンマの解決を期待して、通常、信頼できる忠実な人物を秘密警察の運営にあてる。たとえば、イランのサヴァクで長く長官を務めたネマトラ・ナシリは、国王の親友だった。サダム・フセインは、自分のはとこを諜報機関の長官に雇った。この政権の幹部の多くは、サダム自身と同様、ティクリートの出身だった。[2] 一方、軍が打ち立てた軍事政権では、かつてのチリのように、将軍が秘密警察のトップにみずからの身内を任命する。そして、一党独裁政権では党幹部のトップに秘密警察を置くのが一般的である。[3] 旧ソ連とその衛星国では、政治局員が秘密警察長官を務めるのが普通だった。東ドイツの場合、与党はシュタージの仕事を監督するために、党の専門組織である中央委員会安全保障問題局を設置した[4]。

効果的な政策の実施と、弾圧機構の構成要素間の運用上の連携を確保するという課題は、間違いなく、強制のジレンマよりも手ごわい。弾圧機構の官僚的な意図や利害が、支配者のそれと乖離することはよくある[5]。支配者の最優先課題が緊急に扱われない可能性があるということだ。官僚間の対立が情報共有や協力を妨げることもある。地方当局と国家官僚は指揮系統が異なるため、連携に苦労することもある[6]。

独裁国家で、支配者の安全保障課題の実施を監督し、弾圧機構の各機関間の活動を連携するための定期的な会議や専門組織のような、制度化されたメカニズムを開発した国はほとんどない。政治的な問題ももちろんある。適切なレベルの連携を実現するには、最低限、政権の権威を体現する政治的に強力な組織が必要だ。このような監督組織は、各部門の指導者が権力と自治権を必死に守っている他の治安組織からは、抵抗はないにせよ、反感を買う可能性が高い。もう一つの現実的な理由はコストである。政治的な権力を持つだけでなく、専門的な官僚機構は効果的な連携を行うために、国家のあらゆるレベルで活動しなければならない。そのため、大量の人員と施設が必要となる。財源が潤沢な独裁国家ならではの経費だ。東ドイツの中央委員会安全保障問題局でさえ、地方支部を持たなかった。

中国も毛沢東主義時代には、実施と連携に苦労した。中国共産党は、分散型監視の基本となる制度的枠組みを確立することはできたが、資源不足のため、党は大規模で正式な弾圧機構を構築・維持することができず、ましてや弾圧を連携する高価で独立した官僚機構を持つことはできなかった。治安に関する全国会議を除いては、毛沢東主義政権には弾圧と監視を連携させる制度化されたメカニズムがなかった。

一九八〇年代、党はその調整能力を著しく向上させることはなかった。新しく結成された中央政法委員会（CPLC）とその地方関連組織は、スタッフも少なく、権限も限られていた。一九八九年以降の時代になって初めて、党は監視体制の政治的忠誠と運営上の有効性の両方を確保することに、少しずつではあるが成功した。この時期の最も重要な制度改革は、CPLCの強化と、完全な人員を擁する地方政法委員会の設置だった。CPLCと地方政法委員会の間で、弾圧機構と党国家の他組織の活動が監督・連携された。

本章ではまず、今日の中国の党国家体制が強制的な活動を連携するために用いる、さまざまなメカニズムを検証する。じつに気が遠くなるほど膨大な数だ。次に、重要な機関であり、他の機関を監督し、組織する機関であるCPLCに目を向ける。

委員会・領導小組・会議

他のレーニン主義政党支配国家と同様、中国の国内治安政策の決定はトップに一元化されている。政治局常務委員会（PSC）は現在、習近平《しゅうきんぺい》を筆頭とする中国共産党の七人のトップリーダーで構成され、国内の主要な安全保障構想を最初に承認し、その実行を党と国家の官僚に委任する。政策構想は、PSCの委員自身が提案することもあれば、公安部（MPS）などの実務官僚やCPLCが提案することもある。

党そのものが、会議、会合、委員会、小グループの集まりを通じて、重要な連携機能を果たしている。国家レベルでは、中央委員会と領導小組（LSG）がある。これらは、中国共産党の各部門、国務院の各省、司法や軍などその他の組織の責任者で構成されている。中央委員会とLSGの委員は、頻繁に会合を開くことはなく、政策の立案と調整において、ほぼ形式的な役割を果たしている。中央委員会とLSGの定型的でより実質的な機能は、充分な人員を配置した弁公室が担っており、通常、関連する政策分野に秀でた部局の副長が責任者となっている。労力と資源の重複を避けるため、党は既存の官僚機構の中に委員会を作ることを好む。「同一委員に二つの組織の肩書き」という慣行だ。

中央委員会

中央委員会は政策を提案し、実施を監督・連携する。中央委員会の委員には、関連する政策分野に責任や専門性を持つ党の主要部門や政府部局のトップが名を連ねている。習近平が二〇一二年末に党総書記に就任して以来、こうした委員会の数は増加している。習近平の下で設立された中央委員会の中で最も注目すべきものは、国家安全委員会、インターネット安全情報化委員会、外事工作委員会、中央軍民融合発展委員会だ。[7] これらの委員会は頻繁に開かれるものではなく、日常的な運営は各委員会付属の特別弁公室が行っており、それぞれに高位の指導者がいる。国家安全委員会の特別な地位を強調するために、その弁公室主任は、習近平の参謀が務めている。

近年、国内の治安政策は、インターネット安全情報化委員会が専門的に関与しているものの、CPLCの管轄となっている。一九九一年から二〇一八年にかけて、国内治安政策を任務とするもう一つの中央委員会である中央社会治安総合治理委員会、または略称SPOCMC（Social and Public Order Comprehensive Management Commission）は、CPLC内で「同一委員に二つの組織の肩書き」モデルで運営されていた。CPLCのトップは通常、SPOCMCのトップを兼務していた。[8] 新たな官僚機構は創設されず、SPOCMCとCPLCは本質的に同組織だった。地方レベルでは、省、市、県が同じモデルを採用した。

名目上は、それぞれ独自の総合治理委員会が設置されたが、これらの委員会はすべて政法委員会（ＰＬＣ）の内部に設置され、人事も共通だった。

このようにＳＰＯＣＭＣが名目上ＣＰＬＣと対等な地位にあっても、ＣＰＬＣと党の地方政法委員会が活動の中心としてあり続けた。両者の間で国内治安政策の実施を監督していたが、現在も続き、監視体制の運営を連携している。注目すべきは、付属弁公室に依存する他の中央委員会とは異なり、ＣＰＬＣ自体が完全な人員を擁する委員会であることだ。この点で、ＣＰＬＣは中国共産党のトップレベルの部門と似ている。

領導小組

領導小組（ＬＳＧ）は、中央委員会よりも格式も権威も低い。国家政策を策定し、確実に実施するために組織されるＬＳＧは、ハイレベルの特別部隊《タスクフォース》と考えることができる。[9] この小組の委員は、委員会の委員と同様、党の主要部門や政府部門の長である。ＬＳＧは不定期に会合を開き、型通りの任務は特定の政策分野を管轄する部門に所属する常勤職員が担う。ＬＳＧは、安全保障を含む多くの専門分野を持つことができる。二〇一八年三月に廃止されるまで、中央邪教問題対策領導小組と中央安定維持領導小組は禁止された精神運動団体や社会不安の鎮圧に関する方針を決定し、これらの小組は全国的な政策実施の確保に努めていた。[10]

カルト宗教ＬＳＧは一九九九年六月十日に別の名称で設立された。その運営責任は、前述した「六一〇弁公室」と呼ばれる特別弁公室が担い、ＣＰＬＣ内に設置されて公安部副部長が指揮を執った。[11] 地方レベルでは、六一〇弁公室は地方政法委員会内に置かれていた。二〇一八年に廃止され、その責任がＣ

ＰＬＣとＭＰＳに分割されるまでは、六一〇弁公室は党国家が有害であるとみなす法輪功《ほうりんこう》やその他の精神運動団体に対する党のキャンペーンで重要な役割を果たしていた。[12]

二〇〇〇年に設立された中央安定維持ＬＳＧの重要性は、そのリーダーシップによって示された。組長はＣＰＬＣのトップが務めた。その弁公室は公安部副部長が指揮し、ＭＰＳ内に置かれた。[13] 公式メディアでは、社会不安の原因究明に関する一部の情報を除いて、この弁公室の運営に関する詳細情報はほとんど開示されていない。たとえば、公的な報告では、二〇一四年に同弁公室は山東《さんとう》省の国有製鉄所に代表団を派遣し、「過剰生産能力」の削減、つまり工場の閉鎖が社会の安定にどのような影響を与えるかを調査したこと、また同弁公室の副主任が二〇〇九年と一五年の二回、代表団を率いて江西《こうせい》省と山東省で調査を行ったことがわかっている。[14] 政策決定と連携におけるＬＳＧの典型的な役割についてわかっていることを踏まえると、中央安定維持ＬＳＧはおそらくＰＳＣによる検討のために国内監視案を作成したのだろう。

協調小組

中国の安全保障体制の根底には、もう一つ、協調小組という組織形態がある。その名が示すように、この小組は政策決定には参加せず、むしろ、ＰＳＣなどの機関が決定した政策の実施を調整する。国内安全保障に携わる協調小組は三つあり、一つは国内安全保障全般に関わるもの、他二つはチベットと新《しん》疆《きょう》に焦点を当てたものである。

チベットと新疆の協調小組の組長は、ＰＳＣの少数民族担当委員が務めている。ここでも、中国指導部のトップ七人のうちの一人であるＰＳＣの委員が指揮を執っているという事実が、この小組の重要性を示している。二つの協調小組には、それぞれスタッフが常駐する弁公室がある。ある報告によると、新疆工作協調小組弁公室は当初、二〇〇〇年にCPLC内に設置されたが、一三年に国家民族事務委員会に移された。さらに最近の報告では、一九年、同弁公室の主任は中国共産党統一戦線部の副部長が務め、著名な宗教家、華僑、少数民族指導者など、党が戦略的に重要と見ている社会的エリートや団体に味方や支援を求めることを任務としていることがわかっている。[15] 新疆の小組は同自治区とそのウイグル族に特化しているが、チベットの小組はチベットとチベット族住民の多い他の四つの省を対象としている。四川《しせん》省、青海《せいかい》省、甘粛《かんしゅく》省、雲南《うんなん》省の四省で、新疆小組を率いる同じPSC委員が率いている。新疆の協調小組の副組長が同地域の党書記であるのに対し、チベットの協調小組の副組長は統一戦線部部長である。チベット小組が所属する官僚組織については不明だが、その組織上の本拠地はやはり国家民族事務委員会である可能性が高い。[16]

国内安全総合調整小組は、「平安中国建設協調小組」と呼ばれている。これは、中央社会治安総合治理委員会という委員会の後継であるようだ。二〇二〇年に設立されたこの平安中国小組の組長はCPLCの書記であり、CPLCの他の委員も平安中国小組の初会合に出席している。それは、彼らもまたこの小組の委員であることを示している。正確に言えば、各部門の国内安全政策の実施を調整するのが役割だが、平安中国小組は政策提案にも関与している可能性が高い。なんと言っても、その幹部にはCPLCの委員である国家レベルで高位の政治家が含まれているのだから。[17] 平安中国小組には四つの専門チームがある。公安部副部長が率いる「社会治安チーム（社会治安局）」、緊急管理部副部長が率いる「公安チーム」、CPLC副書記が率いる「都市地域管理チーム」、他のCPLC副書記が率いる「政治安全チーム」である。[18] この最後のグループは、監視と政治弾圧の調整をおもな任務としていると思われる。

会議と会合

定期的に開かれる工作会議や会合では、中央政府や地方政府の担当者が集まり、強制機構を動員する。こうした会議の重要な役割には、最高指導部の治安政策を地方レベルまで伝達することがある。中でも最も重要で権威があるのが全国公安会議だ。一九四九年以降、二一回の会議が開催されたが、そのうち毛沢東時代後には五回しか開催されていない。おそらく、CPLCの年次工作会議が全国公安会議に取って代わったからであろう。本稿執筆時点で、二〇一九年五月に開催されたのが最後の会議である。通常、会議の前には、中国共産党が中期的な新たな国内治安政策を示す文書を発行する。たとえば、二〇〇三年十一月十八日、中国共産党は第二〇回全国公安会議の開催直前に「公安業務のさらなる強化・改善に関する決定」を発表した。[19] この会議に党国家のトップ指導者が出席していることが、その権威と重要性を示している。天安門事件後は、(二〇〇三年の胡錦濤《こきんとう》を除く)すべてのトップが会議の代表者と直接会っている。[20]

全国公安会議が、政権の中期的な国内治安政策を実施するために強制機構(おもにMPS)を動員するためのものであるとすれば、毎年の治安の優先事項は、CPLCの政法工作会議を通じて党国家に伝達される。国家レベルでは、この会議は毎年年末か年初に開催される。その後すぐに省レベル、市レベル、県レベルの会議が続く。

これとは別に、MPSは年一回の政法工作会議で検討された政策を実施するために独自の会議を開催している。全国レベルでは、CPLCの政法工作会議終了後の年初に開催されるMPSの年次会議は、全国公安局長会議と呼ばれる。地方レベルでは、全国会議の直後に省政法会議が開催され、その後に市政法会議が開催される。
このような官僚動員・政策実行の上意下達《トップダウン》メカニズムは、レーニン主義党国家の典型的な特徴である。しかし、整ったヒエラルキーがあっても、地方政府や治安機関が党指導部の命令を忠実に実行に移したり、効果的に実行したりする保証はない。指導的な小組や専門弁公室には、地方に相当するものがなく、わずか数日の工作会議は、情報共有と短期的な官僚動員以上のことはほとんど達成できない。

中央政法委員会

おそらく、党は試行錯誤を繰り返しながら、強制機構の連携と政治的忠誠心の維持という課題に対する答えを見つけたのだろう。これまで見てきたように、一九五〇年代後半に党が設置した政治的・法律的活動に関する領導小組（LSG）は、わずかな役割しか果たさなかった。一九八〇年代、党はこの小組の地位を委員会に引き上げ、CPLCを創設した。しかし、CPLCは当初、地方レベルでの組織的存在感は薄かった。[21] 国内治安政策の策定と実施という点で、一九八九年以降に見られるほど活発ではなかった。

天安門事件後の投資は、CPLCとその地方組織の本格的な制度的発展をもたらした。この間に、党はしだいに強制機構に対する監督権限を拡大し、国内治安政策を実施するのに充分な組織資源を持つ垂直的な統合機構を構築した。CPLCは党国家のすべての階層に充分な人員を備えた中国共産党の官僚機構として、組織部（数百万人の官僚の審査を担当）、宣伝部（公式イデオロギーを広め、メディアを統制）、中央規律検査委員会（中国の汚職防止最高機関）、統一戦線工作部（国内外の非党派の個人や組織との関係を管理）など、党国家の各階層にそれぞれ対応する部門を持つ他の四大官僚機構と対等な立場に置かれた。これらの部門は一党支配の制度的支柱であるため、全国的な階層的組織構造を模倣した安全保障に特化した党官僚機構の設立は、党が体制の安全保障を優先することを示している。さらに、四本柱というモデル〔一九七九年三月に鄧小平《とうしょうへい》によって提唱された国家の「四つの基本原則」(「社会主義の道」「人民民主主義独裁」「共産党の指導」「マルクス・レーニン主義と毛沢東思想」の堅持)〕に従うという決定からは、党がレーニン主義体制を信頼していることがわかる。資源を集め、政策を実施するための既存の組織構造は機能していたので、中国共産党はみずからを守るために設計した弾圧機構に既存の組織構造を利用したのだ。[22]

そして、CPLCは、レーニン主義的な階層モデルに基づいて、国内治安の最高監督者となった。CPLCは、前述した下部官僚組織や諮問グループの助けを借りて、国内治安に関する党の命令を具体的な政策措置に翻訳し、治安機関間の活動を連携し、裁判所や検察院の業務を監督し、法秩序構想、反対意見の取り締まり、先端技術監視システムの構築などの優先順位の高い任務の実施を監督する責任を負っている。MPSの公式文書の概要の開示を見ると、CPLCはPSCに直属し、厳密にはCPLCのトップが座る中央書記処を経由していることがわかる。CPLCはPSCから政策指示を受け、同組織に国内安全報告書を提出する。[23]

現在、CPLCは国内治安を担当する政治局員が率いている(これは実際には降格を意味している。習近平が台頭する前の一〇年間、CPLCのトップはPSC委員の一人で、二五人の政治局員に代わって日常的な意思決定を行っていた)。党の副書記は通常、公安部部長であり、国内治安における公安部の重要性を示している。しかし、CPLCの運営に対して実質的な権力を握っているのは秘書長であり、欧米の大臣の首席補佐官に相当する。CPLCの他の委員には、最高人民法院院長と最高人民検察院院長、司法部部長、人民武装警察上将などがいる。人民解放軍(PLA)の政法委員会の委員長や、国内外の課報・防諜の要素を併せ持つ秘密警察機関である国家安全部の部長など、国家安全保障や諜報機関のトップも委員に含まれている。

強制機構が過剰に権力を持たないように、党はＣＰＬＣのトップに任期制限をもうけている。羅幹《らかん》は一九九七年から二〇〇七年まで二期務めたが、通常の任期は、一期五年である。地方レベルでは、ほとんどの政法委員会の委員長は一期五年の任期を務め、地方委員会の書記は地盤を確立するのを防ぐため頻繁に交代させられる。

一九八九年以降のＣＰＬＣの進化

政治・法律部門には、さまざまな官僚組織が含まれる。裁判所と検察院のほか、ＭＰＳと地方の公安局（ＰＳＢ）、国家安全部とその地方機関、人民武装警察、司法部（刑務所も管轄）とその地方機関、警察学校などだ。中国共産党は一九四九年に中華人民共和国が設立されて以来、すでに紹介した中央政法小組のような専門委員会やその変遷を通じて、政治・法律部門を厳しく掌握してきた。一九五八年にこの中央政法小組が結成された後、省、地級市／直轄市、県レベルの党委員会はすべて政法小組を設置し、法執行機関の仕事を連携する権限を与えた。[24]

しかし、この小組は刑事事件や訴訟への関与に限定されていて、社会統制や監視措置の策定、実施、連携においての役割はなかった。地方レベルでは、政法小組は充分な人員が配置された弁公室を持たなかった。文化大革命の混乱が国を包み込むと、政法小組は機能しなくなった。文化大革命の直後、党は中央政法小組を再建し、主要な政策問題について調査を行い、最高人民法院、最高人民検察院、ＭＰＳの業務を補助するという限定的な任務を与えた。[25]

一九八〇年に中央政法小組が昇格してＣＰＬＣになり、中央と地方の政法委員会が一緒になって党の実用的な部門となった。その任務には、政治・法律分野のさまざまな部門との連絡を維持し、指導を行うこと、党委員会と官僚部門を支援し、幹部を評価・管理すること、政策・法律・理論に関する研究をまとめ、実施すること、重大で困難な事件に対処するための合同会議を調整すること、「包括的な社会管理」を組織し、実施を推進することなどが含まれた。[26] 拡大された任務にもかかわらず、ＣＰＬＣとその下位組織は法執行機関の日常業務や決定に直接関与していない。しかし、不特定の包括的管理を実施するという言及は、一〇年以上後の監視体制の監督におけるＣＰＬＣとＰＬＣのきわめて重要な役割を予見させるものだった。

ＣＰＬＣはその誕生と一九九〇年代の本格的な拡大の間に、一時的に廃止されたことがある。一九八八年五月、中国共産党の趙紫陽《ちょうしよう》総書記の指導の下、党と国家の分離を目指す改革派がＣＰＬＣを廃止し、権限を制限した新しい中央政法領導小組に置き換えた。しかし、そのわずか一年後に天安門事件の弾圧が行われ、改革を地方レベルで完全に実施するには時間が足りず、ほとんどの省・地方のＰＬＣはそのまま残された。弾圧から間もない一九九〇年、党はＣＰＬＣを再建した。[27]

政法委員会のおもな任務は、ＣＰＬＣの再建時に定義されたように、「マクロレベルの指導と連携」を行い、党委員会に助言し支援することである。ＰＬＣは同じ行政レベルの党委員会に従属するが、上位のＰＬＣから指導を受ける。地方ＰＬＣの具体的な責任は党委員会が決定する。ＣＰＬＣと地方ＰＬＣを再建した一九九〇年の文書では、ＰＬＣの書記は党の副主席または同じレベルの党組織の常務委員でなければならないと規定し、ＰＬＣの政治的地位を高めている。[28]

一九九〇年代半ばから、党は地方のＰＬＣの人員と資金を徐々に増やし、その職責を拡大し、社会統制と政治弾圧をよりよく立案・連携・実施する権限を与えた。[29] 一九九五年、中国共産党中央弁公庁はPLCに対し、「法秩序と公安の社会的包括的管理業務を組織し、連携する」よう指示した。[30] そして九九年、党は六一〇弁公室を全レベルでPLC内に設置し、党の国内治安の責任者としての地位をさらに強固なものにした。

　天安門事件後のCPLCへの信頼を測る鍵となる指標は、CPLCの政法業務に関する全国会議の定期的な開催だ。一九八〇年代に開催されたのはわずか三回だったが、九二年以降は年に一回開催されている。鄧小平や胡耀邦《こようほう》総書記が出席しなかった八〇年代とは異なり、江沢民《こうたくみん》や習近平といったトップ指導者が出席し、演説している。

　二〇〇〇年代に入ると、国内の治安問題におけるPLCの権力はさらに増大した。二〇〇三年十一月、公安機関の指導力強化の一環として、党は地方公安機関の監督者を地方党委員会の常務委員か、そうでなければ副省長か市長とすることを命じた。地方PLCの委員長は、中国共産党の地方常務委員会の委員でもあるため、地方PLCとPSBの両方の長に同じ人物を任命することが標準的な慣行となった。中国共産党は一挙に地方PSBの政治的地位を高め、地方PLCに公安で前例のない直接的な役割を与えたのだ。[31]

　これは、CPLCの委員長が政治局常務委員会の委員に昇進したこと、羅幹と有能で冷酷な官僚だった周永康《しゅうえいこう》という強硬派の二人がCPLCのトップに在職していたことと重なっている。羅と周の下で、CPLCと地方PLCは「社会的安定」を維持するためにより多くの責任を負うようになった。二〇〇三年十一月に党が発表した国内治安に関する画期的な文書は、資金を増加させることを約束し、まさにその通りになった。CPLCと地方PLCの監督下にある機関に資金を提供する国内治安予算は、急速に増加した。

　習近平が二〇一二年十一月に党主席に就任した後、ＣＰＬＣの政治的地位は明らかに低下した。二〇一三年末、周永康は汚職で捜査の対象となり、最終的に数百万ドルの賄賂《わいろ》を受け取った罪と国家機密を漏洩した罪で有罪判決を受け、終身刑を言い渡された。後任の孟建柱《もうけんちゅう》は政治局員だったが、常務委員ではなかった。実際、周が粛清される以前から、ＣＰＬＣとＰＬＣの役割は縮小していた。地方レベルでは、二〇一二年以降、ＰＳＢの指導者にＰＬＣの委員長を務める慣行は段階的に廃止された。[32] 二〇一三年十一月、党は習近平がみずから委員長を務める中央国家安全委員会の設立を発表した。[33] この新組織は国内に重点を置いていることから、少なくとも理論上は、現在ＣＰＬＣが担っている国内治安の責任の多くを負うこともありうる。

　習近平の国家安全委員会は、おそらく依然としてＣＰＬＣに対するダモクレスの剣〔栄華の中にもつねに死の危険が隣り合わせになっている、という意の古代ギリシャの故事〕という役割だが、実際は危険が迫るということはない。今のところ、国家安全委員会の存在にもかかわらず、ＣＰＬＣは党の主要な監督者であり、国内治安の調整役であり続けている。率直に言って、既存の官僚機構を置き換えることには、組織的に計り知れない困難が伴うだろう。とくに、新しい地方国家安全弁公室は、すべて地方のＰＬＣ内に置かれている。いずれ党が権限を拡大し、地方ＰＬＣから独立した官僚機構にする可能性はあるが、将来の地方国家安全弁公室がＰＬＣのラベルを貼り替えただけのものになる可能性もある。

　習近平の目標はＣＰＬＣとその地方組織に取って代わることではなく、それらに対するより直接的な支配を主張すること、つまり強制機構の政治的忠誠を維持しようとする独裁者の悩みの種を解消することだ。こうして二〇一〇年代後半、習近平はみずからの国家安全委員会を創設してから数年経ってもなお、PLCの将来を見据え、中央と地方の官僚組織を粛清し、二〇一八年一月にはCPLCの再編成を発表した。このキャンペーンでは、多くの公安幹部だけでなく、下級警察官も犠牲になった。[34]習近平の粛清責任者である陳一新《ちんいっしん》によれば、二〇二一年六月までに一万二五七六人の警察官が出頭し、一〇万人近い警察官が「規律違反・法律違反」で調査・処罰された。[35]これは、文化大革命終結以来、最も徹底した強制組織の粛清といえるかもしれない。さらに二〇一九年一月、習近平は重要な文書「中国共産党政法工作条例」を発表し、既存の慣行を形式化し、政法部門に対する党の優位性を強固にした。この文書の主要な目的は、PLCを中国の農村部にまで拡大することである。歴史的に、県はPLCが機能する最も低い地方レベルだったが、現在では鎮レベルにも設置されている。[36]

言い換えれば、習近平は政法部門を弱体化させたわけではないということだ。政法部門を飼い慣らし、全国何万もの郷・鎮にPLCを設置することで、政法部門を市民生活にさらに深く浸透させようとしているように見える。

CPLCとPLCの組織と機能

CPLCと地方PLCは、その監督下に膨大な国内治安機構があるにもかかわらず、それ自体は大きな組織ではない。CPLCの現在の職員数は公表されていないが、一九九〇年代半ばの公認職員数はわずか五〇人であったため、現在の職員数は数百人程度と推測するのが妥当だろう。地方のPLCについては、特定の委員会についてわかっていることから、その規模を知ることができる。一九八三年当時、済南《さいなん》市のPLCには事務局、調査部、政治・法律部門の公式人事を監督する政務部の三つの部しかなかった。一九九六年十一月までに再編成され、総務部、調査宣伝部、法執行監督部、公共総合管理部、人事決定を監督する基幹人員部の五つの部が設置された。拡大し、責任が重くなったため、スタッフの増員が求められたのはほぼ間違いない。二〇〇〇年代初頭には、六一〇弁公室や安定維持弁公室などの部門が追加された。この場合、マンパワーが増加したことがわかっている。済南市のPLCは、二〇〇二年には三二人だった役員と職員が、〇九年には四六人に増えた[37]。同様に、雲南省の元謀《げんぼう》県のPLCも、一九九五年のわずか五人から、二〇一〇年には一八人に増えていた[38]。

PLCの規模や組織図は行政区画によって異なる。二〇二〇年、大都市である武漢《ぶかん》市のPLCには六九人の役員と職員がいた[39]。これに対し、二〇一〇年代後半の県レベルのPLCのほとんどは、役員と職員が一〇～二〇人程度だった[40]。地域の人口と財源がPLCの規模を決めるようだ。人口一四万人の開封《かいほう》市禹王台《うおうだい》区のPLCは、二〇一八年の職員数がわずか六人だったのに対し、人口が禹王台区の約四倍の安徽《あんき》省天長《てんちょう》市のPLCは、一九年の常勤職員数が一二人だった[41]（ほとんどの場合、区は、行政階層は県と同じレベルだが、県が複数の農村集落を傘下に収めるのに対し、区は大都市から切り出されるのが一般的）。裕福で政治的に重要な管区には、比較的大きなPLCがある。人口五〇〇万人の北京市密雲《みつうん》区には、二〇一八年、五一人の職員と一七人の補助職員が公式に配置された[42]。

CPLCの内部組織に関する情報はウェブサイトには見当たらないが、その業務がどのように分担されているかは推測できる[43]。二〇一八年三月のCPLC再編計画によると、同委員会は「邪教」を弾圧する責任をMPSと分担することになっていたため、専門部署が設けられている。CPLCに与えられたもう一つの責任は、包括的な法律と公的秩序の管理を連携し、推進し、監督することであり、これはおそらく独立した部門を必要とする仕事だ。今回の再編では、中央安定維持領導小組とその弁公室が廃止され、この責任がCPLCに移管された。おそらく、社会的安定を担当する部署の設立を必要としたのだろう。組織改編によって廃止された組織や委員会はＣＰＬＣの内部に置かれ、ＣＰＬＣの職員によって運営されていたため、これらの責任がＣＰＬＣに移管されたとしても、実際にはＣＰＬＣの権限が拡大されたわけではないことに留意すべきだ。したがって、「移管」はＣＰＬＣの管理構造を合理化し、不必要な形だけの部門を廃止したにすぎない。

地方のＰＬＣはＣＰＬＣの組織配置を反映していることが多いため、下位レベルのＰＬＣを観察することでＣＰＬＣの内部組織について理解することもできる。その中で、貴州《きしゅう》省のＰＬＣは内部組織の詳細を明らかにしている省レベルでは数少ないＰＬＣの一つだ。ウェブサイトによると、貴州省のＰＬＣには合わせて一五の部署と弁公室がある。幹部、インターネット管理などの宣伝活動部門、法執行を監督する二部門、総合管理の四部門、安定維持の二部門、法執行の内部情報を審査する情報の監督・捜査の一部門、犯罪予防の一部門、「邪教信者」の改造を担当する一部門の一三の部門と、総務と調査のための二つの弁公室だ。[44] これらの多くの部門の責任は、政法部門の職員の管理と審査（幹部）、従来の法執行と公安（総合管理と情報調査）、体制の安全（安定維持と諜報活動）、政法業務の連携（法律施行の監督）、禁止宗教団体の弾圧という実質的な五つの分野に分けて考えると理解しやすい。ＣＰＬＣの各部門もこの五つのグループ分けに当てはまると思われる。

地方ＰＬＣのウェブサイトや地方政府が発行する年鑑を見ると、市や県はそのＰＬＣの内部組織の決定に大きな裁量権を持っていることがわかる。[45] 二〇一〇年代後半の典型的な地方ＰＬＣは、党書記が率いて二人の副書記が補佐し、行政事務、日常的な治安や法執行の問題を扱う法秩序の総合管理、法制度の監督、法制度における役人の審査と評価を担当する弁公室と、安定維持弁公室（通常、最も多くの職員を擁する）、六一〇弁公室、宣伝弁公室など、六～七の機能的な弁公室を協働して監督していた。一部のＰＬＣには、国家安全保障、反テロリズム、反麻薬、「反潜入」活動を担当する弁公室がさらにあった。これらの弁公室の名称から判断すると、社会安定、反「邪教」活動、反潜入活動、国家治安の担当者が監視体制の仕事を直接監督し、調整していたようだ。[46]

ＣＰＬＣのトップは、かつてはＰＳＣの委員、現在も政治局の局員というように高位の政治家であるが、地方ＰＬＣのトップも同様だ。具体的には、書記は地方党組織の常務委員会の委員であり、ＰＳＣに似ているが、純粋に地方的な権限を持つ。地方ＰＬＣの他の委員には、適切なレベルの警察署長、地方裁判所所長、地方検察院院長、地方法務局局長（刑務所と法曹界の責任者）などが含まれる。県や区にＭＳＳの事務所がある場合は、その所長も関連するＰＬＣの委員となる。[47]

地方ＰＬＣの活動

地方ＰＬＣの規模の小ささから、ＰＬＣが法の執行、治安、監視、社会の安定に直接関与していないのは当然のことだ。ＰＬＣの仕事はむしろ、直接の責任者である裁判所、検察院、ＰＳＢの活動を監督・調整することである。ＰＬＣは地方レベルで党最高位の権限を行使するが、これは政治的誘因によって動くこともあるということだ。ＰＬＣに法執行官の任命や昇進を審査する権限を与えることで、党は強制機構の職員のコンプライアンスと協力を確保する強力な手段を作り上げた。さらに重要なのは、地方レベルの党最高位という政治的見返りをＰＬＣの使命と合致させたことである。天安門事件後、安定維持が党の政治的最優先事項になったため、地方の党トップが国内治安の問題をおろそかにするわけにはいかなくなった。

地方ＰＬＣの役人にとって重要な責務、そして好機は、工作会議にある。二日間にわたるＣＰＬＣ会議には、治安と法執行を担当する中央政府の主要幹部や国有企業の関係者だけでなく、地方ＰＬＣのトップも出席する。こうして党にとっての重要性を示しているのだ。これまで見てきたように、この会議の後、地方レベルでも同様の会議が開かれる。これらの会議には、直轄市や地級市レベルのＰＬＣのトップも出席し、その直後にそれぞれの年次工作会議が開かれる。このスケジュールに基づいて、毎年二月末までに、党の国内治安に関する年次議題が県・区レベルまで完全に伝達される。

いくつかの地方ＰＬＣの報告書を調べてみると、その責任は五つのカテゴリーに分類されていることがわかる。

（1）禁止されている精神運動団体の取り締まり、敏感な時期の警備強化措置の連携、重要人物の特定と監視など、国内の治安維持業務を行う。その対象には、年金やその他の手当の改善を求めて組織的に行動を起こす傾向のある人民解放軍（ＰＬＡ）の退役軍人や、禁止されている精神運動団体のメンバー、当局の待遇に不満を抱いて役人に苦情を訴える一般市民などの請願者が含まれる。さらに、抗議行動、暴動、ストライキ、大規模な陳情など、官公庁に大勢の人が集まるような大規模な事件への対処も、治安上の重要な任務である。

（2）政治・法律分野で働く、あるいは仕事を求める役人を、政治的忠誠心の有無でふるいにかける。

（3）国内治安インフラの構築を監督する。

（4）主要な法的事件の解決と処理を調整する。

（5）法執行、公共の安全、犯罪防止および治安促進運動《キャンペーン》を監督する。[48]

地方のＰＬＣは裁判所や検察院を監督し、重大な法的紛争に介入し、定期的な防犯を目的とした取り組みを監督するが、そのおもな任務は、強制機構の地方組織やその他の国家官僚機構に党の国内治安政策を確実に実行させることだ。PLCがこの使命を果たせるかどうかは、キャンペーンを組織・連携し、敏感な時期に安全対策を講じ、情報と諜報を処理し、情報の横方向と上方向への流れを推進する能力にかかっている。党がグリッド管理やシャープアイズプログラムのような、テクノロジー監視体制の主要素を構築するために、PLCに大きく依存してきたことを見れば、PLCへの信頼がわかる。

PLCの活動報告によると、PLCが強制組織の運営に直接関与するのは、敏感な時期の特別警備措置の監督と連携が最も一般的だ。[49] 政治的に緊迫した記念日や重要行事の期間に重大事件が発生した場合、地方の当局者は厳しく処罰される可能性が高いため、この特別な任務は優先度が高い。たとえば天津《てんしん》市のPLCは、毎年の「両会」の期間中（全国人民代表大会と中国人民政治協商会議が開催される期間、ここでは二〇一七年）、安全対策の強化を監督した。同委員会は毎晩ビデオ会議を開催し、警察やその他の機関から毎日報告を受け、安全対策を調整した。また、同委員会の幹部はみずから主要な政府機関を訪れ、その安全対策を確認し、重要な団体の監視状況を問い合わせた。全国人民代表大会直前の九月、天津市PLCは市の治安部隊、インターネット検閲官、その他の地方部門を動員する会議を開いた。会議後、同委員会は、PLA退役軍人の抗議活動を防止し、重要なインフラや大会の会場を保護するための取り組みなど、特別な安全対策の実施を監督した。[50] 他の地域のPLCも、敏感な時期に同様の活動を行っていると報告している。[51]

地方のPLCは、年次報告書でその連携役を誇示している。安徽省蕪湖《ぶこ》市のPLCは二〇一〇年の年次報告書で、公安業務を連携し、政府機関間の資源共有を推進したと述べている。一九九〇年代後半の深圳《しんせん》市PLCの報告書には、「地元の国家安全保障と公安機関の仕事と秘密裏の政治的安全保障活動を連携した」との誇らしげな記述がある。さらに、PLCは「大量の重要な機密情報と一般情報を収集し、市内に侵入した敵対分子の効果的な監視に成功し、……中国に潜入しようとする外国の宗教団体に打撃を与えた」と主張し、おそらく地下労働組合のことを指していると思われるが、「『連帯式』の非合法労働団体を組織しようとする陰謀を阻止した」と述べている。[52]

また、地方のPLCが重要対象者の監視を監督している例もある。二〇〇〇年、深圳市龍崗《りゅうこう》区のPLCは、地元の公安と国家安全保障機関が行った同区の法輪功信者に対する大規模な調査を監督した。同PLCは、三人のチームを結成して重要な法輪功信者を厳重に監視し、中には敏感な時期に拘束された信者もいたという。二〇一〇年代初め、上海市の崇明《すうめい》県では、PLCは多くの政府機関を巻き込んで同様の監督活動を行っていた。

一般に、情報提供者やその他の補助的な治安要員の確保は、現地のPLCが監督する日常業務だ。[53] また、PLCは中国の安全都市プロジェクトの実施を促進する。安全都市プロジェクトは、犯罪、交通事故、火事、その他の危険を減らすために、技術、人材、インフラ、プロパガンダへの投資を組み合わせた、緩やかに定義された公共安全構想だ。PLCは資金を調整し、宣伝キャンペーンを実施し、安全都市プロジェクトの評価と認定を行う。[54]

地方PLCの業務をつぶさに見るために、二〇一五年十二月下旬の深圳市福田《ふくでん》区のPLCの業務を記録した日誌を見てみよう。[55] この週は特別なことがあったわけではない。ちょうど日誌が入手できたことから、典型的なPLCの一週間を間近で見ることができる。十二月二十二日から二十九日までの一週間、同区PLCの安定維持弁公室は、同市の信訪局〔国民から文書の提出や直接の訪問により意見、請願、苦情を受けつけ、その解決のために調査、政策改善や策定、情報の提供を行う。中央政府レベルと地方政府レベルそれぞれに設置されている〕と協力し、オンライン募金プラットフォーム経由で詐欺《さぎ》に遭ったという申立人の問題を解決した。同弁公室は、深圳市のＰＬＡ退役軍人が騒動を引き起こす可能性のある活動を計画していたため、その対応を調整した。また、同弁公室は地元企業二社の労使紛争にも目を光らせていた。ＰＬＣは、深圳市安定維持弁公室に対して、日々の安定維持業務や抗議者・請願者の取り締まり実績に関する報告書を作成した。一方、ＰＬＣの総合社会管理弁公室は、テロ防止安全対策の実施を検査し、野生動物の不正取引の取り締まりを指示し、交通安全に関する大規模な宣伝イベントの準備を行った。ＰＬＣの六一〇弁公室は深圳市国家安全局局長が同区を調査訪問した際、同局長を支援し、「宗教」活動に関する二件の調査を監督し、特定の市民が「邪教」と無関係であることを証明する書類（職に就く前に取得が義務づけられている）を二件発行した。

このように現地のＰＬＣは、よくあるもめ事への介入から潜在的な反体制活動家に対する先制的措置まで、さまざまな仕事をこなす。パラノイアと不安に苛《さいな》まれる政権にとって、万能なＰＬＣは大変な価値がある。

中国共産党は、他の独裁政権（旧ソ連圏の共産主義政権でさえも）と比べて、命令・統制・連携の高度なインフラを構築したという成果で際立っている。大部分は、指導部が体制の安全を優先させ、経済が急成長して新体制を可能にする資源が生み出された一九八九年以降に実現したインフラだ。

習近平が粛清と改革を行った後でさえ、中国の監視体制の組織の要は、間違いなくＣＰＬＣを頂点とする政法委員会である。他の国内治安機関には、より上級の党幹部がいて、より高位の肩書きを誇っているかもしれないが、強制のジレンマに対処し、治安機関やさまざまな国家・非国家主体を横断して監視を連携するという課題に取り組むうえで不可欠な二つの役割を果たすのは、党の専門官僚機構である

ＰＬＣである。第一に、党が警察や秘密警察の要職に忠実な人物を任命・登用できるように、ＰＬＣは強制機構の主要人物を審査する。第二に、ＰＬＣは党の治安政策の実施を日常的に調整し、中国の分散型監視システムを効果的に機能させる。

党の全階層のＰＬＣが政治的影響力を増し、安全保障の責任を持つようになったことは、中国共産党がレーニン主義的組織原則を巧みに応用し、権力に対する新たな脅威に立ち向かっていることを示している。たしかに、党の命令・統制・連携システムは決して完璧ではない。ＰＬＣの高官を含め、中国の強制組織における不正や汚職が頻繁に発覚していることは、中国の支配者が政治腐敗の問題を解決していないことを示しており、独裁国家を悩ませるもう一つの課題だ。しかし、一九八九年以降、国内治安の監督者としてのＰＬＣなしには、中国共産党がこれほど成功裏に冷酷な権力支配を維持できたとは考えにくい。

第3章　組織的な監視

中国の巨大な強制機構には、人民解放軍（ＰＬＡ）、人民武装警察、約二〇〇万人（二〇一〇年現在）の警察官を監督する公安部（ＭＰＳ）、国家安全部（ＭＳＳ）、民兵、そしておそらく制服警察官よりも大規模な補助警察部隊が含まれる。[1]しかし、この組織の中で監視体制の運営に直接的な役割を果たしているのはごく少数の機関だけである。私が判断する限り、監視体制の運用の中核を成しているのは、警察の国内安全保衛（ＤＳＰ）部隊、通常の地域警察署、ＭＳＳとその地方組織という三つの組織である。中国共産党の最高位から命令を受ける政治・法律部門からの指示で、この三組織は、弾圧に対する中国の独特な手法を実行する。

強制機構自体が持つ多くの特徴は注目に値する。一例を挙げると、中国の人口規模に比して規模が小さい。[2]つまり、この国の監視は国際標準を下まわっているということだ。さらに顕著なのは、中国にはシュタージやＫＧＢに相当するものがないことだ。海外ではスパイ活動を、国内では防諜活動や政治的スパイ活動を行う強力な秘密警察機関だ。[3]中国では、国外スパイ、防諜、破壊分子の監視という三つの機能が、二つの異なる治安官僚機構に分けられている。一九八三年にＭＳＳが設立される以前は、対外情報収集、防諜、国内監視の分業体制は、じつは共産党独裁国家よりも民主主義国家のしくみに似ていた。党の官僚機構であり対外諜報を任される中央調査部は、アメリカの中央情報局（ＣＩＡ）やイギリスのＭＩ６に似ている。一方、ＭＰＳは防諜と国内監視を任務としており、これはアメリカの連邦捜査局（ＦＢＩ）やイギリスのＭＩ５が行っていた機能である。

　ＭＳＳはよりシュタージやＫＧＢに似ているが、それでもまったく同じではない。海外ではスパイ活動を行い、国内では防諜活動を行うが、国内の監視に関しては活動範囲が限られており、少数民族、外国人、海外とつながりのある個人に重点を置いている。国内監視で支配的な役割を維持しているのは、第一線の警察の責任を負う国内治安機関であるＭＰＳである。さらに、公安部部長の政治的地位が国家安全部部長を上回っていることが示すように、ＭＰＳは秘密警察よりも強力である。[4] ＭＰＳの中で、国内監視の責任は、政治的治安の問題を主導する国内安全保護部門と、他の国家機関、中国共産党員、民間活動家の支援を受けているはるかに大規模な通常の警察部隊とにさらに分けられている。

　中国に「包括的な」秘密警察が存在しないことには、いくつかの要因が考えられる。一つは、官僚の領分をめぐるエリート層の対立だ。歴史的に見ると、長く首相を務めた周恩来《しゅうおんらい》は、革命期も文化大革命前の人民共和国時代も、党の情報部門（中央社会部とその後継の中央調査部）を個人的に管理しようとした。[5] このような利害関係から、周は包括的秘密警察の設立に同意できなかったのである。周は、中央調査部が国内スパイ活動の責任も負うことになれば、中央調査部の抑えが利かなくなるかもしれないという懸念を抱いていた。そのような権限を与えられた秘密警察は毛沢東の警戒心を強め、統合された秘密警察を監督する忠実な人物を任命するよう毛沢東に促したかもしれない。周はそのような忠実な人物ではなかった。諜報部部長としての役割から外されることを恐れた周には、自分がより重い責任を負うのではなく、現状を維持しようとする充分な理由があった。

周の関心は毛沢東の関心と重なっていたのかもしれない。パラノイアで知られ、官僚主義を軽んじる独裁者として、毛沢東は強力な秘密警察機関が自分の権力を脅かす可能性があると感じたのかもしれない。それゆえ、対立する官僚組織に治安責任を分担させたほうがよかったのである。さらに毛沢東には、権限を与えられた秘密警察に反対するイデオロギー的理由もあった。民衆を動員して政権の任務を遂行させる、いわゆる大衆路線の擁護者であった毛沢東は、エリート機関に不信感を抱いていた。一九五一年のMPSへの指示の中で、毛沢東は「秘密」の慣行を非難し、反革命分子撲滅運動を実施するための「党の指導下での大衆動員」を推奨した。[6]

中国とソ連における監視体制の組織の違いは、ソ連からの影響にもかかわらず中国が独自のモデルを選択したため、より顕著である。実際、ソ連は一九四九年に中華人民共和国が成立するとすぐに安全対策の専門家を中国に派遣し、その後も諜報員を送り続けた。しかし、ソ連の諜報員は、中国国内の治安機構の基本構造を形成するうえでほとんど影響を与えなかった。[7]中国はソ連からレーニン主義的な制度を輸入したかもしれないが、毛沢東主義政権は統治の手段としての大衆動員、とりわけ政治的脅威の弾圧と監視にはるかに多く力を注いでいた。実質的な意味では、大衆に依存することで、毛沢東主義政権は形式的な強制機構の規模を比較的小さく抑えることができた。

後述するように、毛沢東主義政権の初期に下された決定は、正式な監視体制の将来の構造を形作った。とくに、この決定は、多層的な組織構造と明確な権限を持つ複数の保安機関、つまりこれらはすべて党の政治的独占を守るための集合体だが、その発展を予見させるものだった。強力で包括的な秘密警察機関に依存する独裁国家に比べ、中国のシステムにはいくつかの利点があるように思われる。コストがかからず、潜在的な反対勢力を阻止する効果が高く、政権トップへの危険も少ないという点だ。

国内安全保衛部隊

国内安全保衛部隊（しばしば国保と略される）は、中国の監視体制の主要な運営責任を担っている。DSP部隊の活動についての概要資料は、地方年鑑で容易に手に入るが、学術的な研究はなされていない。国家レベルではMPS、地方レベルでは公安局（PSB）に所属するDSPは、二〇〇〇年以前は政治安全保衛部隊と呼ばれていた。二〇一九年、中国政府はこの名称を復活させたが、これは中国共産党の支配に対する脅威から党を防衛することを第一義とする部隊であることを強調するためだろう。[8] しかし、混乱を避けるため、本研究では「国内安全保衛（DSP）」という用語を使用する。

MPSの中で、DSPは部内第一局と呼ばれ、その地位を示している。第一局はMPSで最も重要かつ強力な部署とされ、MPSの元職員によれば、その局長は必ずMPSの副部長に昇進するという。[9] また、省、市、県、区のPSBの中にもDSP部隊がある。

公式の情報源からは、地方のDSP部隊の規模に関する詳細な情報がほとんど得られない。例によって、全体像を把握するためには種々のデータ元から情報を集めなければならない。一九五〇年代初めには、約四万人の警察官がDSPの前身であるMPS政治保護部隊に配属されていたが、これは警察全体の約一〇％を占めていた。[10] 今日、DSP部隊は比較的小規模で、およそ三％程度と思われる。一九八五年当時、新疆《しんきょう》の一〇六の行政区画でDSP部隊に配属されていた警察官はわずか六一八人だった。[11] 河南《かなん》省の中規模都市である濮陽《ぼくよう》市では、一九九三年のDSP部隊の人員は四〇人で、警察全体のわずか二・

四％にすぎなかった。[12] 他の行政区画でも、ＤＳＰ部隊の規模は小さい。ウルムチ市水磨溝区《すいまこう》のＤＳＰ部隊は、二〇一二年には二四人（警察全体の五～七％）だった。これに対し、同区ＰＳＢの犯罪捜査部門は四八人で、警察全体の一一・四％にあたる。湖南《こなん》省の中堅都市である株洲《しゅしゅう》市では、一九九七年から二〇〇〇年にかけての同市ＤＳＰ部隊の警察官数はわずか二〇人、二〇〇二年から〇四年にかけての大慶《だいけい》市サルト区ＤＳＰ部隊の警察官数はわずか六人、一二年の棗陽《そうよう》市ＤＳＰ部隊の警察官数は八人、一四年の武漢《ぶかん》市のＤＳＰ部隊の警察官数は人口一〇〇〇万人以上に対して二一六人が配置されていた。[13] 限られた現地のデータから推測されるように、全国のＤＳＰ警察官の総数が警察全体の約三～五％だとすると、中国国内の秘密警察官の数は約六万～一〇万人、つまり人口一万四〇〇〇～二万三〇〇〇人に一人の割合でＤＳＰ警察官が配置されていることになる。一九八九年当時、東ドイツのシュタージには一六五人に一人の正規職員が、ソ連には五九五人に一人のＫＧＢ職員がいた。[14] シュタージとＫＧＢの職員の半分だけが国内スパイを担当していたとしても、人口あたりの国内治安課報員の割合は、東ドイツでは中国の少なくとも四〇倍、ソ連では一一倍だったということだ。

中国共産党が、国内秘密警察の規模を資源が許す限り劇的に拡大していく決断をしなかったことは、注目に値する。毛沢東と周恩来の時代には、国家が望んだとしてもシュタージに相当するものを組織することはできなかった。しかし、一九八九年以降に投資額が増加したとはいえ、ＤＳＰの規模は小さいままだった。実際問題として、中国共産党の指導者たちは、大規模な国内秘密機関は必要ないと理解しているのだろう。なぜなら、それほどエリートではない第一線の警察官が、日常的な監視業務のほとんどをこなすことができるからだ。そしてまた、党の関心は、スパイ機関がみずからの政治的覇権を脅かしうる権力の拠点となるのを防ぐことにある。

県や区のＤＳＰ部隊の規模が小さいことから推察するに、優先順位の高い捜査の実施、重要ターゲットの監視、高度な情報収集・分析など、実質的な活動能力を有するのは、比較的規模の大きい省や市のＤＳＰ部隊だけで、県や区のＤＳＰ部隊のおもな機能は、情報提供者を募り、地域に根ざした警察官に日常的な監視業務を指示することに限られているようだ。第二の機能は、上位のＤＳＰ部隊と地方の党組織からの命令を実行することである。このように、地方のＤＳＰ部隊は二人の主人に仕えており、彼らは機能的ヒエラルキーの一部であるから上位の治安機関から監督されている。しかし同時に、財源と人員を地方政府に依存しており、地方政府のニーズに応えなければならない。[15]このような二重の役割を負っていることから、県や区のＤＳＰ部隊は優先順位の高い少数の活動を行い、日常的な業務は地元警察に任せる傾向がある。

おおよそ三年に一度、ＭＰＳは国内治安に関する全国会議を開催し、指令の発出や活動指導を行い、地方のＤＳＰ部隊間の意見交換を促進している。[16]政府は（おそらくＭＰＳを通じて）「政治捜査業務」に関する専門会議も開き、政治的脅威とみなされる個人や組織の監視・捜査に使用する技術を開発し、地方のＤＳＰ部隊と共有していると思われる。[17]

文保部隊

一般住民の監視を担当する地方のＤＳＰ部隊と並んで、教育・学術機関の監視を扱う文化経済保護（文保）部隊がある。国家レベルでは、ＭＰＳには独立した文保部門はない。その代わり、大学課（大学処）がある。浙江《せっこう》省のＰＳＢのように、ＭＰＳのモデルを踏襲し、ＤＳＰ部門内に大学課を設置しているところもある。ほかにも北京市のように、独立した文保部門があるところもある。いくつかの地級市レベル（省、自治区、直轄市の下のレベル）の都市のPSBは、独立した文保部隊（連隊）を持っている。[18]また、山東《さんとう》省の浜州《ひんしゅう》市や河南省の鄭州《ていしゅう》市などの地級市レベルのPSBは、DSP部隊の中に文保大隊を持っている。[19]区や県レベルのPSBも文保部隊を持つことがある。ほとんどの大学や主要な学術機関は地級市レベルの都市に所在しているため、これらの機関の治安維持と監視の責任は、直轄市レベルのPSBの文保部隊にある。

文保部隊の警察官はDSP部隊の同僚と同じ監視戦術を用いる。文保警察官は日常業務の一環として大学のキャンパスを訪問し、少数民族の学生を監視するなど、安定維持のための業務について助言したり、視察したりする。[20]多くの主要大学を擁する西安《せいあん》市の年鑑によると、市のPSBの文保部隊は積極的に情報や機密情報を収集し、情報提供者のネットワークを運営し、警察に情報を提供し、「重点人員」を監視・管理し、「敵」を調査し、違法な宗教活動や国内外のNGOによる「潜入」を抑制し、市内の文化・教育機関で発生した集団事件を処理している。文保部隊は四半期に一度、大学構内の治安に関する会議を開き、市内の高等教育機関の代表者は出席を義務づけられている。[21]武漢市PSBの年鑑を見ると、同様の業務が行われていることがわかる。[22]

著名な反体制派の活動家によれば、文保部隊の警察官はそれぞれが自分の事件を担当していて、しばしばお茶を飲んだり食事をしたりしながら定期的に彼らに面会していたという。上海のある教授の知る限りでは、彼の案件は文保警察官が独占的に扱っていたという。政治哲学者で、中国社会科学院（CASS）の元研究センター長である徐友漁《じょゆうぎょ》は、DSP部隊と市の文保部隊の両方が自分の案件を管理したが、文保部隊が第一の責任を負っていたと述べている。中国政法大学の教員だった人権活動家で弁護士の滕彪《とうひょう》は、彼の居住地である昌平《しょうへい》区のDSP部隊の協力を得た北京市PSBの文保部隊に監視された。[23]

調査・諜報活動

権威ある警察活動の教科書によれば、ＤＳＰ部隊の役割は、機密情報の収集と分析、社会的・政治的安定と国家治安を脅かす人物の発見と対処、宗教・民族集団の標的化、学術機関や国家関連団体の治安強化、情報提供者の採用などである。[24] 江西《こうせい》省石城《せきじょう》県のＤＳＰ大隊の公式綱領は、地方のＤＳＰ部隊の典型的な任務を反映していると思われる。その役割は、「社会・政治の安定と国家の安全に関連する情報と機密情報の収集、把握、処理、調査研究を行い、意見と対策を提供し、社会・政治の安定と国家の安全・統一を害する事件を整理し、調査し、管理し、対抗策を講じ、処理する」ことと発表されている。このような目標を念頭に、ＤＳＰ部隊は禁止されている宗教団体を監視し、対テロリズムの任務を遂行している。また、直接的には言及されていないが、ＤＳＰ部隊はあらゆる社会階層から情報提供者を集めている。[25]

地方の年鑑に掲載されたＤＳＰ部隊の活動概要によると、ＤＳＰ部隊の最も一般的かつ重要な任務は、中国共産党に脅威を与える可能性のある個人や組織、およびこれらの潜在的脅威に関わる事件を捜査することだ。平均的な県レベルのＤＳＰ部隊は、日常的な監視を行うには人手が足りないが、捜査能力の不足や時間的な負担のため、通常の警察では対応できない特別な捜査を行うことができる。特別捜査の対象は、反乱、暴動、抗議活動を組織し、参加する指導者や活動家、潜入や破壊工作に従事する敵対的外国人、非合法組織や出版物、民族分離主義活動に従事する組織や個人、秘密結社の指導者や活動家、外部勢力と共謀する個人、テロに関与する組織や個人などである。[26]

地方ＰＳＢのＤＳＰ活動に関する開示情報によれば、ＤＳＰ部隊が上記のターゲットのほとんどを追っていることが確認できる。湖南省株洲市の公安公報には、一九九〇年代に同市のＤＳＰ部隊が行った捜査と活動実績が比較的詳細に記載されている。この一〇年間、同市のＤＳＰ部隊は大学のキャンパスで調査を行い、違法組織への参加が疑われる人物を摘発した。また、その調査は外国人教師やＮＧＯのメンバーも対象とした。一九九四年には、「技術的手段」と「内部情報提供者」の助けを借りて、天安門運動の学生指導者の活動を追跡し、彼の商業活動に圧力をかけ、「政治資金に充てるためにビジネスを利用する」のを阻止した。一九九七年、同部隊は宗教団体に焦点を移し、二〇〇〇年にはさまざまな気功団体を秘密裏に調査した。[27]

中国共産党が組織化された反体制派をつねに恐れていることを反映して、ＤＳＰ部隊は、水面下で活動する可能性のある違法で未登録の宗教団体や政治団体を優先している。黒竜江《こくりゅうこう》省大慶市サルト区では、一九八〇年代後半、ＤＳＰ部隊が宗教活動家や秘密結社のメンバーを監視し、一部の活動家を情報提供者にまでしていた。[28] 一九九〇年代から二〇〇〇年代初頭にかけて、吉林《きつりん》省舒蘭《じょらん》市のＤＳＰ部隊は秘密結社や宗教団体を監視し、その指導者を逮捕した。[29] 宗教団体に対する同様の調査は、一九九〇年代初頭以降のほとんどの行政区画におけるＤＳＰ部隊の実績の要約で容易に見つけることができ、いわゆる邪教を「粉砕」したことを誇っている。[30] 外国のＮＧＯも優先されるターゲットだ。二〇一六年、四川省漢源《かんげん》県のＤＳＰ部隊は複数の外国ＮＧＯを調査した。武漢市のＤＳＰ部隊は、二〇〇九年と一三年に外部団体の潜入を摘発する作戦を実施したと述べている。[31]

これらの報告書も同様に、ＤＳＰ部隊が政治的脅威とされるさまざまな個人を調査していることを示している。ラオスやミャンマーと国境を接し、多くの少数民族が居住するシーサンパンナ・タイ族自治州のＤＳＰ部隊は、二〇一〇年に一〇〇〇人以上のウイグル人の流入を調査し、ウイグル人を中国から密出国させる組織を摘発したと報告している。また、四川省米易県《べいい》では二〇〇八年、DSP部隊が、解雇された私立学校教師、退役軍人、賃金未払いに憤慨する出稼ぎ労働者の特別調査を行ったという報告があった。こうした人物やその他の重要人物が、両会や北京オリンピックの際に問題を起こす可能性があると考えられたからである。[32]

DSPが情報を収集するのは、抗議活動を阻止し、逮捕しようとするためだけでなく、既知および潜在的な政治的脅威のデータベースを構築するためでもある。現在は、二〇〇二年のMPSの「国内治安保護業務の対象者に対する基本調査の実施に関する意見」で示された指示に従っていると思われる。この文書は公開されていないが、個人の身体的特徴、家族背景、居住地、雇用、社会的つながりに関する情報など、DSPに不可欠な個人データを収集する際の手順と優先順位が定められていると考えるだけの理由がある。[33] 地方の年鑑に掲載された情報には、二〇〇二年の指導以前も含め、長年にわたってそのような情報がどのように収集されてきたかの例が示されている。湖南省株洲市のDSP部隊は、同省PSDが「秘密闘争」に関する会議を開き、政治的脅威の特定に関する文書を発表した一九九一年には、早くもこのような「基本的な調査」を行っていた。同市のDSP部隊は「九一年プロジェクト」と呼ばれる五カ月間の調査を実施し、一〇〇〇人以上の個人を対象者に指定することとなった。彼らの情報はその後、警察の登録簿に登録された。さらに、このプロジェクトでは約二〇の対象組織を指定し、これらは「組織登録簿」に登録された。[34]

DSP部隊は、掃討作戦と並行して、より焦点を絞った調査を行っている。たとえば、二〇〇五年、武漢市のDSP部隊は市内の外国NGOを調査した。[35] 北京市のDSP部隊は二〇〇〇年、非合法組織の絞り込みに専心した。[36] 〇六年に北京市のDSP部隊が「邪教」や「反テロ情報管理システム」の専門データベースについて言及したことは、彼らの監視活動の対象や、収集・処理する情報の種類を物語っている。[37]

このような情報の一部は、情報提供者が、対象となる個人や集団を監視し、国家の政策や主要な社会動向に対する国民の反応を探ることによって収集される。情報提供者からＤＳＰ部隊に提供される機密情報は、敵情報（敵情）、政治情報（政情）、社会情報（社情）の三つに分類される（地方によっては、政治情報と社会情報を一つのカテゴリーにまとめているところもある）。

公安に関する二冊の教科書を見ると、敵情報とは敵対する集団とその活動に関する情報から成る。とくに重視されるのは、「機密情報を入手し、国家離反を扇動し、破壊工作に従事し、国家の安全を危険にさらし、国家権力を転覆させ、国民統合を阻み、武装蜂起や迷惑行為を煽《あお》ろうとする」集団に関する情報である。敵情報には、敵対的な外国勢力と国内勢力との癒着や密通、敵対勢力による潜入、社会の安定を脅かす活動に関する情報も含まれる。麻薬取引や組織犯罪など、主要な犯罪活動に関する情報も敵情報に分類される。

政治情報とは、「国内の社会的・政治的安定や国家治安に影響を与える、あるいは与える可能性のある、中国国内外における政治的動向や事態に関する情報」を指す。これには、「党や政府の政策、法律、国内外のおもな事象に対するさまざまな階層の人々の反応」が含まれる。政治情報と社会情報は、状況によっては区別が難しいが、この二冊の教科書では社会情報を「社会内に存在する、あるいは社会的・政治的な国内安定に影響を与えそうなさまざまな不安定化要因に関する」情報と定義している。また、「重大事故、自然災害、ストライキに関する世論、とくに『代表的な人物』による反応、注目すべき社会的傾向」も社会的カテゴリーに含まれる。[38]

人員確保に関しては秘密主義にもかかわらず、公に入手可能な情報源には、ＤＳＰの情報提供者によるものとされる成功について頻繁に言及がある。[39]実際、ＤＳＰのスパイや情報提供者の数と実績に関する情報は、地方の年鑑で容易に入手できる（後の章で詳述するが、スパイは警察によって採用され、その身元は保護されている。情報提供者は政治当局によって採用され、その身元は保護されている場合もあれば、一般に知られている場合もある）。一般的に、平均的な都市や地区のＤＳＰ部隊は、政権の安全保障に関連すると思われる情報や機密情報を毎年数百件収集している。[40]一九九八年、湖南省株洲市のＤＳＰ部隊は、明確にスパイと称される六五人を採用したほか、二四九人と「親しく」なり、「仕事上の関係」を築いたと述べている。[41]一九九八年から二〇〇二年にかけて、吉林省舒蘭市のＤＳＰ部隊は、不特定多数のスパイに加え、年平均一六三人の情報提供者と契約した。

情報提供者とスパイによる調査結果に関して言えば、ＤＳＰ部隊は日常的に、情報提供者が収集し、反体制派への介入に利用する具体的な情報について話し合う。米易県のＤＳＰ部隊は二〇〇八年に情報提供者による「インターネットを通じてストライキを計画しようとしていた米易中学校の教師に関する時宜を得た情報」を、また「集団嘆願書を提出する計画や、新しい商業開発の現場での建設を阻止しようとする試みに関する広範な情報」を警察に提供したとしている。[42]

日常業務と直接的弾圧

ＤＳＰ部隊は日常的な監視を実施する際、第一線警察の代理を務めることがよくある。このような配置は、ＤＳＰの限られたマンパワーの問題を解消するだけでなく、組織規模を拡大することなく秘密警察の活動範囲を効果的に拡大する。一九九一年、吉林省の磐石《ばんせき》市では、市警察のＤＳＰ部隊が、市内の各警察署（派出所）〔日本の交番より規模が大きく警察分署に相当〕に政治的な取り締まりを担当する警察官を指定した。同市の第一線警察官は全員、政治的安全保障に関する研修を受けることが義務づけられており、これはおそらくDSP部隊によるものだろう。[43] 二〇〇〇年、北京市PSBは「警察署による国内安全保護業務に関する議定書」を公布した。この文書自体は非公開だが、DSP業務を請け負う警察署の任務と評価基準が記されていることが知られている。[44] この議定書では、警察署が地域社会における情報収集ネットワークを構築し、重要人物の監視を強化し、そのような人物を「管理」することを求めている。二〇一六年、湖南省岳陽《がくよう》市岳陽楼《がくようろう》区のDSP部隊は、現場の警察と協力して「重要ターゲット」の監視を強化した。警察はDSP部隊がターゲットの動きや活動をつねに把握できるよう指示された。二〇一二年、四川省楽山《らくさん》市の第一線警察は、「不安定要因」に関する最新情報を同市のDSP部隊に毎日提供した。[45]

　DSP部隊は第一線の警察と並んで、他の政府機関と協働して監視・治安活動を連携する。二〇〇五年、北京市のDSP部隊は税関、教育委員会、観光局と協力し、「外国の宗教団体の潜入を防ぐ」ための定期的な調整機構を立ち上げたと報告している。河南省では、DSP部隊は内黄《ないこう》県統一戦線や宗教局と協力し、大型連休などに宗教施設の「安全検査」を実施した。[46]

　その規模は比較的小さいが、地方のDSP部隊は優先対象者を直接監視し、違法宗教集会の解散、違法宗教資料の没収、政治容疑者の逮捕、抗議活動の鎮圧などの治安活動に参加している。二〇一二年、貴州《きしゅう》省甕安《おうあん》県のDSP部隊は、重要人物や退役軍人を監視した。[47] 一九九九年から二〇〇三年まで、磐石市のDSP部隊は毎年、法輪功《ほうりんこう》を含む違法宗教団体に対する治安活動を行い、その開催地や実践者を監視した。福州《ふくしゅう》市台江《たいこう》区のDSP部隊は、一九九一年から二〇〇五年までの間、違法宗教団体を監視・調査し、集会を解散させ、資料を没収し、参加者を逮捕するなどの活動が目立った。[48]

抗議行動の防止と鎮圧における地方DSP部隊の作戦上の役割は、天安門事件後の優先事項を反映している。実際、安定維持の優先度が高くなった一九九〇年代後半以降、DSP部隊は抗議行動の制圧により深く関わるようになった。このような活動には通常、情報提供者の配備が必要で、情報提供者は疑わしい抗議団体に潜入し、その計画について警察に報告する。武漢市のDSP部隊の報告によると、二〇一三年には「効果的に機密情報を利用し、大規模な事件に関する事前警告を得た」とし、そのような事件を「一〇〇件以上処理することに成功した」という。[49] DSP部隊は通常、このような出来事について述べるとき「片づける（処理）」といった簡潔で婉曲的な言葉を使う。ともあれ、これらの事件は、地方当局が社会不安を鎮圧するうえで、DSP部隊が重要な役割を果たしていることを物語っている。[50]

警察署

中国の法執行システムの最前線は警察署であり、学術文献では中国語の「派出所（pai chu suo）」にちなんでPCSという略称で呼ばれることもある。警察署はほとんどの日常的な法執行と治安維持機能を担っており、その領域は一九五〇年代半ば以降拡大している。一九五四年に公布され、二〇〇九年まで法律上有効だった「公安警察署組織規則」によると、警察署は公的秩序のための法律と規則を施行し、反革命分子による妨害活動を抑制し、犯罪を未然に防ぎ、進行中の犯罪を阻止し、反革命分子やその他の犯罪者に対する取り締まりを維持し、戸口制度を執行し、地方安全委員会に指導を行うことになっていた。[51] 毛沢東の時代以降、とくに一九九〇年代後半になると、第一線の警察はしだいにより多くの法執行の責任を負うようになり、監視体制においてより積極的な役割を担うようになった。特筆すべき出来事は、一九九七年に開催されたMPSの「基本レベルにおける国内治安業務」に関する全国会議である。MPSはそこで、「社会の安定を維持する」ことが警察の重要な使命となることを発表し、警察署は国内安全対策室を設置するか、国内安全対策専門の警察官を任命することが義務づけられた。[52]

第一線の警察に監視任務が割り当てられたことで、監視体制の能力は大幅に向上した。DSP部隊に比べ、通常の警察には多くの利点があり、日常的な監視を行ううえで有用だ。何より明らかなのは、第一線警察ははるかに大規模な部隊を構成していることである。加えて、街頭をパトロールし、市民と接する警察基盤に職員を配置しているため、警察は地域社会に溶け込み、情報収集や情報提供者の確保を容易にする幅広い地域の人脈を有している。また、対象となる個人と警察官の物理的な距離が近いので、より緊密な監視を維持することができ、DSP部隊や他の治安機関の命令で対象者の調査を実施することもできる。

警察官と警察署の総数は公表されていないが、二〇〇五年六月にMPSの高官から提供された情報は、少なくとも示唆的ではある。二〇〇四年末現在、一見したところ、中国には四万三七七二の警察署があり、約四二万人の制服警察官が勤務している。このうち、一万一四九二の警察署と二〇万二〇六〇人の警察官が都市部に、一万九四一四の警察署と一五万七九〇〇人の警察官が都市部の郷に、一万二八六六の警察署と六万二〇〇人の警察官が農村部の郷に駐在していた。したがって、警察官の数は、都市部の警察署は平均一七・六人、都市部の郷には八・一人、農村部の郷にはわずか四・七人だった。[53] しかし、これが正規警察官のすべてであるはずもない。二〇一四年一月に発表されたMPSのニュースリリースによると、二〇一三年時点で五五万六〇〇〇人の警察官が署に配属されており、これは当時の全国の警察官の二七・八%にすぎなかった。[54]

また、公安局と各部門は、制服警察官の数には含まれない「補助警察官（扶警）」を雇用している。これによって、警察署に配置できる人員は大幅に増強される。広東省のPSDは二〇二一年五月、「複雑な治安状況」にある地域の警察署に、制服警察官一人につき二人の補助警察官を雇うよう勧告した。それ以外の地域の警察署は、制服警察官一人に対し補助警察官を一人確保するよう要請された。[55] また、広東省と河北《かほく》省のPSDは、農村部の警察署に配属される警察官の数を合計して、市と県の警察官全体の四〇％以上とするよう求めている。[56]

第一線の警察官と補助警察官を含めると、中国の監視体制は、DSP部隊だけで可能なものと比べて桁違いに大きくなる。実際、日常的な監視任務の大半は警察が行うため、DSP部隊は優先順位の高い対象者や事件に集中することができる。

警察の監視業務

正規警察官の監視責任は、二〇〇二年にMPSが発行した「公安警察署の職務に関する議定書」に定められている。[57] この職務には、重点人口（KP）プログラムの実施と、社会的・政治的安定と治安に関連する情報を供給する情報提供者の確保が含まれる。とくに警察官は、国内外での重大事件や問題に対する国民の反応を伝えることができ、敵対的集団や非合法組織の活動に関する情報を提供できる情報提供者に協力を求めることになっている。最も有用な情報提供者は、多くの場合、通常の社会生活の中で「大衆」と接触している人であるか、あるいは疑惑を招くことなく重要人物と交流できる人だ。

鄭州市の区のPSBの業績評価指標に示されているように、正規警察官は、DSP任務の遂行能力に基づいて評価される。署は一〇〇点満点でランク付けされ、DSP任務を充分に遂行することで最高二

○点が与えられるが、理論上、こうした責務は地域警察官の時間のおよそ二〇%を消費することを示唆している。この二〇点は、正確な評価基準に従ってさらに細分化される。重点人口（ＫＰ）プログラムの監視は四点、「法輪功、その他の邪教団体、違法な宗教団体や組織の活動をつねに把握する」は二点である。各警察官は、毎年少なくとも二人の治安情報員（治安耳目《じもく》、文字通り「治安の耳と目」）、その他三人の情報員を確保することが義務づけられており、さらに二点が加算される。都市部の警察署は「四半期ごとに政治的機密保護に関する情報を二〇件収集」しなければならず、一方で「農村部の「警察署」は同様の情報を一五件収集しなければならない」。こうしてまた二点、というように加算される。[58]

　地方の年鑑に掲載された活動概要は、正規の警察が監視体制の日常業務のほとんどを遂行していることを裏づけている。なかには重要人物の監視があり、たとえば、北京市と四川省楽山市の二〇〇二年版ＰＳＢ年鑑は、重点人員（ＫＩ：Key Individuals）〔特定の目的や状況において注目される人物〕の管理と統制について言及している。[59] 二〇一〇年代後半の河南省開封《かいほう》市禹王台《うおうだい》区の報告書では、警察が定期的にＫＩを検証し、データベースを更新していることがわかる。[60] 開封市では警察官がつねに退役軍人を監視下に置いていた地区もあった。同じく河南省の平頂山《へいちょうざん》市衛東《えいとう》区の五一路警察署（国際労働者の日である五月一日にちなんで公共施設に名前をつけるのは、中国ではよくあることだ）は二〇一九年、「邪教」、「国内治安重要人物」、請願を繰り返す者、精神障害者、退役軍人の活動を、しばしば他の政府機関と協力して把握していたと報告している。同区の別の警察署では、二〇一九年の敏感な時期に、警察官が一日に三回ＫＩと面会したとある。同様の監視慣行は他の警察管区でも行われている。[61]

　広く使われている警察の監視戦術に、戸別訪問というものがある。ほとんどの場合、これは監視と脅迫を目的として、対象者の住居を不意に訪問することをいう。通常、戸別訪問はＤＳＰ部隊の警察官と対象者が居住する地域を担当する警察が協力して行う。[62] 二〇一六年、禹王台区の紅洋楼《こうようろう》派出所は法輪功実践者に対する戸別訪問作戦を開始した。同区の他の署も二〇一九年に同様の作戦を実施した。[63] 深圳市のある地区の派出所は例外的に戸別訪問を好んでいたようだ。二〇一七年、彼らは六七人のKIを七五〇回、平均して一カ月に一回の割合で訪問した。[64]

亡命した反体制派や活動家で、中国にいたときはほぼ間違いなくKIに分類されていた人たちとのインタビューによると、価値の高い対象者の監視はDSP部隊の警察官が主導し、正規の警察がそれを支援していたようだ。DSP部隊の警察官が対象者の自宅を最初に訪問する際には、地域警察官が先導し、DSP部隊の警察官を対象者に紹介する。それ以降は、地域警察官と対象者の直接の接触は制限され、代わりにDSP部隊の警察官が連絡をとる。[65] 人権派弁護士である滕彪《とうひょう》によると、地域警察の警察官が時折電話をかけてきて、予定や在宅の有無を尋ねてきたという。[66] しかし、滕と働いていた華澤《かたく》は警察の関与がもっと積極的だったと回想している。たまたま同じアパートに住んでいたおばを地元の警察官がたびたび訪ねてきて、「私（華澤）をおとなしくさせておくように」と頼んだという。警察官は、華のおばが従うように暗に脅しをかけた。[67] 六月四日の天安門弾圧記念日や二〇〇八年の北京オリンピック開催期間のような敏感な時期には、地域警察は重要対象者の監視を強化する。北京のある学者によると、敏感な時期には、制服警察官や警察補佐がどこに行くにもついてきたという。[68]

第一線の警察が監視対象者と接する際にさまざまな役割を果たすとすれば、情報提供者の採用には間違いなく積極的だろう。[69] 紅洋楼警察の報告によると、二〇一六年には三六人のスパイと情報提供者を採用し、その結果得られた機密情報を使って集団事件を「適切に処理」した。二〇一七年にはさらに四〇人の新人を獲得した。同じく禹王台区にある新門関《しんもんかん》派出所も、二〇一九年に同様の成果を報告している。

河南省濮陽市の勝利《しょうり》派出所は二〇一九年の報告書で、KIの周囲に情報提供者を配置し、詳細不明の「特殊な集団」（おそらく宗教組織）に彼らを潜り込ませたと述べている。警察はKI自身を情報提供者として採用し、KIと「友好関係」を築いて「内部情報にアクセスし、彼らの計画を知る」ことを任務としていた。湖南省隆回《りゅうかい》県の二〇一九年の年鑑によると、ある警察署の全警察官は、テロと治安関連のKIに関する情報を収集するためにスパイや情報提供者を利用していたという。[70]

第一線警察の最終責任は、ホテル、インターネットカフェ、賃貸住宅、印刷店などの「戦場陣地」となる現場の検査と管理である。第6章で詳述するように、こうした場所に対する制限的な規則の施行は、監視体制の柱を構成している。二〇一八年、雲南《うんなん》省峨山《がさん》イ族自治県の警察は、インターネットカフェ、ホテル、賃貸住宅、娯楽施設の検査を報告した。二〇一九年、衛東区の五一路派出所の警察官はホテル、賃貸住宅、宅配便を定期的に検査していた。深圳市観瀾《かんらん》派出所は二〇一七年、インターネットカフェ、ホテル、賃貸住宅、その他の「複合施設」を重点的に検査し、取り締まりを行ったと明らかにしている。[71]

国家安全部

おそらく中国のすべての治安機関の中で最も秘密主義的なのが国家安全部（ＭＳＳ）だろう。中国の公式出版物には、その組織構造も活動内容もほとんど記載されていない。ＭＳＳは、中国共産党の中央調査部と公安部（ＭＰＳ）の防諜部門が合併し、一九八三年に設立された。ＭＳＳのおもな任務は、海外での秘密工作や国内での防諜活動などであるため、国内監視における役割はあまり注目されてこなかった。しかし、地方当局や大学が発行している年鑑や亡命した反体制派へのインタビューを精査すると、ＭＳＳが国内監視において、狭い範囲ではあるが積極的な役割を果たしていることが明らかになっている。

MSSとその地方機関

一九八三年にMSSが設立されて間もなく、地方政府は省、直轄市、県にMSS部門や局を設置し始めた。しかし、行政区画によっては、設置まで時間がかかったところもあった。たとえば、北京市石景《せきけい》山《ざん》区の国家安全組織は二〇〇五年に設立されたばかりだ。[72] 地方のMSS機関の命名規則はさまざまだが、簡略化のため、ここでは一般的な用語の一つである国家安全局（SSB：State Security Bureau）を用いることにする。

行政上、MSSの地方機関は、MSSの上級機関と、関連する市または県の政法委員会の両方に報告する。MSSの部長は中央政法委員会の委員であり、SSBの局長も地方政法委員会の委員だ。SSBの主要幹部は、国家安全保障の上級機関と地方党委員会が共同で審査・任命する。しかし、運営面では、SSBはおもに国家安全保障機構内の上官によって指導される。[73]

MSSの構造は学者によって説明がなされてきたが、地方機関の内部組織についてはほとんど知られていない。[74] 吉林省臨江《りんこう》市のSSBによると、一九九七年時点で「総局」と「任務遂行部」があったという報告がある。[75] 河北省邢台《けいだい》市のSSB内の党委員会による開示は、より有益な手がかりとなっている。二〇〇二年の報告書によると、党には局内の一つの総合支所と、ほかに五つの支所があった。通常、党は業務部門ごとに一つの支所を置いているため、このSSBには五つの専門部門があると考えるのが妥当だ。当時、邢台市のSSBは、「特殊事件調査」、「基本任務調査」、「秘密部隊（スパイ）の育成」、「諜報」、「特殊事件解決」、「情報工作」からなる任務について述べている。[76]

ＳＳＢは、ＳＳＢの局長が属する党の政法委員会を通じて、地方党委員会と緊密な連携を保っている。地方当局は機密情報や一般情報をＳＳＢに提供し、同様に、ＳＳＢは地方当局に対し、安全保障関連事項について訓練や技術的・実務的支援を提供する。[77] たとえば、武漢市の報告によると、一九九七年には、政府機関、企業、その他の機関の内部にある約三七〇の「国家安全小組」が、市のＳＳＢに詳細不明の「支援」を提供していた。この小組の構成員は、市のＳＳＢに代わって「社会的・政治的安定に影響を与えうるさまざまな要因に細心の注意を払っていた」と伝えられている。武漢市江漢区《こうかん》の政法委員会は、市ＳＳＢに直接機密情報と一般情報を提供したと公表している。[78]

ＭＳＳの監視活動

地方ＭＳＳの任務は幅広く定義されている。たとえば、一九九九年に設立された信陽《しんよう》市のＳＳＢのおもな任務は、「敵の状況に関する調査と研究」を行い、「秘密部隊」を構築することであり、臨江市のＳＳＢの任務は、「国家治安に関わる防諜とその他の仕事」に従事し、「秘密戦線での闘い」を遂行することだった。[79] しかし、公式の任務が具体的にどのように実務に反映されているのかは、ほとんど明らかにされていない。慎重に言葉を選んで書かれた報告書や目撃証言から推測するしかない。これらを見ると、ＳＳＢは日常的な法執行活動を幅広く行っているが、監視体制の活動にも深く関与していることがうかがえる。

ＳＳＢは、従来型の法執行機能を果たすこともある。防諜に関する技術的な専門知識を活用する支援としてだろう。たとえば、ＳＳＢは犯罪容疑者の通信を監視して、警察を支援することがある。雲南省大理《だいり》市のＳＳＢは、隣市のＳＳＢと協力し、一九九八年に大きな麻薬密売事件を解決したと報告している。[80]一九九六年、湖北《こほく》省鄂州《がくしゅう》市のＳＳＢは他の法執行機関に詳細不明の「サービス」を提供することで、「厳打《げんだ》」犯罪撲滅運動に参加したと述べている。成都《せいと》市のＳＳＢは、一九九六年の同じ運動に参加したことを認めている。[81]湖南省衡陽《こうよう》市のＳＳＢは、二〇〇二年に「経済犯罪」（密輸、偽造、詐欺《さぎ》、脱税、その他の活動を含む、中国における犯罪の公式カテゴリー）の捜査において、地域の警察と検察を支援したことを明らかにしている。[82]

対外諜報に重点を置く国家安全保障機関として、ＭＳＳは地方の各組織に国家安全保障に関連する任務を数多く課している。地方ＳＳＢの重要な役割の一つに、公務で海外に赴く政府職員に国家の安全保障に関する状況説明《ブリーフィング》を行い、帰国後に報告を受けることがある。このブリーフィングは、これらの政府職員による曖昧《あいまい》で広範になりがちな呼称ではあるが、「国家機密」の漏洩を防ぐことを目的としていると思われる。ＳＳＢの局員は旅行者の海外での活動を精査し、旅行中に得られたかもしれない貴重な情報を収集するために、事後報告を利用しているようだ。このようなブリーフィングや報告に言及する頻度からすると、これらは標準的な慣行であるように見える。[83]また、地方ＳＳＢは、国家安全保障上の懸念を探るため、行政区画内の外国投資プロジェクトを審査している。[84]

地方ＳＳＢは防諜任務を進める際、おもに外国籍の定住者や台湾、香港、マカオ出身の人々を対象にしている。山東省曲阜《きょくふ》市のＳＳＢ局長は、一九九〇年代後半、「外国籍の居住者」や台湾、香港、マカオ出身者の「状況を適時に把握していた」と明かす。雲南省デチェン・チベット族自治州のＳＳＢは、外国人に宿泊施設を提供するホテルに対し、「安全保障責任協定」に署名するよう要求した。おそらく、ＳＳＢが宿泊者を監視しやすくするためだろう。

地方ＳＳＢは部外者に重点を置いてはいるが、一部の中国国民にも注目している。曲阜市のＳＳＢ局長は「地元のさまざまな社会階層」の人々を対象にし、「重点人員」（国民のみに適用される呼称）を含む広い網を張ったと述べている。[85] 少数民族地域の宗教施設も、地方SSBの監視下に置かれることがある。デチェン・チベット族自治州のSSBによれば、二〇一三年には「重要な僧院を監視するための作戦を実施した」という。[86] 中国最大の少数民族であるイ族が多く住む四川省涼山《りょうざん》イ族自治州のSSBは、「国境内外の敵対勢力と民族分離主義者」を監視対象としていると報告している。[87] ウイグル人の多い新疆ウイグル自治区カシュガル市のSSBの報告書によると、二〇〇〇年に上層部に報告した情報四三件のうち、新疆ウイグル自治区のMSS部門が利用したのは五件だけで、残りは地方党委員会や政府機関が利用したという。このことから、カシュガル市SSBが収集した情報の大部分は、外国人によるスパイ活動ではなく、現地の民族不安に関連したものだったと考えられる。[88]

実際、少数民族の監視におけるMSSの役割に言及する頻度から判断すると、MSSは少数民族の多い地域、とくにチベットや新疆での監視におもな責任を持つ治安機関である可能性が高い。外部からの支援が少数民族地域の不安を煽っていること、MSSはその防諜能力のおかげでこの脅威に対処する態勢が充分に整っていることを、中国政府が確信していることからもよくわかる。

DSP部隊や警察と同様、地方SSBも情報提供者を使って監視活動を行っている。地方年鑑に記載されているこうした活動に関する記述は、ほとんどが曖昧で一般的なものだ。たとえば、曲阜市のSSBは一九九六年から九八年までの活動を総括し、「情報網の構築を強化した」と述べている。青島《せいとう》市即《そく》墨《ぼく》区のSSBは、一九九四年に「複数ルートでの機密情報・資料収集」を行ったと報告している。[89] しかし、地域SSBがより詳細に記録している場合もある。たとえば、デチェン・チベット族自治州のSSBは二〇一三年、不特定数の「人民防衛線連絡要員」を確保し、その一部は外国人向けホテルケータリングの安全審査で採用されたと報告している。江西省景徳鎮《けいとくちん》市のＳＳＢによると、一九九九年に、奨励金を提供し、訓練講習を実施することで、「情報収集」の発展を促進したという。景徳鎮市ＳＳＢはとくに、法輪功弾圧と北大西洋条約機構（ＮＡＴＯ）によるベオグラードの中国大使館爆破事件の後、独自の情報源から市党委員会に情報を提供したことに言及している。[90] 一九九九年の法輪功弾圧の際、貴州省六盤水《ろくばんすい》市のＳＳＢは「膨大な量の内部情報および早期警戒情報」を収集し、「関連部門に支援を提供した」。つまり、内部情報源である情報提供者は、弾圧する側にとって有益な情報を生み出したのだ。[91]

抑圧的な手段によって国内の安定を維持するうえで、地方のＳＳＢが果たす役割は、数多くの開示情報によって確認できる。たとえば、少数民族が多く暮らす四川省の自治州である涼山のＳＳＢが収集した優先情報リストだ。このＳＳＢによると、一九九九年には、中国建国五〇周年、中国統治下へのマカオ返還、法輪功弾圧、ＮＡＴＯによるベオグラード爆撃、台湾独立を強調する李登輝《りとうき》総統の「二国論」、ダライ・ラマ一四世が中国軍に反中国の反乱を鎮圧されてインドに亡命し、推定数万人のチベット人が殺害された一九五九年のチベット蜂起から四〇周年、六・四事件〔一九八九年六月四日に起こった天安門事件。一九七六年四月五日の天安門事件と区別するための呼称〕から一〇周年に関する早期警戒情報と内部情報の収集を優先した。[92] 一方、無錫《むしゃく》市ＳＳＢは二〇〇〇年、「社会と政治の安定に関連する早期警戒情報や内部情報を約一〇〇件収集した」と述べている。「情報のうち十数件は中国共産党中央委員会弁公庁と国務院弁公庁が使用した」ものであり、上級の国家治安機関が使用したものではないことは明らかで、これらの機関が収集した機密情報や一般情報は、防諜上の問題よりも国内の安定に関連することが多いという点を強調している。[93] 湖北省宜昌《ぎしょう》市のＳＳＢによる開示情報も同じ結論を示している。一九九八年、宜昌市ＳＳＢは三一件の情報を上層部に提供した。省の国家治安機関とＭＳＳが使用したのは九件で、省党委員会、省政府、市党委員会が使用したのは一一件だった。[94] つまり、防諜組織という名目である宜昌市SSBは、安定維持の手段として最も価値があるようだ。
地方SSBは単に情報を処理して報告するだけでなく、監視を通じて情報収集に直接参加もしている。そして情報収集を基にした治安維持活動に参加する。DSP部隊が国内の情報収集と治安維持活動でおもな責任を負う一方、SSBは政治的に敏感な時期や大型連休の前に安定維持のために動員され、騒動を起こすと目される人物を集中的に監視するのに役立っている。当然のことながら、地方年鑑にはSSBの「安定維持活動」が頻繁に紹介されている。貴州省六盤水市のSSBは一九九九年、六・四事件一〇周年、両会、中華人民共和国建国五〇周年に際して、詳細不明の「治安維持活動」を行った。湖南省衡陽市のSSBは、二〇〇二年の中国共産党第一六回全国代表大会開催時にも同様の警備活動を行った。多くの地方SSB機関が、敏感な時期や祝日に治安維持活動に参加したと報告していることから、これは広く行われているようだ。[95]
亡命した著名な反体制派へのインタビューは、MSSがしばしば重要な局面で国内監視を行うよう要請されていることを裏づけている。人権派弁護士の滕彪《とうひょう》は、二〇〇八年八月の北京オリンピックを控えた時期の前には、MSS工作員との接触はなかった。しかし同年三月、著名な活動家の弁護を引き受け、政府に人権尊重を求める公開質問状を発表した後、MSS工作員に拉致された。[96] またMSSが国内弾圧を推し進めた別の例として、活動家で政治犯の劉暁波《りゅうぎょうは》の二〇一〇年ノーベル平和賞受賞がある。劉を支持する公開質問状の署名を集める活動の中で膝を支援していた華澤は、MSS工作員によって拉致、拘束され、拷問を受けた。[97]
国内治安維持活動への直接関与としては、二〇〇二年、景徳鎮市のSSBが、キリスト教徒が市内のどこかの会場で大規模な集会を組織しているとの情報を得て対応した。工作員は現地のPSBと協力して主催者を逮捕し、参加者を解散させた。一九九八年には、同SSBが「社会の安定に影響を及ぼすと思われる事件を未然に防ぐことに成功した」。安徽省蕪湖市《あんきしょうぶこし》のSSBによると、二〇〇三年、法輪功参加者を含むいくつかの事件を鎮圧した。[98]

最後になるが、亡命した反体制派へのインタビューから、地方のSSBとMSSが、重要対象者の弾圧（書面上では、DSP部隊下にあると思われる任務）に広範囲に及ぶ役割を果たしていることが明らかになった。しかし、重要対象者は、DSPとMSS両方の工作員に遭遇することがよくある。対象者となった反体制派の人物は、MSSについていくつかの注目すべき活動内容を語っている。

DSP部隊は通常、重要対象者の特定後に監視を開始するが、台湾を含む海外との接触がある場合は、MSSに引き継がれる。二〇一一年に台湾旅行から帰国した市民社会活動家は、当初DSPの監視下に置かれていたが、その後SSBに引き継がれたと報告している。彼女を監視することになったSSB工作員は、年齢、経験、学歴が似ていた。対象者との絆を深めようと、工作員は対象者の子供に本やお菓子などの贈り物を持ってきた。MSSとSSBの工作員は、対象者が中国国内で西洋人と接触した際は、とくに攻撃的になることが知られている。この市民社会活動家は、アメリカの有名な学者数人が出席する会議に参加するために別の省に行った後、MSSの工作員が何度も電話をかけてきて、帰宅する際には空港での面会を要求してきたと、話してくれた。彼女は彼らの要求を拒否した。[99]

北京で学者をしていた別の亡命者は、西側政府への情報提供の疑いをかけられ、MSSの標的になった。当初、彼はDSPの監視下にあった。MSSが関与するようになってから、彼は一〇カ月にわたる集中的な調査を受けることになった。はじめ工作員は日に七、八時間にわたり尋問していたが、その後、その頻度は月に一回、さらに二カ月に一回に減った。この学者は自宅を捜索した工作員からコンピューターを押収されたが、工作員からスマートフォンにマルウェアをインストールされたのではないかと疑っていた。というのも、ＭＳＳの監視下に置かれて間もなくスマートフォンが過剰に熱くなることが増え、説明なしに大量のデータを使用していることに気づいたからだ。また、ＭＳＳの工作員は彼の行動を尾行し、西洋人との接触を綿密に追跡した。彼は当初、海外渡航を禁じられ、国内でも移動をする前にＭＳＳに届け出ることを求められた。最終的には海外渡航は許可されたが、旅程を事前にＭＳＳに通知することが求められた。[100]

もう一人の標的は、公衆衛生とＬＧＢＴの権利擁護の活動家、万延海《まんえんかい》だった。当初、彼は北京市のＤＳＰ部隊に監視されていたが、一九九五年の世界女性会議の直前にＭＳＳの監視下に置かれるようになった。他の重要度の高い対象者と同様、六月四日の記念日のような敏感な時期に、万は強い監視措置の対象となった。彼は二〇〇二年、河南省の安全でない血漿《けっしょう》提供行為によってウイルスに感染したエイズ患者の窮状を公表することに関与したため、ＭＳＳに拘束された。標準的な手順として、ＭＳＳ工作員は万が欧米のドナーの代表と会うたびに尋問した。また、ＭＳＳは毎年年初に万に連絡を取り、彼が海外のドナーから受け取った資金や、彼のＮＧＯの活動について聞き出すこともあった。[101]

国の治安機関が国内治安に精力的に参加しているのは、この機関が地方の党委員会を喜ばせ、それによって自分たちの価値を証明しようと躍起になっているから、という説明がふさわしい。社会の安定を維持できるかどうかが政治的命運を左右することが多い中国共産党の地方権力者に便宜を図れば、後で付け入ることができる。また、ＳＳＢは隔絶した機関になることもあるため、その見返りは価値が高い。ＭＳＳは高度で有能なスパイ機関という評判があるものの、その組織能力と地方レベルでの政治的地位は公安部に比べるとはるかに低い。[102]

全体として、ＤＳＰ部隊、第一線警察、ＭＳＳに国内監視を分散させるという中国のシステムは、党国家体制にうまく機能してきた。政権は強力な秘密警察機関の潜在的な危険性を回避している。各機関が日常的に相互に影響し合い、機能が重複しているにもかかわらず、各機関間の正式な役割分担はそのまま維持されており、監視体制の能力にとって不利益な官僚的対立を防いでいる。また、余裕のある人員確保によって、任務全体が確実に遂行される。

中国の分散型監視モデルを構成する三つの要素は、それぞれの長所と短所という観点から見ると、補完し合っている。監視体制の主要な運営部門であるＤＳＰ部隊の特徴を示すなら、無駄をそぎ落とした野心的な組織のように思われる。天安門事件後の中国が反体制派や社会不安の封じ込めに成功していることから判断すると、ＤＳＰは機能しているようだ。それだけでなく、ＤＳＰは優れた価値を持つ。部隊は日常的な監視を監督し、時には他機関の協力を得て特殊作戦を遂行するのに充分な規模を持ちながら、政権を脅かすほど大規模ではない、という点だ。一方、地域警察はＤＳＰの活動を補完するマンパワーを持ち、ＤＳＰの能力を補強するとともに、エリート工作員が重要度の高い対象者にエネルギーを集中できるようにしている。しかし、第一線の警察であるため、独立した権力の中枢になるには地位も洗練度も不充分である。ありふれた法の執行と治安維持に重点を置いているため、党が関与させたいときを除いては、政治的領域から遠ざけられている。このように、日常的な法律違反や治安上の課題に対応する警察は、同時に党の治安維持に大きく貢献し、党の政策課題の実現に役立ってもいる。

そして、ＭＳＳは国家監視というプロジェクトに恐るべき評判をもたらしている。ＭＳＳの防諜の権限は国内活動の範囲においては限られている。しかし、党は手抜かりなくＭＳＳを地方レベルに組み込み、国内治安を支援するという動機を与え、それによって官僚制度の存在を正当化している。ここには潜在的なマイナス面がある。国内安全保障に能力を転用することで、ＭＳＳはみずからの防諜任務の足を引っ張り、より強力な姉妹機関であるＭＰＳとの緊張関係を助長する可能性がある。同時に、国内問題におけるＭＳＳの存在は、ＭＰＳに対する抑止力として働き、ＭＰＳを封じ込める役割も果たしている。

分散型監視がなければ、中国がこれほど効果的に弾圧のジレンマに対処できたとは考えにくく、同様にレーニン主義的な党国家体制がなければ、分散型監視が機能したとも考えにくい。党の優位性が強制機構に組み込まれ、その主要な任務に反映されている。それは公共の安全を確保することでも、外敵から国家を守ることでもなく、党の政治的独占を守ることである。レーニン主義組織は、分散型監視の最も革新的な特徴である多層的な枠組みを可能にしている。多層的な枠組みとは、あらゆる行政レベルの党委員会に安全工作の責任者を配置することによって、党と官僚機構を織り込み、また、あらゆる行政レベルの安全保障官僚機構の中に党委員会を設置することによって、党と官僚機構を織り込んだものである。このシステムによって、党は治安機構をしっかりと掌握することができ、治安機構がその政治上の主人にとって危険な存在にならないようにすることができる。

同時に、党国家により生み出された分散型監視モデルには欠陥もある。監視体制が行う多くの仕事には必要性を感じないのである。請願者、「宗教信者」、宗教団体の活動を追跡しても、党のパラノイアを和らげるだけでほとんど効果がない。こうした行きすぎは逆効果になる可能性があり、国民の反感を買い、党国家体制に明らかな利益をもたらすことなく弾圧機構の対象範囲を拡大していく。党が一九八九年の瀕死の経験をきっかけに過剰矯正したかどうかは、時間が経てばわかるだろう。しかし今のところ、党は無駄あるいは自滅的ともいえる弾圧を行っていることには無頓着なようだ。政権の耐久性が証明しているように、監視体制の成功は失敗を補って余りある。

第4章　スパイと情報提供者

情報を集めるために情報提供者を利用するのは、世界中で行われている従来の法執行戦術だ。しかし、民主主義国家や独裁国家の警察が情報提供者を使ってはいても、その方法は決定的に異なっている。[1]民主主義国家では、厳格な法的制限と行政監視の下で警察が情報提供者を使用する。たしかに、民主主義国家の法執行機関は、政治的な理由で情報提供者を悪用することもある。Ｊ・エドガー・フーヴァー長官時代のＦＢＩが最も悪名高い例かもしれない。本来なら彼らは通常の犯罪取り締まりを目的として情報提供者を確保することになっている。[2]これとは対照的に、独裁国家の警察は、通常の法執行と政治的弾圧の両方のために情報提供者を日常的に利用している。独裁者は政治的脅威を犯罪以上に危険視し、そのような脅威が社会のいたるところに潜んでいると考えるため、政治的スパイのために情報提供者を大量に確保する傾向がある。ブルガリアでは、一九五三年に秘密警察が五万五〇〇〇人もの情報提供者（人口一〇〇人あたり約〇・七人）を抱えていた。ベルリンの壁が崩壊した一九八九年までには、東ドイツ市民の一％以上がシュタージのスパイだった。[3]

民主主義国家が、情報提供者の利用を従来の法執行業務に限定し、独裁国家がそのような限定を拒否するのには、それなりの理由がある。民主主義国家の場合、市民の自由が保護されているため、政治的信条のみに基づいて捜査することはできない。また、情報提供者が多く紛れ込む社会は不信感に苛《さいな》まれ、必ずと言っていいほど民主主義の基盤や市場経済を蝕むことになる。しかし、独裁国家にはこのような懸念はない。実際、社会的信頼は集団行動の基盤であり、それゆえ独裁政権下では恐れるべきものだ。結果として政治スパイは一石二鳥である。政府に対する潜在的脅威を明らかにし、国民の間に不信感を植えつける方法だからだ。[4]

独裁国家では、情報提供者の確保と配置が制約を受けるのは、実施上の考慮からだけである。情報提供者を確保する際に障害となりうるのは影響力だ。政権側は、一般の市民に秘密警察のために働くことを納得させる必要があるが、これは大半の人にとって道徳的に好ましくない仕事だ。説得の手段として、たとえば金銭、特権、出世、（国家による）危害からの保護などの約束ができない独裁政権は、大規模な情報提供者ネットワークを構築する能力に限界がある。第二の課題は、運用面である。国家が信頼する情報提供者が多ければ多いほど、それらの情報提供者を監督し、利用するために必要な秘密警察の人員も多くなる。これは、多くの独裁国家にとって賄《まかな》いきれないコストだ。最後の課題は、情報提供者の生産性にある。情報提供者を扱う側の貴重な時間を無駄にせずに、情報提供者から最大限の力を引き出すにはどうすればいいのだろうか。情報提供者の中には、不本意ながらスパイ活動を強要され、できる限り何もしない者もいる。また、膨大な量でありながらそのほとんどは何の役にも立たない情報を作り出して、自分の価値を証明しようと躍起になる者もいる。

繰り返しになるが、スパイや情報提供者の確保と操作という点で、中国の状況において正式に区別すると、スパイ（特情）は警察によって採用、監督され、情報提供者（信息員）は政府当局によって採用、監督されるというものだが、中国共産党の分散型監視システムは驚くほど効果的に機能している。党が経済や社会全般に広く入り込み、警察や地方の党組織は市民に対して絶大な影響力を持っているため、比較的簡単に大量のスパイと情報提供者を集めることができる。[5] 秘密警察（DSP部隊とPSB部隊）、第一線警察、地方党組織（おもに政法委員会）の間の分業により、秘密警察は重要な任務のために選ばれた少数のスパイに集中することができる。党はその膨大な党員を利用し、日常的な任務を担うより大規模な情報提供者ネットワークを容易に確保することができる。

それでも、後述するように、党は生産性の問題に苦慮している。中国の監視体制は、数字上では明らかに成功している。人口に占める情報提供者の割合が、旧東ドイツ並みに高いからだ。しかし、彼らの仕事の質は疑わしい。地元の政治当局が採用し、日常的な監視を行う信息員の六〇%が、どうやら何の情報も提供していないようであり、これらの情報提供者が生み出す情報のうち、価値のあるものはわずか四分の一しかないようである（補遺4参照）。

情報提供者のネットワークが不完全であるにもかかわらず、党はその制度革新にいくらかの誇りが持てる。中国のシステムは、広く多層的な情報網を特徴としている。スパイと情報提供者は異なるカテゴリーで、はっきりと区別できる任務を遂行している。草の根レベルでのレーニン主義政権の組織的存在感を最大限に高め、資源や機会へのアクセスをコントロールすることで、党はシュタージもうらやむような情報提供者のネットワークを構築し、維持してきたのである。

スパイ（特情）

中国政府は一九五〇年代初頭に特情の使用を開始した。[6] 文化大革命のため、一九六七年から七三年まで中断されたが、それ以外の諜報活動は、政敵の活動を摘発し弾圧しようとする中国政権にとって不可欠な戦術であった。毛沢東時代以後、特情の利用は徐々に制度化され、拡大してきた。一九八一年、公安部（MPS）は「犯罪捜査における特情の使用に関する暫定規則」を発表し、スパイの確保と配置の手順を正式に定めた。この規定は八四年に改定され、「犯罪捜査における特情の使用に関する細則」が公布されて、恒久化された。[7] これは二〇〇一年に再び更新され、MPSの新文書「犯罪捜査における特情の業務に関する規則」が発表された。さらに、麻薬対策捜査や刑務所内でのスパイの使用に関する暫定規則もある。[8]

こうした規則は、特情の目的が法執行であることを示唆している。スパイが犯罪捜査に有効だということだ。これは中国共産党のプロパガンダ戦術を反映している。中国政府は、警察が政敵をスパイしていることをあまりストレートに宣伝したくはない。その代わり、特情は従来の警察の情報提供者に仕立て上げられ、犯罪行為を防止し、警察が法律違反者を捕らえるのを助けようと努めているのだ。現実には、特情は法の執行を助け、政敵の情報を報告するという、両方の役割を果たしている。

スパイと情報提供者の間には正式な区別があるが、治安当局の報告書ではしばしばこれらのカテゴリーが混同され、それ以外にもさまざまな用語が使われている。スパイ（特情）のほかに、連絡係（連絡員）や友人（朋友）がある。スパイを明確に情報提供者（信息員）と呼ぶこともあれば、「目と耳」を意味し、情報提供者を指すことが多い「耳目《じもく》」と呼ぶこともある。MPSの一九八四年の「細則」では、特情は「特別な任務を遂行する機密情報収集者を指す、公安および国家安全保障機関が内部で使用する一般的な用語」と定義されている。[9] 後述の議論では、私は英語の「スパイ」ではなく、中国語の「特情」という用語を使用するが、これは特情が中国では法的なカテゴリーであることと、特情だけがスパイ活動を行っているわけではないからである。しかし、特情はある意味で特別だ。中国警察に採用されたスパイや情報提供者の中で、特情と呼ばれる者はほぼ間違いなく選り抜きの者だからである。

確保・管理・規模

特情の確保と管理は厳格な手続きに従って行われる。警察は、犯罪組織のリーダー、常習犯、詐欺《さぎ》師、麻薬中毒者、捜査の主要容疑者、スパイを扱う警察官の親族を採用することはできない。県レベル（またはそれ以上）の公安局（ＰＳＢ）の犯罪捜査部門の責任者のみが、特情の採用を承認できる。中国大陸外に派遣される者の採用は、県レベルのＰＳＢの警察署長が承認し、市の犯罪捜査部門に提出しなければならない。著名人、企業幹部、犯罪組織の主要メンバーが中国国外で特情の任務を行うために採用される場合、省当局に通知しなければならない。特情には各々極秘ファイルが作成される。このファイルには、対象者の登録用紙、写真、経歴情報、識別番号、偽名、通信方法、担当者との秘密通信に使用される隠語などが含まれている。また、特情のファイルには、過去の捜査実績、賞罰の記録、特情が提供した具体的な機密情報、その機密情報に対する警察の捜査員の行動が記録されている。警察担当者は、自分が直接監督する特情のファイルだけにアクセスできる。[10]

特情は採用されると、警察が秘密裏に運営する基地で訓練を受けるが、この基地は通常、ホテル、商店、レストランなどの商業施設を装っている。訓練は数日から数カ月に及ぶこともある。元警察官によれば、訓練が拘置所や刑務所で行われることも少なくないという。[11] 河南《かなん》省三門峡《さんもんきょう》市のPSBは、情報収集を担当する警察官に対し、それぞれの特情に対して年に一回の訓練を行うことを義務づけている。[12] 情報訓練場所は、特情の身元を保護するため、極秘にされなければならない。

「スパイ担当警察官」（特権幹部、または管情幹警）への言及は、特情が指定された警察担当者によって管理されていることを示唆している。西安《せいあん》市灞橋《はきょう》区のDSP部隊による二〇一八年の業務概要と、山東《さんとう》省斉河《せいが》県のDSP部隊による二〇一七年の業務概要によると、少なくとも一部の特情、すべてではないにせよ、おそらくほとんどが指定された警察官によって独占的に管理されていることが確認できる。[13] 一九九六年、陝西《せんせい》省の公安庁（PSD）は一万六九三人のスパイを管理するために一六二人の警察官を配置した。[14] それぞれの特情は四半期ごとに評価され、役に立たないと判断された者は解雇されている。[15] 山東省 徳州《とくしゅう》市斉河県の報告では、特情は厳格な審査プロセスを経ている。最初の段階は警察官の特情採用要求の承認で、その後、候補者が面接され、見定められる。特情の管理に関する経費は定期的な見直しの対象となる。[16] そして、身元を保護するための予防措置が取られる。二〇〇三年、陝西省のPSDは一一二の秘密訓練拠点と集会所があると主張したが、そのうち四三は「商業基地」（警察の隠れ蓑《みの》として営業する店）だった。商業基地で得た利益は特情に報酬を与え、彼らの活動を補助するために使われた。[17]

河南省の警察学校誌に掲載された記事によると、警察は四つの方法で特情を採用している。第一に、スパイのリーダーが個人的に接触して、スパイ活動が可能な人物を特定する。第二に、スパイのリーダーが、軽微な罪を犯したことが知られている犯罪グループの「平均的な」メンバーを採用する。これは影響力を与えるという意味があり、こうした新人は、寛大な処遇と引き換えに、特情の役割を果たすことに同意するのだ。第三に、警察は刑期を終えた前科者の中から採用する。最後に、担当警察官は有望な新人を見極めるために現場の警察を頼りにする。[18] 特情の離職率は高く、平均在職期間は約二〜三年であるため、ＰＳＢ部隊やＤＳＰ部隊を含む治安機関は事前に採用計画を立てる。たとえば、二〇一〇年代半ばには、山東省ＤＳＰ部隊が「国内治安保護秘密部隊五カ年計画」を発表している。[19]

ほとんどの特情は、地方ＰＳＢの犯罪捜査部によって採用され、管理されている。実際、地方ＰＳＢは特情の募集と管理を担当する特定の部署を公表している。たとえば、北京市ＰＳＢのウェブサイトには、犯罪捜査部が特情の組織化と特情が利用する秘密基地の運営に対する責任を負うと記載されている。ＰＳＢの「機動捜査部隊」は、街頭犯罪を専門に取り締まる覆面捜査チームと思われるが、これもまた特情を使用・監督している。[20] 犯罪と闘うためのスパイ活動と政治的脅威を探るためのスパイ活動は明確に区別されているように見えるかもしれないが、前述の通り、個々の特情は両方の目的を兼ねているため、実際にはその境界線は曖昧《あいまい》だ。[21] たとえば、特情は特定の公共の場を監視するよう任命されることもあれば、さまざまな人々と接触するサービス業に従事することもある。そういう意味ではタクシー運転手は利用しやすい。どちらの立場にあっても、特情は犯罪と闘い、政治的脅威を監視することができる。

特情に関する公式統計は機密扱いになっているため、警察に雇用されている特情の総数を把握することは不可能だ。唯一、陝西省ＰＳＤが、管轄区域内の特情の数に関する有用な情報を開示している（表4−1）。このデータから、陝西省の警察は一九八〇年代半ば以降、特情のネットワークを劇的に拡大させたことがわかる。二〇〇三年には、陝西省に一九八〇年の二六倍、ざっと人口一万人に約四人にあたる一万四〇〇〇人の特情がいた。[22]

警察に採用される特情の数を推計する簡単な方法の一つは、二〇〇三年の陝西省の人口一万人あたり四人という比率を中国全体に当てはめることである。この場合、二〇二二年には全国で特情が五六万人いることになる。もう一つは、ＤＳＰ警察官の数に、それぞれが採用する特情の数を掛ける方法だ。この推計はかなり大雑把なものになる。というのも、ＤＳＰ警察官の数自体は推計するしかなく、採用枠が変動するためだ。たとえば、青海《せいかい》省西寧《せいねい》市では、二〇〇〇年代初頭、警察官はそれぞれ少なくとも二人の特情を採用することが義務づけられており、犯罪捜査を担当する警察副署長は、一～二人の「精鋭（尖子）」の特情を直接採用することが義務づけられていた。[23] 河南省鄭州《ていしゅう》市金水《きんすい》区のＰＳＢも、警察官に毎年二人の特情を採用するよう求めていた。しかし、チベット族自治州稲城《とうじょう》県の警察は二〇〇四年、警察官が一人ずつしか特情を採用しなかったことを報告している。[24] また、二〇一〇年、河南省三門峡市のＰＳＢは、犯罪捜査部の警察官に対し、毎年少なくとも三人の特情を採用するよう要求した。[25]

ここで、ＤＳＰの警察官は毎年それぞれ二人の新人特情を採用する必要があると仮定してみよう。二〇一三年の中国の制服警察官は約二〇〇万人で、地方の限られたデータによると、県レベルのＤＳＰ部隊の警察官の割合は三～五％と思われる。[26] つまり、ＤＳＰの警察官は約六万～一〇万人いることになる。

表4-1
陝西省PSDに
雇われたスパイ（特情）

年	人数
1957	689
1980	538
1983	1,193
1984	1,907
1985	3,100
1986	2,994
1987	4,383
1988	6,691
1989	9,975
1996	10,693
2001	12,108
2003	14,004

データ出典は原注を参照。

この仮定が正しいとすれば、中国のDSP部隊は毎年、既知の、または潜在的な政治的脅威に焦点を当てた約一二万～二〇万人の特情を採用していることになる。

これらの特情の多くは報酬を得る必要があり、これもまた彼らの担当警察官にとっては難題である。MPSは特情に報酬を与えるための明確で統一された規則や手順を持っていない。[27] その指示書には、「成功した捜査の手がかりを提供した特情には報奨金を与えること」とだけ書かれている。重大事件の解決に貢献した特情には、多額の報酬を与えるべきということだ。[28] しかし、おそらくは資金不足が理由で、公安機関が特情に報酬を支払えていないことがたびたびあったようだ。[29] スパイ活動に割り当てられた資金の乱用も日常茶飯事だ。秘密主義と緩い財務管理によって、スパイ活動は汚職の影響を非常に受けやすい。警察は実際に発生していないスパイ関連経費を請求できるのだ。[30] 頼れる財源の不足に対処し、特情に手当を支払うために、治安機関は独創的な解決策を考え出している。たとえば、二〇〇五年十一月、青海省西寧市のPSBによる策は、特別犯罪撲滅基金を設立し、そこから二〇〇〇～一万元（本稿執筆時点では約二〇～一五〇〇ドル）の報酬を支払うというものだった。[31] 犯罪撲滅基金として、このプログラムは地元企業を含む寄付者に広く訴えた。しかし、このプログラムの受益者は犯罪撲滅者ではなく、政治的スパイなどに責任を負う特情だった。実際には、PSBは資金を不正流用し、世間にはごく普通の情報提供者として見せかけた秘密工作員に報酬を支払っていた。このやり方は他の場所でも採用されている可能性が高い。

さまざまな政治スパイ

特情は、遂行業務によって分類される。事件担当の特情は、特定の捜査を補助するために採用される。

通常、これは犯罪集団のリーダーに不利な証拠を作ることを目的とした「引き出し作戦（拉出来）」であり、採用されるのは該当する犯罪集団の下っ端の人間である。[32] しかし、事件担当の特情は政敵も標的にする。おそらく、事件特情は、関連する捜査が完了した後は使い物にならなくなるのだろう。第二カテゴリーである「控制」特情（「戦場における陣地を支配する」スパイ）は、公共の場を監視するために採用されたり、ホテルの従業員や、ここでもタクシーの運転手など、多くの対象者に接触できる状況で採用されたりする。[33] 二〇〇一年、西安市のPSBは市内のタクシー運転手から六〇人の特情と八〇〇人の情報提供者を採用した。当時、西安市には約一万七〇〇〇台のタクシーがあったため、タクシー運転手のおよそ一二人に一人が警察に協力していたことになる。[34] 最後の第三カテゴリーは、幅広い情報を収集するために採用された諜報員の特情である。陝西省PSDの開示情報によると、二〇〇〇年代初頭の特情の大半は控制または諜報員タイプだったようだ。というのも、事件特情は特定の容疑者と密接に接触するので、必然的に特殊で専門性の高い人物になるからだ。二〇〇三年、省警察に採用された一万四〇〇四人の特情のうち、事件特情は一四五八人（一〇・四％）、控制特情は五七三三人（四〇・九％）、諜報特情は六七七四人（四八・四％）であった。警察の正規職員はごく少数（三九人）で、給与が支払われていたと思われる。[35]

政権の標的となった活動家たちは、事件特情に追跡された経験を報告している。一九八九年の天安門事件後に投獄された経験豊かな反体制活動家、張琳《ちょうりん》は、一九九一年に釈放された後、二人の元「学生リーダー」から頻繁に訪問を受けるようになったが、彼らが張の活動を警察に通報していたことが判明した。張の苦境に同情したその特情の一人は自分がしていたことを認め、六カ月の投獄の後、警察のためにスパイをすることに同意しただけだと説明した。その特情はまた、警察が張の家に盗聴器を仕掛けたことも話している。[36] また別の反体制派、楊子《ようし》立《りつ》は、二〇〇〇年に彼と数人の友人が北京の大学で青年グループを結成したとき、地方国家安全局（SSB）は、このグループに潜入してメンバーの会話を録音し、秘密警察に資料を提出するよう、学生仲間を募集したと回想している。[37]

　スパイ活動は、県レベルを含む行政階層全体で行われている。県レベルで活動する特情の数は比較的少ないが、これは資源の制約と、農村部の小規模人口に見られる政治的脅威が相対的に少ないためである。表4‐2で示されるように、ほとんどの県レベルのDSP部隊は、年間五〇人未満の特情を確保または維持しているが、中にはそれ以上の特情を監督しているところもある。特情の確保や使用を管理する厳格な規定を考えると、地方のDSP部隊は特情という呼称を避け、代わりに厳格な承認プロセスや監視の対象とならない他の種類の情報提供者を採用することを好むのかもしれない。

　おそらくこれが、四《し》川《せん》省武勝《ぶしょう》県のDSP部隊が、二〇〇六年に、二二人の特情、二五人の朋友、八六人の連絡員、三六人の信息員、一一人の「DSP特別要員（国保専案）」を採用したと主張した理由だろう。二〇一三年、貴州《きしゅう》省甕安《おうあん》県のDSP部隊は、二二人の特情（そのうち二人はインターネット上での活動中心）、一六一人の「安全危機管理」情報提供者（安保信息員）、九二人の連絡員、六〇人の朋友を採用した。四川省楽至《らくし》県のDSP部隊と第一線警察は、二〇一三年に二七人の特情を確保していたという。そしてこの前年、同県は四八四人の「比較的信頼できる情報提供者」と五七六人の連絡員を確保したと報告している。[38] このことから、毎年採用される特情の数は上記の推定値である一二万〜二〇万人の範囲内かもしれないが、政治スパイに従事する情報提供者の総数はもっと多いと考えられる。

　地方年鑑には、当然のことながら、特情の活動についてほとんど記載がない。とはいえ、彼らの標的や収集する情報の種類と量について、いくらかの手がかりを得ることはできる。一つは、宗教団体が特情の潜入の格好の的であるように見えることだ。黒竜江《こくりゅうこう》省巴彦《はげん》県のＤＳＰ部隊は、二〇〇五年に派遣された「エリート」特情が四件の「違法宗教活動」の摘発に協力し、三件の捜査を手伝ったという。[39]山東省斉河市のＤＳＰ部隊は、二〇一六年に「邪教」実践者を現場で動ける特情に変えることに成功したと報告している。内モンゴル自治区アロン旗〔内モンゴル自治区に存在する行政単位〕のＰＳＢは、拘束された宗教団体のメンバーから特情を採用した。西安市灞橋区は二〇一九年、同区のＤＳＰ部隊が主要なモ

表4-2

2010年代に県レベルのDSP部隊が採用または保持したスパイ（特情）

年	県	スパイの数
2013	貴州省甕安県	22
2013	四川省楽至県	27
2014	貴州省甕安県	19
2014	山東省斉河県	86
2014	黒竜江省巴彦県	15 a
2016	四川省漢源県	56
2016	四川省北川チャン族自治県	25
2017	陝西省富県	86 a
2017	甘粛省荘浪県	120 a
2018	陝西省西安市灞橋区	3
2019	貴州省貴陽市雲岩区	66 a
平均		48

a　報告書ではスパイ（特情）ではなく「密偵部隊（秘密力量）」と明記されている。

データ出典は原注を参照。

スクに関する「情報を抑制し、得る」ために特情を利用したと報告した。新疆《しんきょう》ウイグル自治区ニルカ県のDSP部隊は、調査対象者と親しい特情を採用していたと報告しており、潜入が重要な戦術だったことを裏づけている。[40]

多くの場合、年鑑ではどのような情報提供者が使われているのかあまり明確になっていないため、特情が働いているのか、それとも他の種類のスパイが働いているのか、確かなことはわからない。新疆ウイグル自治区トックズタラ県では、二〇一三年にDSP部隊が重要な村、モスク、企業と、「重要人物」の周辺に「秘密部隊」を配置したと報告している（同部隊はまた、五つの「秘密作戦基地」を設置したことを明らかにしており、秘密作戦を行うための隠れ家があることを示唆している）。同様に、陝西省富《ふ》県のDSP部隊は二〇一七年、「重要組織、部門、部隊、集団」をスパイするために「秘密部隊」を配備した。[41]

また、地方のDSP部隊は、自組織の特情から提供される機密情報や一般情報の量について報告することもある。他の情報源と比較すると、特情から得られる情報は比較的少ないが、これはおそらく特情の数が少ないことと、特情が提供する情報が新しく、具体的で、実質的なものでなければならないという、求められる品質基準が高いためだと考えられる。したがって、ウルムチ市の米東《べいとう》区では、DSP部隊が二〇一〇年に七四九件の安定維持関連情報を収集したが、「貴重な情報」のうち「秘密部隊」から提供されたのは三六件にすぎなかった。[42] 陝西省洛南《らくなん》県のDSP管理下のスパイは一九九八年に合計六五件の情報を収集し、「敵情報」はわずか二件だったが、これは最も価値の高いタイプの機密情報であり、特情によるものである可能性が高い。雲南《うんなん》省瀘《ろ》西《せい》県のDSP部隊は二〇〇三年に六一件の情報を収集したが、DSP部隊の警察官が二四件、第一線警察が二三件、特情は一四件だけだった。四川省大竹《だいちく》県では、情報収集に占める特情の相対的な貢献度はさらに低く、全体の五％にも満たなかった。[43]

しかし、情報量が少ないとはいえ、中国の監視体制において特情が果たす役割は大きいと考えられる。量の面で充分でなくとも、最重要情報を提供することで、それを補っているように見える。特情は、最も困難な刑事事件や、我々の目的にとってより重要な、政治的な標的に関する非常にデリケートな調査を扱う。政治スパイがもたらす情報は、予防的弾圧のプロジェクトにとってきわめて重要で、したがって、安全保障という大きな目標にとっても、ひいては中国共産党の政治独占の維持にとっても重要といえる。

法執行機関の目と耳（耳目）

目と耳を表す「耳目《じもく》」は、中国の警察が正式に採用した情報提供者のもう一つのカテゴリーだ。ここでとくに興味深いのは、治安と安全に特化した情報提供者である「治安耳目」である。特情が指定警察官に動かされるエリートスパイであるとすれば、治安耳目は担当区域をパトロールする警察官の名簿に登録されている密告者に近い。彼らは、捜査官やDSPの警察官ではなく、地域の正規警察官によって採用され、成果を報告する。耳目は、日常生活で目撃した不審な人物や行動を報告するなど、一般的な監視機能を果たす。また、控制や諜報員のように、犯罪多発地域や違法行為現場と思われる企業、その他の公共スペースの監視もする。一般警察官は数が多く、警察は多くの場所の監視を維持する必要があるため、治安耳目の数は特情の数を大きく上回ると推測されると言ってもいいだろう。

MPSの警察署ファイル管理規則から、耳目に関するいくつかの重要な情報を得ることができる。MPSによると、耳目の採用を承認できるのは署長だけである。耳目にはそれぞれ、特情に使われるのと同じような分類されたファイルがある。このファイルには、耳目の経歴と管理情報、すなわち、警察への勤務申請書、登録・承認用紙、偽名、写真、経歴、評価、賞罰の記録、連絡・支払い情報、場合によっては解雇通知などが含まれている。このファイルには、提供された情報の要約、耳目の報告書、口頭での報告記録、提供された情報の検証など、耳目の諜報活動の成果物も含まれている。[44]

耳目の新人採用は四段階のプロセスで行われる。警察官が新人候補を発見した場合、これは通常、露天商、清掃作業員、警備員など、公共の場で人々を監視するのに適した立場にあると思われる人物であるが、第一段階で、政治的忠誠心、社会的つながり、家庭環境などを調べ、監視対象への接近方法を確認する。第二段階で、採用候補者が適性ありと判断された場合、警察官は個人的なつながりを築いて新人との「絆」を深めなければならない。第三段階は適性テストで、新人に簡単な仕事を課し、その有効性を評価する。最後に、適性テストの結果が満足のいくものであった場合、採用担当官は、署長から正式な承認を受けなければならない。[45]その後、採用担当官は新しい耳目の担当官となり、二人は少なくとも月に一度は会うことが義務づけられている。耳目は、他の耳目と連絡を取ることは許されない。提供する情報の量と質によって評価される耳目の能力は、少なくとも年に一度、再評価される。有効性が認められないと判断された耳目は、署長の承認を得て解雇することができる。[46]

特情と同様、耳目は報酬を受け取る。警察活動の手順に関するある公式の教科書には「とくに優れた耳目は物質的な報酬を受け取ることができる」と書かれており、これは耳目が通常の給与を受け取っていないことを示唆している。[47]しかし、各警察機関によって運用は異なる。一九九〇年代後半、天津《てんしん》市警察はPSBの運営予算と一時滞在者への課徴金を財源として、治安耳目に成果報酬と補助金の両方を支払っていた。[48]

MPS関連の出版社から出された本には、監視体制において耳目が果たすさまざまな役割が書かれている。彼らは多目的な情報提供者であり、予防的弾圧にも従来の法の執行にも役立つことを証明している。治安耳目は、党の政策や主要な政治事件に対する大衆の反応を読み取り、犯罪の摘発に協力し、不審な活動を報告し、犯罪や暴力行為を犯しそうな人物を特定し、社会の安定を損なう可能性のある集団事件やその他の情勢に関する情報を収集する。[49]

お察しの通り、治安耳目の公式な数は公表されていない。しかし、間接的な情報からその数を推定することは可能であるので、見てみよう。二〇〇〇年代初め、河南省鄭州《ていしゅう》市金水《きんすい》区のPSBは、各署に配属された地域警察官に対し、少なくとも年に二人の耳目を採用することとしている。[50] この要件が全国平均を反映していると仮定すると、問題は警察官がどのように署に配属されているかだ。前述のように、二〇一三年の公式データでは、警察署に在籍する制服警察官の数は五五万六〇〇〇人となっているが、省の治安に関するいくつかの文書に明記されているように、警察官全体の四〇%を警察署に配置しなければならないのであれば、その数は八〇万人に近くなると私は考えている。公式の要件であることなどお構いなしに、採用しない警察官もいると思われるので、控えめに考えて、耳目を採用するのは警察官の四分の三にすぎないと仮定しよう。四一万七〇〇〇〜六〇万人の警察官が一年に二人の耳目を確保すると、中国における年間の採用総数は八三万四〇〇〇〜一二〇万人となる。言うまでもないが、これは確証のない仮定に基づく概算である。しかし、耳目ネットワークの規模感がつかめる数字だ。

情報提供者（信息員）

特情や耳目と並んで、「情報提供者」と訳すのが妥当な「信息員」という言葉がある。この情報提供者を区別しているのは、その採用と配置が地方当局のプロジェクトであり、官僚組織の必要性に従って行われている点だ。中央からの命令や手順はない。情報提供者は、中央集権化された政府のファイルシステムには登録されていなくても、世間に知られていることもある。情報提供者の利用は、幅広く、柔軟で、彼らはPSBや政法委員会（PLC）の下部組織の安定維持（維穏《いおん》）弁公室、民兵組織、大学、国有企業など、いずれかの機関や国家組織で働いている。信息員が果たす役割は特情や耳目の役割と似ているが、異なっているのは、その地位と数である。この違いは重要だ。国家機関が自由裁量でその場しのぎの情報提供者を雇ってよいことになっているが、これが大規模な全国ネットワークの基礎となっている。

情報提供者の分類

情報提供者は、採用する官僚組織と割り当てられる任務によって、二つのカテゴリーに分類される。治安（公安）情報提供者は、耳目と同様、警察署や地方のPSBの犯罪捜査部によって採用され、情報提供、犯罪の容疑者や活動の監視を行い、政治的脅威に目を光らせている。二つめのカテゴリーは、DSP（国保）情報提供者である。

警察は、仕事柄、特定の標的を監視するのに有利な立場にある個人を利用しようと、集団で治安情報提供者と契約することがある。杭州《こうしゅう》市に属する県級市である建徳《けんとく》市の警察は、交通や通行人を観察していること、強盗や窃盗などの犯罪の被害者になりやすいことから、小さな路面商店の店主を治安情報提供者として採用していた。[51] 上海市普陀《ふだ》区の警察は、住宅にアクセスできるという理由で食品や荷物の配達ドライバーから「配達情報提供者」を採用した。二〇二〇年の普陀区の年鑑によると、警察は八つの配送会社から二七七人の配達情報提供者を集めた。情報提供者は前年、三三件の「有益な手がかり」を提供したという報告がある。江西省 樟樹《しょうじゅ》市のPSBは、「幹線道路沿いの小さな商店の店主、清掃作業員、再生資源回収センターの従業員、宝石店、中古携帯電話ショップ、タクシー運転手」から成る治安情報提供者ネットワークを構築した。[52]

国保情報提供者についての言及は一九九〇年代初頭にさかのぼる。吉林省舒蘭《じょらん》市は九一年に国保情報提供者の採用を開始し、二〇〇二年まで毎年一一〇~三六〇人程度と契約した。吉林省磐石《ばんせき》市のDSP部隊は、一九九四年に三二五人の国保情報提供者を採用したという。[53] 国保情報提供者についての言及の頻度は二〇〇〇年代に増加する。二〇〇五年、黒竜江省大慶《だいけい》市サルト区の警察は、国保情報提供者の別称である政保（政治的安全保障）情報提供者五七三人を報告している。新疆ウイグル自治区カラマイ市の二〇一四年版年鑑によると、前年度採用された国保情報提供者は三七九人だった。[54] 二〇一〇年の甘粛《かんしゅく》省金昌《きんしょう》市 龍首《りゅうしゅ》区のDSP部隊の報告書では、選り抜きの特情（六人）と国保情報提供者（一三〇人）を明確に区別している。[55]

地方の年鑑を見ると、国保情報提供者がどのような種類の情報を収集しているかが垣間見える。サルト区は一九八六年から二〇〇五年の間に、国保情報提供者から合計六九六件の情報を受け取ったとしている。そのうち多くを占める三二三件の情報は請願者に関連するもので、八〇件は違法な宗教団体や活動に関するもの、一五件は中国国境外の事件や団体に関するもの、一五件は詳細不明の「敵情報」（おそらく既知の政治的脅威の活動に関する機密情報）に関連するもの、一八二件は「社会的に重大な影響を与える事象に関する機密情報」だった。[56] 山西《さんせい》省岢嵐《からん》県では、PSBの報告によると、二〇一六年に国保情報提供者は合計二二四件の情報を提供した。このうち、三七件は「邪教」に関するもの、六二件は詳細不明の維穏問題（請願や集団事件である可能性が高い）に関連するものだった。三四件は「テロ関連」

に分類され、九一件は詳細不明の「国内安全保護に関する」問題に言及していた。[57] このような開示情報は、国保情報提供者が作成する情報の大半が、従来の国家や公安の脅威に関するものではないことを示唆しており、宗教活動や一般市民の合法的な抗議行為に関するものであることがわかる。

亡命した反体制派の証言で、特情や耳目とは対照的な信息員タイプの情報提供者が使用されていたことがわかっている。中国社会科学院の著名な政治哲学者である徐友漁《じょゆうぎょ》によれば、同院の人事部副部長が彼の活動に目を光らせていたという。また、彼のアパートの不動産管理人の下で働く保全管理員は警察に協力していたという。彼らは口実を作って彼のアパートに立ち入った。たとえば、外国人記者が徐の家でインタビューをした後、管理員が彼のアパートの電気メーターか何かが壊れていると言い張り、押し入ったことがあった。また、同院の著名な学者からは、徐のアパートの入り口にいる受付スタッフが警察に協力しているという報告もあった。[58] これらの情報提供者は、その比較的粗削りな方法からもわかるように、いずれも信息員の一種である可能性が高い。特情と耳目は正体を見破られる可能性が低いからだ。

維穏情報提供者

維穏《いおん》信息員（安定維持情報提供者）は、一般的な監視の役割を果たす党の活動家やその他のボランティアの包括的なカテゴリーだ。この情報提供者は、政法委員会に属する地方の維穏弁公室が警察と連携して採用することも多い。[59] 地方の年鑑や地方政府が発行した通達によると、二〇〇〇年代半ばから、比較的小規模で維穏情報提供者を採用することになったようだ。たとえば、広東省江門《こうもん》市蓬江《ほうこう》区潮連《ちょうれん》地域では、二〇〇六年にボランティアの情報提供者を採用する試験的なプログラムが実施された。同年、江西《こうせい》省贛州《かんしゅう》市の市轄区である章貢《しょうこう》区の居民委員会は、世論を報告するために一四人の維穏情報提供者を採用したと報じている。浙江《せっこう》省舟山《しゅうざん》市定海《ていかい》区の政法委員会は二〇〇七年三月、維穏情報提供者のための就任研修を行った。当時、人口三七万四〇〇〇人のこの市轄区には一五一人の情報提供者がいた。[60]二〇一〇年代以降、中国各地の地方政府は維穏情報提供者の採用を大幅に拡大している。

各地方政府が発行するオンライン通知には、次のようなプログラムの特徴が記載されている。

（1）地方政法委員会は、警察、六一〇弁公室、市民の苦情（請願）を処理する信訪局と連携して、維穏情報提供者を管理する。

（2）行政区画によって、人口に基づいて情報提供者の定数を設定しているところもあれば、そうでないところもある。

（3）理想的な採用候補者となるのは、周囲の人々や活動を、人の注意を引かないように観察できる仕事に就いている者。警備員、住宅管理人、タクシー運転手、バス運転手、清掃作業員、駐車場係員などは、とくに望ましい情報提供者になる。また、住民によって選出され、住民の代表として地方当局との話し合いに参加する建物管理者（楼棟長）も、住民の活動を把握していることが多いため、有望な候補者である。

（4）維穏情報提供者の負う責任には、社会の安定に関連する情報、とくに請願や集団事件に関連する情報の収集と報告が含まれる。こうした情報には、政府の政策に関する世間一般の人々の声も含まれる。

（5）維穏情報提供者が、指定された郷や近隣の当局者に報告すると、県や区の維穏弁公室やその他の関連部門に報告がいく。

（6）行政区画によって、維穏情報提供者の実績を評価するための正式な規定を設けているところもあれば、そうでないところもある。情報提供者は、提供した情報の価値に応じて金銭的報酬を受け取る。（7）維穏情報提供者の身元は一般的に守秘されるが、行政区画によっては公表されることもある。[61]

地方年鑑やその他の一般に入手可能な資料を見ると、こうしたインターネット上の記述を裏づけていることがわかる。たとえば、広州《こうしゅう》市海珠《かいしゅ》区の二〇〇九年の年鑑によると、同区政府は住民一〇〇人に一人の割合で維穏情報提供者を採用しており、情報提供者の多くは住宅管理人、駐車場係員、賃貸住宅の所有者だった。[62]二〇一六年に南京市秦淮《しんわい》区で当局に協力していた情報提供者九六九八人のうち、六七六四人が建物管理者、六〇一人が不動産管理会社社員、八五七人が国有企業や政府機関の職員、四五五人が不動産仲介業者だった。この膨大なネットワークのうち、DSP専門の情報提供者はわずか二八七人（三％未満）であり、政治スパイ活動に特化した者は比較的少ないものの、一般的な監視業務を行うために膨大な人数が採用されていることがわかる。秦淮区の政府雇用の情報提供者は、直接的に警察に協力する者ではなかったが、当局が「重点人員」の活動に関する「リアルタイム」の情報を得るのに役立った。

ほかにも、二〇一一年、寧夏回族《ねいかかいぞく》自治区賀蘭《がらん》県では、情報提供者には提供した「有益な情報」一件につき五〇元が支払われた。雲南省大関《だいかん》県では、情報提供者は「明確な責任と評価基準」を定められ、給与も支払われた。[63]二〇一三年、ハルビン市阿城《あじょう》区は、維穏弁公室、六一〇弁公室、PSB、信訪局で構成される情報・課報工作部会を設置した。この工作部会は、草の根の情報提供者に対して定期的な訓練を実施し、各部門が情報提供者からの機密情報や一般情報の分析と報告に携わった。区は情報提供者への報奨金として五万元を充当した。[64]二〇一三年、広西《こうせい》チワン族自治区霊川《れいせん》県政府は、「重要な団体」と「重要な個人」に接触できる一〇〇人以上の情報提供者を採用した。[65]

その他の情報提供者

さらに、維穏弁公室やＰＬＣの外部にも、草の根の情報提供者の実質的なネットワークが発達している。その一つが民兵組織だ。中国国防部によると、二〇一一年の民兵数は八〇〇万人だった。[66]民兵のごく一部が情報提供者になっているとすれば、その絶対数は数十万人になる。当然ながら、地方の年鑑にはこの種の情報提供者が頻繁に登場する。安徽省《あんき》天長《てんちょう》市政府は、各民兵部隊に情報提供者を任命するよう求めている。[67]山西省《さんせい》太原《たいげん》市のある地区の民兵から採用された情報提供者は、情報収集、インターネット監視、宣伝活動に参加している。浙江省舟山《しゅうざん》市の民兵は情報提供者として訓練されている。上海市徐匯《じょかい》区の民兵は、「テロ、地下宗教団体、法輪功《ほうりんこう》、新しい情報技術の使用に関する情報収集」のための訓練を受けた。[68]

地方政府はまた、腕に巻く赤い布の腕章にちなんで「紅袖章《こうしゅうしょう》（紅袖標）」と呼ばれる多くの人々の尽力にも頼っている。このボランティアは、プロパガンダを流したり、街頭やショッピングモールのパトロール、交通規制の実施などの日常的な公共の安全業務を行ったりしている。赤い腕章が暗示するように、彼らは秘密工作員ではない。しかし、不審な人物や行動を監視し、警察に報告し、監視を実行している。厳密には情報提供者ではないが、紅袖章は中国の監視体制の周辺的な構成要素であると考えるべきだろう。

情報提供者ネットワークの規模と生産性

信息員ネットワークの正確な規模を知ることは不可能だ。実際、これに関する全国的なデータはおそらく皆無だろう。さまざまな地方政府や省政府が情報提供者を一貫して指定していないため、そのようなデータを収集することさえ至難の業である。しかし、中国のどのコミュニティにも、さまざまな種類の情報提供者が複数存在することは確かだ。ここでは、特情や耳目ではない、信息員を含む情報提供者ネットワークの規模の推定を試みる。他の場合と同様、現地の情報に頼り、そこから推定する。

採用の条件は行政区画によって大きく異なるが、これに基づいて大まかな数字を推定できる。江西省泰和《たいわ》県では、県のPSBは各警察官に三〇～五〇人の「機密情報提供者」を確保するよう求めている。二〇一八年の年鑑によると、北川《ほくせん》チャン族自治県政府は、大きな郷には五～八人の情報提供者と連絡員を、小さな郷には三～五人の情報提供者と連絡員を置くことを義務づけている。二〇一二年の時点で、河南省新密《しんみつ》市では、村や都市コミュニティごとに二人の維穏情報提供者がいた。[69]

一部の行政区画では、情報提供者の確保枠を人口に比例させている。二〇一二年、広東省雲浮《うんふ》市雲安《うんあん》区は、住民一〇〇人につき一人の情報提供者を要求した。同年、江西省高安《こうあん》市は、都市部では一〇〇～五〇〇世帯につき一人、農村部では一〇〇世帯につき一人の情報提供者を義務づけた。[70] 北京市は二〇一四年、人口の約〇・四七％に相当する一〇万人の「安全安定情報員」を採用したと述べている。[71] 同年、北京市海淀《かいでん》区には人口の約〇・五％に相当する一万一一〇八人の情報提供者がいた。同市西城《せいじょう》区の安全安定情報員は一万七一五八人で、人口の約一・三％だった。[72] 海淀区と西城区の違いが示唆するように、より安全意識の高い行政区画が多くの情報提供者を選ぶ可能性はある。北京市の中心地区である西城区には、中国のトップ指導者の執務室や住居などが入る建物群のある区域「中南海《ちゅうなんかい》」がある。おそらくこれが安全対策強化に関係しているのだろう。

二〇一〇年代を中心とする三〇の地方政府の年鑑に掲示された情報提供者の数から、情報提供者のネットワークは平均で人口の一・一三％、中央値で〇・七三％を占めると推定される（補遺1）。このことは、一〇二〇万～一五八〇万人の中国国民が、未知数の民兵情報提供者と並行して信息員であることを意味している。仮に八〇〇〇万人の民兵の五％しか情報提供者がいないとすれば、全体に四〇万人が加わることになる。

　これは見事なまでに大規模なネットワークだ。しかし、生産性はどうだろう。ここでは、信息員の活動成果に関する入手可能な情報に頼ることにする。補遺2のデータによれば信息員がもたらす機密情報の量は、行政区画によって大きく異なる。ごく一部の行政区画では、信じがたいほどの生産性が示されている。北京市順義《じゅんぎ》区は、二〇一三年に情報提供者一人あたり約一七件の情報を提供したと、本当とは思えないような報告をしている。江蘇《こうそ》省連雲港《れんうんこう》市連雲区も外れ値だが、それほど極端ではなく、二〇一四年には各情報提供者がおよそ三件の情報を提供したと報告している。最も少ない数値としては、河南省平頂山《へいちょうざん》市と広東省高要《こうよう》区の情報提供者が、二〇一九年と一四年にそれぞれわずか〇・一件の情報しか提供していなかったようだ。これらの行政区画は極端にランク付けされているが、異常値ではない。報告される生産率は多くの行政区画で低い値だ。

　二つの外れ値を除外すると、一人の情報提供者が提供した情報は、平均して年間〇・三八件となる。つまり、情報提供者のおよそ六割が、あるいはそれ以上の可能性もあるが、まったく情報を提供していないことになる。それでも、四〇％の信息員が活動しているとすれば、少なくとも四〇〇万人の一般市民が地方当局に情報を提供していると合理的に推定できる。

　この情報提供者集団が提供する情報のほとんどは、深刻で近い将来の政治的脅威に直接関係するものではない。ＤＳＰの開示情報によれば、政治的脅威とされる人物の活動や意図に関する情報で、敵の情報と分類されるものはごくわずか（三％）だ。おそらく、これが最も求められている情報なのだろう。政治情報（政府の政策や国内外の重大事件に対する国民の反応に関する情報）は、情報提供者から提供された情報の二一％を占める。圧倒的に多いのは国民のより広い動向に関する社会的な情報で、七六％を占めている（補遺3）。

したがって、大まかに言えば、中国の情報提供者ネットワークはおもに世論を把握する手段として機能しているということだ。敵の機密情報をもたらすという働きの限りでは、その苦労はおもにＤＳＰ部隊に協力している情報提供者の肩にかかっていて、政治機関によって採用される幅広い市民ではない。ほとんどの信息員は、政治的脅威として扱われる反体制派や禁止されている宗教団体のメンバーとは接触できない。そしてやはり、封じ込めるべき政治的脅威はそれほど多くないのかもしれない。

スパイや情報提供者という領域から得られる情報の質については、可能な限り、どの程度の情報が上層部の注意を引くに値すると判断されたかを確認すれば測ることができる。情報提供者が情報を提供する場合、警察や地方委員会の担当官は、その情報を上層部に伝える前に吟味する。一九の行政区画の年鑑の開示を見ると、収集された情報のうち、上位当局に報告されるのは約四分の一にすぎない（補遺4）。これは、中国の情報提供者ネットワークから報告された情報のほとんどが、信頼できないか、使えないか、あるいは見当違いと判断されていることを示唆している。

とはいえ、情報提供者ネットワークがその役割を果たしていないという意味ではない。まったくその逆である。敵の機密情報や実行可能な情報がないことは、非効率的であることをもっともらしく物語ることもあるが、同時に、中国の政治的な安定性を物語ってもいる。安定は監視という現実がつねに存在することである程度保証され、この監視の常態化によって敵は弱体化し、混乱するからだ。

中国の情報提供者ネットワークは大規模かつ複雑であり、膨大な数の情報提供者が、中央および地方の各レベルの官僚機構や党組織で機能する政治・法執行・国家安全保障の当局に報告している。中国のDSP部隊や第一線警察は、一〇〇万人以上のスパイや情報提供者を重要な標的に割り当てていることを誇っているかもしれない。さらに数百万人の信息員を加えれば、中国の監視体制を真に際立たせているものは何か、一目瞭然だ。それはその規模と重複性、そして、政治的脅威の範囲や社会的関心事の広範な問題をカバーするための、多かれ少なかれ有能で多様な諜報員への依存である。大衆が分散型監視の基盤となっているということだ。

この点で、毛沢東の「人民戦争」という概念が、中国共産党がみずからの生き残りをかけた戦略の中に依然として組み込まれていることがわかる。たしかに、中国共産党が日本の侵略者に対して、また内戦中に国民党に対して採用した、大衆を代用するこの戦略には、もはや軍事の基本原則が適用されていない。しかし、人民戦争は監視体制に命を吹き込んでいる。与党は秘密警察に情報収集の独占権を与える代わりに、地方組織や国家関連団体に独自の情報提供者ネットワーク構築の権限を与えることで、政治スパイの任務を分散させている。中国社会への浸透と経済への影響力のおかげで、党がこのような大規模なスパイ網を構築するうえで困難なことはほとんどない。実際、党が運営するネットワークの根幹である信息員は、一九九〇年代後半の社会不安が安定への深刻な脅威となった後に急速に構築された。

このような大規模なネットワークは、効率性の手本にはならないだろう。中国の情報提供者の多くは受動的で、彼らが提供する情報のほとんどは価値がない。しかし、このことはおそらく党にとってさほど問題ではないだろう。結局のところ、受動的な情報提供者であっても得るところがあるのだ。通りすがりの知人や近くの店の店員は言うに及ばず、隣人や同僚、おそらく親戚が体制のために密かに働いているかもしれないという認識こそが、警戒心を煽《あお》る。周囲の誰かが当局に自分を通報するかもしれないとなれば、厄介ごとに巻き込まれそうな言動をとる前に、よく考えるようになるだろう。ここに中国の監視体制の真の力がある。何百万人もの一般市民が日常生活の中で目を見張り、耳を傾けているからこそ実現可能な力である。

第5章　大規模監視プログラム

監視体制の任務の軸は、政権の安全と公共の安全を脅かすと考えられる人々を監視することであり、決してたやすくはない課題だ。大規模な監視、つまり潜在的に数百万人を追跡することは、負担が大きく機密性の高い業務である。無差別なスパイ活動はコストが高くつき、過度に弾圧的だが、監視対象が少なすぎる監視プログラムは潜在的な脅威を見落とす危険性がある。対象となるわずかな人口の割合をどのように決めるのか。また、この人口の割合が、市民全体の規模に比べれば小さいとはいえ、絶対数としては相当なものだとしたらどうだろうか。

強い組織力を持たない独裁政権や、草の根レベルで広い存在感を示せない独裁政権は、大規模な監視プログラムを制定し、維持することができないことは確かだ。組織力の乏しい独裁政権でも、脅威と思われる人物を大量にブラックリストに載せることは比較的容易だが、実際に監視することは別問題である。大規模な官僚機構を伝統的に発展させ、社会や経済にしっかりと浸透させてきた共産主義体制でさえ、その努力は困難なものだ。一九三〇年代にスターリンが大規模監視を始めた際、監視制度の機能は乏しかったが、これは標的を分類する基準が混乱していたこと、草の根レベルでの後方支援が不足していたこと、標的に関する情報が古いことが多かったためである。[1]

中国の巨大な人口規模を考えると、人口のほんの一部を対象とした大規模監視プログラムが管理上実現可能であるとは考えられない。しかし中国共産党は、他の独裁政権が失敗してきたことを学んでいる。党は一九四九年に権力を掌握するとすぐに、二つの大規模監視プログラムを策定した。重点人口（KP）プログラムは、政権の取り締まり人材の不足とみずから招いた経済的・政治的後退のせいで当初は明らかに失敗だったが、四類分子プログラムは、三〇年にわたって二〇〇〇万人以上の人々の行動を追跡し、制限することに成功した。本章で示すように、毛沢東時代後、党は不振だったKPプログラムを復活させ、数百万人を対象とする強力な警察主導の監視構想に変えただけでなく、さらに大規模な大衆監視を行う重点人員（KI）プログラムを開発し、四類分子プログラムの多くの特徴を受け継ぎ、KPプログラムに含まれていない数百万人を加えて対象にしている。

かつての共産主義政権を含む他の独裁政権と比較すると、中国の大規模監視プログラムは、監視対象人口の規模、手順形式（KPプログラムには厳格な規則が適用されている）、それに費やされる労力と組織的努力の大きさにおいて際立っている。たしかに、中国の二つの大規模監視プログラム、とくにKPプログラムには重大な欠陥がある。たとえば、公共の安全を犠牲にして政治的脅威に過剰に焦点を絞っていると論じられるかもしれないが、これはおそらく意図的なものであり、中国共産党の観点からは必ずしも欠陥ではない。それはともかく、この二つのプログラムは、考えられるすべての脅威に目を光らせるという党の目的を達成している。

毛沢東以降の時代において、党が大規模監視プログラムの運用に相対的に成功したのにはいくつかの要因がある。一つはもちろん、監視に使える人員が増えたことだ。しかし、党は単に人員増強のために資金を投入してきたわけではない。価値の高いターゲットにより集中できるように妥協点を見いだしながらその能力をそつなく利用してきたのだ。この目的のために、治安当局は複数の監視手順を運用し、今そこにある脅威を集中的に監視すると同時に、将来的に問題を起こす可能性のある個人を充分に監視している。そのため、情報提供者、制服警察官、私服警察官、そして所在地、通信、金融取引をリアルタイムで監視する技術システムによって、継続的に監視されるターゲットもいる。彼らは法執行当局に尾行され、頻繁な嫌がらせや尋問を受け、許可なく外出したり長距離移動したりできなくなるかもしれない。一方、それほど重要でない個人は、単にデータベースにリストアップされるだけで、後で当局が注目することになった場合に備えて、その情報が残される。

既知の脅威や潜在的な脅威を監視する目的は、彼らが政権の安全にもたらす危険を突き止めることであるため、こうした人物に関するファイルは定期的に更新され、評価される必要があるが、すべての要注意人物をつねに積極的に監視しなければならないわけではない。したがって、KＰとKＩの両プログラムは、複数のタイプのターゲットを分類し、脅威レベルを割り当てている。どのような状況で、どの程度注目されるかを決めるものだ。深刻と思われる脅威が一時的にほとんど無視されることがあっても、細心の注意を要する局面では慎重に監視されるようになる。

このような監視を判別して適用する方法は、中国社会へ党が入り込むことによってある程度可能になっている。地域社会、商業施設、社会組織のいたるところにある党の下部組織によって、体制は大規模監視のための労働集約的なインフラを構築し、維持することができるのだ。ほぼ全人口のファイルを保持する戸口制度は、重要な制度的基盤を提供している。前述したように、中国当局はまた、大規模監視を法執行に必要なツールと位置づけることで、大衆への売り込みに成功している。基本的に、国家は公共安全の保証として監視を正当化しているが、そのシステムは反体制派を追跡するためにも使われている。実際、入手可能なデータによれば、ＫＩとＫＰの対象者のほとんどは政治的脅威ではないようだ。しかし、反体制派をありふれた犯罪者と一緒に捕まえることで、これらのプログラムは中国共産党の政治的独占を維持するという本質的な任務を果たしている。

重点人口

一九五〇年に設立された当時、警察や行政の人員が不足していたため、ＫＰプログラムは中国の監視体制の取るに足りない構成要素だった。しかし、毛沢東時代後になると、巨額の資金、政治的支援、人材が投入され、このプログラムは変貌を遂げた。今日、ＫＩプログラムとともに、世界で最も成功した大規模監視インフラを作り上げ、破壊分子、犯罪容疑者、そしてその他公共と政府の安全に対する潜在的脅威を追跡している。一九五七年に発行され、八五年に再発行され、九八年に改訂されたシステムの運用規則は、これまで正式に公開されたことはない。しかし、一九九八年の改訂版がインターネット上に流出しており、以下の記述を提供している。[2]

重点人口とは誰か

ＫＰの対象は大きく二つに分類される。一九九八年のプログラム規則によると、政治的脅威が優先されることを反映して、第一のカテゴリーは「国家の安全を脅かす疑いのある個人」となっている。このカテゴリーはさらに七つのサブカテゴリーに分けられ、重複することもある。それは次のような個人である。
(1)政府転覆、分離主義、離反、反逆の疑いのある者
(2)騒乱、暴動、反乱、国家の安全や社会の安定を脅かすその他の活動に参加した疑いのある者
(3)敵対的組織に加入・参加・関与した、または国家の安全や安定を脅かすその他の組織的活動に加入・参加した疑いのある者
(4)禁止されている宗教団体への参加、または宗教を隠れ蓑《みの》にした違法行為への関与の疑いがある者
(5)故意に国家統一を妨害し、国法に反抗し、プロパガンダや扇動に関与した疑いのある者
(6)スパイ行為への関与、または国家機密や情報を盗む、アクセス方法を探る、買う、違法に提供するなどした疑いのある者
(7)国家の安全を脅かすその他の活動の疑いのある者
ＫＰの二つめの大まかなカテゴリーは、犯罪容疑者だ。殺人、強姦、暴行、人身売買、強盗、窃盗、放火、組織犯罪(売春や賭博を含む)、銃器や爆発物の製造や所持、違法な資金調達、麻薬取引など、重大な法律違反の疑いがある人物である。ＫＰには、重犯罪者や政治犯のほか、麻薬使用者、人間関係のもつれから暴力行為に及ぶ可能性が高いとされる者、労働を通じた再教育を受けて出所後五年以内の前科者というさらに三つのグループが含まれる。[3]

指定と解除

地方警察署はＫＰプログラムを施行し、その対象を指定する。一九九八年の規則によると、警察官はまず指定見込み者のファイルを作る。このファイルには、氏名、性別、住所、民族、生年月日、個人識

別番号、学歴、職業、生体認証データ、犯罪歴、家族と社会的接触、指定されるカテゴリー、監視・管理の方法案、指定の理由などの重要情報が記載されている。[4]このファイルは、適切な警察署の上層部によって入念に見直された後、監督する県レベルの公安局（ＰＳＢ）に提出・承認され、そこから市レベルのＰＳＢに提出・承認される。ＫＰファイルも、同様の多段階の手順で定期的に見直され、指定された者に新たな犯罪の疑いが生じた場合など、再分類や指定の取り消しが行われる可能性がある。

ＫＰファイルの正確な内容には多少の違いがあるようだ。少なくとも、中央政府が要求する以上の情報を求める独自の規則をＰＳＢが発行する場合があることは知られるところだ。たとえば、湖南《こなん》省資興《しこう》市のＰＳＢが発行した規則では、ＫＰファイルには、裁判所の判決や刑務所の出所証明書などの特定の法的文書、情報提供者から提供された情報や有罪の証拠となる資料、尋問の記録、個人の政治活動歴、社会的接触者のリスト、被指定者と近しい人物に関する資料などを含めるよう求めている。さらに、日常的な評価の過程で新たな資料が入手された場合には、これも永久保存ファイルに保管される。[5]他のＰＳＢも同じ要件、または類似の要件を定めている場合がある。

ＫＰ監視の規模

ＫＰプログラムに関する情報は機密扱いにされているため、ＫＰ指定者数に関する公式統計を入手することは不可能だ。この場合も、地方政府やＰＳＢが発行する年鑑や公報を頼ることになる。これらから、ＫＰプログラムの規模を推定できる関連情報が得られることもある。

一九八〇年代の情報は他の時代に比べて乏しいが、これは年鑑を発行する地方政府の人員が充分でなかったためだろう。わかっていることは、この一〇年間で、一〇〇〇人あたり平均三・五人がＫＰの対象者であったということだ（補遺5）。一九八三年以降は、プログラムがより効果的に実施された結果として、指定者の割合が増加したようだ。一九九〇年代には、平均して一〇〇〇人あたり四・七人がKPに指定されていた（補遺6）。この増加のおもな原因は、一九八三年に開始された「厳打《げんだ》」犯罪撲滅運動にあると思われる。この運動で収監率が伸び、結果的に、出所後に自動的にKPプログラムに組み込まれる前科者を大量に生み出した。二一世紀の最初の一〇年間は、KP指定者の割合が激減し、平均で人口一〇〇〇人あたり二・七人にまで減少した（補遺7）。二〇一〇年代に入ると、KPプログラムの規模は再び拡大し、人口一〇〇〇人あたり平均三・五人に達した（補遺8）。

それでも、こうした変化はそれほど重要ではない。おそらく、毛沢東時代後の数十年間におけるKPプログラムの最も注目すべき特徴は、その一貫性だろう。KPプログラムには膨大なコストがかかるため、その拡大は望めない。その代わりに、より大きく、かつより少ない組織的なKIプログラムによって増強されてきた。本章の後半で詳述するように、KIプログラムはおもに警察ではなく、地方政府と国家管理団体の人員に依存している。そのため、国の警察資源にこれ以上負担をかけることなく、より多くの監視を行うことができる。また、全体的な政治的安定も、KPプログラムの堅実性を支える決定的な要因かもしれない。

KP対象者の内訳

毛沢東時代後、地方当局が時折開示する限られた情報から、KP対象者の大半は、政治的脅威ではなく、犯罪容疑者と治安を脅かす者であったことがわかる。一九八一年、黒竜江省《こくりゅうこう》で指定された四万四六二二人のうち、二万四六九二人が犯罪容疑者で、一万八四九四人が法秩序を脅かす活動に従事していた。

政治犯はわずか一四三六人（全体の三・二％）だった。一九八三年から八五年の間、黒竜江省のKPプログラムの管理下の政治容疑者の数は年平均一八三三人で、省内のKP指定者のうち約一・一％だった。[6]吉林省《きつりんしょう》長春《ちょうしゅん》市のPSBによれば、一九八六年、市のKPプログラムで監視下に置かれた個人は三五四八人だった。[7]「政治的に危険」な人物はわずか一四人（四％）で、犯罪容疑者は一八五〇人だった。同様に、一九八〇年代の浙江省《せっこうしょう》の五つの行政区画では、「反革命分子」はKP対象者のわずか二％、約八〇％は犯罪の容疑をかけられているか、治安を脅かすとみなされた存在であった。[8]

この傾向は続いているようだ。黒竜江省チチハル市の市轄区である建華区《けんかく》のデータによれば、一九九〇年代から二〇〇〇年代初頭にかけて、KP対象者に占める政治犯の割合はごくわずかだった。一九九六年にKPに指定された二六三三人のうち、政治的に危険とみなされたのはわずか八人だった。対象者の大半は犯罪行為の容疑者（九二一人）か、刑務所や強制労働収容所から釈放された者（六四二人）だった。二〇〇一年に政治的対象者の数が五〇％まで増加したのは、一九九九年に法輪功《ほうりんこう》実践者がKPプログラムの政治的カテゴリーに追加されたためと思われる。二〇〇一年から〇五年までの平均で、同区では、政治的ターゲットはKPターゲットのわずか四・四％だった。[9]同様に、二〇〇〇年、河南省《かなん》霊宝《れいほう》市には六二七人のKP対象者がいたが、そのうち「国家の安全を脅かす重大な脅威、または重大犯罪の容疑者」は二二人にすぎなかった。残りは、過去五年間に刑務所や労働プログラムから釈放された前科者だった。[10]最後に、安徽省《あんき》蕪湖《ぶこ》県（旧名。二〇二〇年に市轄区の湾沚《わんし》区に改編された）の二〇〇三年の報告によると、一〇一五人のKP対象者のうち、「国家の安全を脅かす」容疑をかけられた者はわずか一七人だった。[11]

KPプログラムがおもに従来型の法執行の手段であるなら、この観点での効果はどの程度なのだろうか。警察には、KPプログラムの法執行への貢献を測る二つの重要な指標がある。一つめは、KP対象者自身から提供される情報の価値である。一九八〇年代後半から九〇年代半ばにかけて、浙江省の六つの県と市の警察公報が報告したデータによると、KP対象者のおよそ一〇人に一人が警察に手がかりを提供している。[12] 二つめは、KP対象者のうち「攻撃対象」、つまり監視だけでなく、勾留、逮捕、起訴の対象となった者の割合だ。同じ浙江省のPSBは、同期間において、KP指定者の約五%が攻撃対象となったことを明らかにしている。KP指定者のうち、勾留、逮捕、起訴されたのがわずかな割合にすぎないということは、二つの解釈が可能だ。一つは、KPプログラムが監視によって犯罪者を捕まえるように設計されているのであれば、このプログラムで摘発されるKP指定者はごく一部であるため、その効果は疑わしい。もう一つは、KPプログラムが犯罪に対する強力な抑止力であり、監視下に置かれた人をほとんど問題を起こすことのない状態にしている可能性もある。

KP対象者に占める政治的容疑者の割合がなぜこれほど少ないかというと、大きな要因は、毛沢東時代後に反革命的な犯罪や「国家の安全を脅かす犯罪」で有罪判決を受けた人がほとんどいなかったことである。他にも、KPプログラムの規則が政治的容疑者を指定するハードルを比較的高く設定していることがある。国家の安全を脅かすことは重大な問題である。しかし、KPプログラムが政治的標的を捕らえることはほとんどないとしても、彼らが国家の監視の目から逃れられることを意味するわけではない。後述するように、社会の安定や党の権威を脅かすとみなされた者は、KIの対象者になる可能性がある。

ＫＰプログラムの限界

データがないため、ＫＰプログラムの効果を評価するのは難しいが、限界を指摘する事例的証拠がいくつかある。

第一に、ＫＰプログラムの範囲は、警察の対応能力を上回るスピードで拡大している。一九九八年に薬物使用者が、九九年に法輪功実践者がＫＰの対象に加わったが、警察は数十万人という新たなＫＰ対象者を処理するために、それに見合う追加予算を受け取っていない。その結果、ＫＰの責務は警察機関を窮地に追い込んでいる。[13] ＫＰを担当する警察官は、労働集約的な仕事であり、積極的な監視業務にほとんど時間を割くことができない戸口の実施をおもな任務とする警察官と同じであるため、この課題はより大きなものとなっている。[14]

第二に、一般の中国人の移動が増えたことが、ＫＰプログラムの効果を妨害している。中国の研究者や警察の担当者によれば、定住地や長期雇用先を持たないＫＰ対象者、あるいは戸口に登録されている場所に居住していないＫＰ対象者を把握するのはきわめて困難だという。[15] 以前は、警察は居民委員会や雇用主に頼って、ＫＰ対象者に関する最新情報を得ることができた。しかし、居住地や雇用の流動性が高まったことで、居民委員会や雇用主は情報源として役に立たなくなったのだ。[16]

ＫＰプログラムはまた、警察の怠慢が許されるように設計されている。基本的に、ＫＰプログラムの監督は書類上で行われるため、警察は実際の監視活動に労力を費やすことなく形式的にプログラムの規則を遵守することができるというわけだ。たとえば、警察はＫＰ対象者に関する「静的な情報」を収集することで要件を満たすことができ、対象者の活動に関する「動的な」認識をわざわざ得る必要はない。

言い換えれば、警察は対象者の背景を満載した書類を作成し、リアルタイムの彼らを無視することができるのだ。たしかに、警察は時々ＫＰ対象者に面会することが求められるが、こうした面会は概して形式的なもので、貴重な情報はほとんど得られない。人員の制約という視点から見ると、警察は安定や国家の安全への脅威とみなされるような、価値の高いターゲットに注意を払う傾向があり、他のタイプの脅威は、党国家の規制に従うために必要なだけの監視しか受けない。[17]

ＫＰプログラムは、全体的に多数の一般犯罪者、犯罪容疑者、麻薬使用者、前科者の監視には比較的労力をかけず、少数の政治的対象者の監視に労力をかけていると言える。これは非効率性の表れともとれるが、中国共産党の現在の優先順位を正確に反映している。

重点人員プログラム

ＫＰプログラムには、正式な行政手続きによって警察の監視下に置かれた者のみが含まれる。これを補完するのが「重点人員（ＫＩ）」プログラムで、政法委員会や警察を含む地方当局の裁量で選ばれ、緩やかに定義された者を対象としている。[18] ＫＰ対象者は公安部（ＭＰＳ）が発行する規則に従って指定されるのに対し、ＫＩ対象者として個人を分類するための規則は知られておらず、監視下に置くための明らかな手順も存在しない。報道によれば、ＭＰＳはＫＩ対象者を七つのカテゴリーに分類し、その監視に特化した国家的プラットフォーム「ＫＩ管理統制のためのＭＰＳシステム」を維持している。[19] しかし、これは、誰がどのカテゴリーに属するかに関する決定において、ＭＰＳが現地の治安機関に指示を与えることを意味するものではない。またほとんどの場合、国家登録は地方登録から派生したものだ。

ＫＩに指定された者を監視するための運用ルールは、地方レベルでも当然存在する。二〇一〇年に浙江省の公安庁が発表したある声明は、ＫＩを七つのカテゴリーに分類しており、おそらくＭＰＳが指定したＫＩに相当すると思われることが明らかになっている。[20] それらは次の通りである。

（１）テロ関連の対象者

（２）政治的反体制派と定義される安定関連の対象者、法輪功実践者とその他の禁止された宗教団体のメンバー、新疆《しんきょう》、チベット、台湾の独立を支持する者、日本関連の対象者（反日抗議行動に関与している可能性が高い）、あらゆる種類の「権利擁護者」

（３）薬物関連対象者

（４）亡命者

（５）重大犯罪で有罪判決を受け、釈放された受刑者

（６）公共の秩序を乱し暴力行為に及んだ精神障害者

（７）要注意の請願者

七つの公式カテゴリーを考慮すると、ＫＰとＫＩの間にはかなりの重複があるようだ。たとえば、テロや薬物への関与が疑われる者や、重大な犯罪歴のある前科者は、ＫＰとＫＩの両方の対象になる可能性がある。

地方当局は、ＫＩ対象者をさらに分類して指定することもある。[21] たとえば、二〇一一年、四川《しせん》省警察は、チベット人や自然災害の被災者をＫＩ対象者に含めた。彼らは、政府が適時に適切な救援を提供しなかったことに抗議する可能性が高いからだ。[22] 二〇〇四年、遼寧《りょうねい》省本渓《ほんけい》市では、不審な外国人長期滞在者や「不審な外資系企業」など、国内安全保衛（ＤＳＰ）の目的で一七種類のＫＩ対象を監視していた。[23]
新疆ウイグル自治区ウルムチ県〔ウルムチ市に属する県〕のＤＳＰ部隊は、二〇〇二年には一二種類のＫ

I対象者を監視していたが、〇六年にはウルムチ市米東《べいとう》区で一七種類のKI対象者を監視していた。[24] 政治的脅威の各カテゴリーは、さらに細分化されることもある。二〇〇〇年代初頭、四川省九寨溝《きゅうさいこう》県のPSBは、DSP部隊のターゲットとされる一八のカテゴリーを管理していたが、それらはさらに五七に細分化されていた。[25]

ある意味で、KIはKPのレッテルが貼られていない多様な監視対象を指定している。この点で、湖南省資《し》興《こう》市のPSBが発行した、KP対象者の管理に関する日付不明の文書からわかることがある。ここには、KPの範囲を超えて監視される個人のカテゴリーがいくつか挙げられている。その中には、「注意対象者（事先対象）」と「業務対象者（工作対象）」が含まれている。注意対象者は、賭博のような軽犯罪で勾留されており、警察は将来的に法的措置上で必要になった場合を考えて、彼らに関するファイルを保管している。[26] 業務対象者には、刑事罰を受けたがKP対象には分類されていない者など、より広範な個人が含まれる。その他の監視対象者の大まかな分類としては、「安定関連対象者（社穏対象）」、「監視・統制重要対象者（重点管控対象）」、「高リスク集団（高位人群）」などが、地方年鑑に言及がある。[27] このように緩やかな分類が乱立していることから、地方当局がKPプログラムの枠を超えて監視対象者を指定する際に適用できる、統一的な、あるいは一貫した方法がないことがうかがえる。

大規模監視の範囲

KP指定者を追跡した現地の入手可能なデータ（補遺6～8）に基づくと、一九九〇年代から二〇一〇年代にかけてのプログラムの対象者は、人口一〇〇〇人あたり二・七～四・七人だった。二〇一〇年代の中央値は人口一〇〇〇人あたり二・四人で、平均値は三・五人だった。中央値を用いると、二〇一〇年代には約三四〇万人がＫＰ対象者であったことになり、平均値を用いると約五〇〇万人という数値が出る。

ＫＩプログラムの規模は、ＫＰプログラムとＫＩプログラムの両方に関するデータを提供している行政区画におけるＫＰプログラムとＫＩプログラムを比較することで推定することができる。補遺9が示すように、必要な情報がある一四の行政区画のほとんどで、ＫＩ対象者数がＫＰ対象者数を上回っている。平均すると、ＫＩ対象者数はＫＰ対象者数の一五五％、中央値は一一五％だ。これは、ＫＩプログラムがＫＰプログラムよりも一五〜五五％大きいことを示唆している。ＫＰプログラムの監視対象が三四〇万〜五〇〇万人だとすると、ＫＩプログラムの監視対象は三九〇万〜七七〇万人ということになる。

要するに、ＫＰであれＫＩであれ、監視下に置かれている中国国民は七三〇万〜一二七〇万人だろう。繰り返し請願する者、退役軍人、デモ参加者、少数民族といったＫＩの対象者が、地方年鑑にどのように描写されているかを考えると、ＫＩ対象者のかなりの割合が、政治的脅威や社会的不安定の要因として認識されているようだ。この点で、ＫＩはＫＰとは異なっている。ＫＰはありふれた犯罪者を指定していることがほとんどである。

監視戦術

ＭＰＳは、地方警察がＫＰに指定された者を綿密に監視するよう求めている。ＫＰプログラムの「運営に関する規則」によると、監視は柔軟な方法を用い、「大衆」に頼って行われるべきであるから、ＫＰプログラムは、住民組織、居民委員会、活動家、情報提供者の協力に決定的に依存している。ＫＰ監視を担当する地方警察署の職員は、標的を調査し、その身元、偽名、身体的特徴、経済状況、社会的接触に関する情報を管理するなど、形式的な仕事のほとんどを行わなければならない。さらに、警察は標的の不審な行動に関する情報を確認し、重要なことがあれば関連するPSBの犯罪捜査部に報告しなければならない。警察以外の治安当局者、たとえば国境警備官や経済犯罪対策に携わる当局者は、KP対象者に関わる情報に接した場合、その情報を、対象者を管轄する警察署に伝えなければならない。[28]

KP対象者は、その脅威の度合いによって扱いが異なる。規則では、「今ここに重大な危険」をもたらすと疑われる個人は、優先的に管理・監視下に置かれなければならないと定められている。この場合、警察は公然の方法と秘密裏の方法の両方を用いることが義務づけられている。公然の方法には、対象者との定期的な面会などがある。秘密裏の方法とは、おもに対象者の行動を把握するために任命された情報提供者に依存している。警察がこれらの任務をどのように遂行するかは、さまざまだ。結局は、対象が多岐にわたるため、戦術的な柔軟性が求められる。地元の報道は、警察が使うテクニックのヒントになる。たとえば、一九八〇年代後半に浙江省のPSBが定めた手順によれば、KPの秘密監視は少なくとも三人で行うことになっている。[29] 他の行政区画でも同様の要件があるかもしれないが、すべてがそうであるかは不明だ。

浙江省の公安公報を精査すると、一九八〇年代に秘密裏に集中的な監視を受けたKP指定者の割合を示す少数のデータが得られた。椒江《しょうこう》区では、一九八五年のKP対象者の一九%が秘密監視を受けていた。余杭《よこう》区のPSBは八九年、KP対象者の四〇%が「調査・管理」の対象であったと公表しているが、この言葉はおそらく秘密管理のことを指しているのだろう。建徳《けんとく》市では、PSBは八五年にKP対象者の一九%を秘密監視下に置いた。[30]

警察の報告書では、KPの監視には三つのレベルがあるとされている。レベル一とは、「現在重大な危険をもたらしている個人」を指す。レベル一の対象者は、県または区レベルのＰＳＢによって指定され、その監視は、地方警察署の長または政府機関の保安部門によって直接監督される。レベル二およびレベル三のターゲットは、おそらく脅威が小さいとみなされるため、監視の厳しさも緩くなる。監視レベルは状況に応じて上下する。レベル一の対象者の場合、住居、職場、その他頻繁に出入りする場所を監視することができる。[31]

レベル一の対象者がＫＰ指定者に占める割合は少ないようだ。浙江省長興《ちょうこう》県では、一九九一年のＫＰ指定者の一五％がレベル一だった。[32]浙江省椒江区では、一九九一年のＫＰ指定者のうち、レベル一の指定者は二・五％にすぎなかった。[33]最近のデータは入手できないが、ＫＰ対象者のうち、厳重な監視下に置かれているのはごく一部であると考えるのが妥当だ。地方警察には、単に多数の人々を注意深く監視するために必要な資源がないからである。少々紛らわしいが、これは各治安機関の独立性を反映している。ＤＳＰ部隊は、ＫＩ対象者に対して独立した分類システムを使用する。各地域のＤＳＰ部隊による開示情報によれば、四段階のスキームがあり、レベル一の対象者は最も重要度が低く、監視の集中度が最も低い。レベル四の対象者は最も重要で、集中度の高い監視体制がとられる。[34]

近年、治安機関は大規模な監視を容易にするテクノロジーを採用している。二〇一〇年の浙江省の文書には、ある公安機関がＫＩ対象者の追跡と管理をサポートするために、どのように新しいツールに目を向けたかが示されている。[35]浙江省は、警察が個人の動きを監視する「日常的な監視と管理（人間中心のプロセス）」と、国、省、地方の警察データベースに含まれる情報に依存する「動的な監視と管理」を組み合わせている。たとえば、対象者が銀行サービスを利用したり、頻繁に旅行したりする場合、これらの活動によって生成された情報をクロスチェックし、ＭＰＳプラットフォーム上でホストされているデータと照合することで、警察は対象者のいる場所や活動をリアルタイムで把握することができる。他省の警察も、データベースと人的情報を組み合わせた同様の方法を採用している。[36] 党国家はこのデータ収集を可能にすることで、こうした取り組みを部分的に支えている。たとえば、二〇二二年三月、中国共産党委員会は、金融詐欺《さぎ》に関与するKI対象者の指紋、DNA、声紋、デジタル決済情報、その他の個人データの収集を命じた。技術的な手段によって、彼らの活動や行動を監視しやすくするためのようだ。[37] 次に、KPとKI両プログラムの運用に重要な他の戦術的考慮事項とともに、労働集約的な大規模監視と技術集約的な大規模監視の相乗効果について詳しく論じる。

労働集約型の監視

KPとKIの対象者の日常的な監視は、地元の警察官、当局者、情報提供者からなるチームによって維持されている。地方によっては、五人一組のチームが各対象者を担当する、いわゆる五対一方式を採用しているところもある。たとえば、二〇一〇年代初頭、江西省《こうせい》安遠県《あんえん》ではこのような方式が採用されていた。各チームは、郷の役人、警察官、村長、信息員の情報提供者、対象者の家族一人で構成されていたという。江西省渝水区《ゆすい》のPSBもまた、KI対象者の家族に監視への参加を強制していた。[38] 二〇一四年に河北省《かほく》威県《い》に配置された監視チームは、県・郷・村の役人、「党と政府」の役人、警察官で構成されていた。山東省《さんとう》斉河県《せいが》では二〇一三年の時点で、同じ五人組のチームが使用されていた。[39]

地方当局は、KPやKIの対象者を監視するために、情報提供者や隣家の住人を日常的に利用し、四川省北川《ほくせん》チャン族自治県の警察は、「KIの日常的な監視」を情報提供者に任せていると報告している。黒竜江省巴彦県《はげん》のPSBは、KIの対象者自身を、他の対象者を監視する情報提供者として採用することについて議論している。新疆ウイグル自治区トックズタラ県では、県のDSP部隊が、KI対象者の周辺やモスク、企業などに三〇〇人近い情報提供者を配置した。[40] 一方、居民委員会や村民委員会などの地域コミュニティ組織や職場の治安部門は、活動家やボランティアを指名して、対象者に「教育と改革の支援」をするようにしている。[41]

KP対象者は警察の管轄だが、二〇一三年に全国的にグリッド管理が導入されたことで、警察官ではない当局者が監視をサポートできる新しいシステムが可能になった。一つの居住区画（グリッド）の中で、複数のグリッド担当者が情報収集、パトロール、治安維持を担当する。警察と一緒に、グリッド担当者が住民の家に入り、情報を収集することもできる。グリッド管理の実験地として選ばれた鄭州《ていしゅう》市のある市街地では、二〇一二年の二カ月間に警察官とグリッド担当者が一緒になって四二人のKP対象者を綿密に監視したと、ある駐在所が報告している。[42]

KPやKIの対象者に対して警察や民間人が展開する、もう一つの労働集約的な戦術が戸別訪問である。第3章で見たように、戸別訪問は監視と脅し目的の両方で有効だ。そのため、深圳《しんせん》市の福城《ふくじょう》街道〔県より下級の行政区画〕では二〇一七年、近隣の担当者が月に一度、禁止されている宗教団体のメンバーの自宅を訪問した。同年、雲南《うんなん》省西盟《せいめい》ワ族自治県では、警察と地元の中国共産党員が共同で、「宗教信者」をターゲットにした戸別訪問作戦を実施した。その二年後、雲南省維西《いせい》リス族自治県の警察は、「DSP対象者」つまり政治的脅威に対する戸別訪問キャンペーンを指揮した。二〇一七年、MPSは遼寧省 朝陽《ちょうよう》市のPSBに対し、ほぼすべての監視対象者の住居に立ち入るよう命じた。[43]

この時点で読者は、敏感な時期にはKIとKPの監視が強化される可能性があることを知っても驚かないだろう。二〇一六年に安徽省のある警察署が出した通達によると、敏感な時期には、監視を担当する警察官は「KP管理統制システム」を毎日チェックし、対象者の動きを監視することが義務づけられていた。[44]広東省のある村の駐在所によると、二〇二〇年、その年の両会が開催される直前、警察官は精神病患者やKI対象者の家を訪問した。警察官は彼らの家族、保護者、隣人に声をかけ、「監視対象者を監視」するためにこれらの仲間に協力を求めた。[45]重慶《じゅうけい》市南岸《なんがん》区居民委員会の二〇一六年の年次報告書によると、同委員会はその管轄下にある「安定に関わる重要な個人」一人を監視するために一人を割り当てたと述べている。敏感な時期には、こうした個人が署名活動をしたり、複数の活動を連携したり、違法に人を集めたりするのを阻止するため、二十四時間体制で監視された。[46]

テクノロジー集約型の監視

地方の年鑑には、KI対象者を監視するために詳細不明のテクノロジーが使用されていることが記載されている。[47]DNA情報の収集は、「邪教」のメンバーを追跡するための、より最近の技術の応用の一つであるようだ。貴州《きしゅう》省甕安《おうあん》県のDSP部隊は二〇一五年、登録された実践者からDNAサンプルを収集した。二〇一四年、同じく貴州省徳江《とくこう》県のDSP部隊は、禁止されている宗教団体のメンバー一三五人のDNAサンプルを収集したと報告している。[48]おそらく警察は監視対象者の通信、とくにスマートフォンの使用状況も監視している。年鑑や公式の情報源によると、警察は監視対象者のインターネット利用を注意深く監視しているようだ。[49]

新たに導入された先端技術システムは、中国警察の長年の悲願であったリアルタイムの監視を現実のものにしつつある。PSBの情報指令センターから作動するこれらのシステムは、インターネットや携帯電話の使用、デジタル決済、車両登録、全国の法執行機関のプラットフォームで収集された顔認証結果などを追跡することで、現在進行中の監視対象者の動きについて警察に通報することができる。[50] 警察の携帯電話位置情報技術の利用は、広く普及しているようだ。ある元政治犯は、警察官の手帳が偶然自宅に残されていたことがあり、その手帳を開いたところ、中には携帯電話の位置情報追跡を意味する「FF3」というコードが書かれていたと、私に話してくれた。[51] このような追跡システムは、第7章で述べる中央政府の金盾《きんじゅん》やスカイネットのプロジェクトに組み込まれている。

先進技術の追跡・分析システムは以前から改善されてきていて、KP管理のためのデジタル化された情報システムは二〇〇九年までに充分に発達している。「北京市情報化年鑑二〇一〇」によると、同市の当時の管理システムは、KP対象者の動きや活動に関する分析、行動に関する警告、分析に基づく監視対象者の一斉調査を提供していた。別のシステムであるKP情報管理システムは、KP対象者の個人情報、賃貸住宅情報、異常行動を追跡している。[52] そして、MPSのKI管理統制システムはデジタルプラットフォームである。鄭州鉄道のPSBは、二〇一五年までに約七万四〇〇〇人のKI対象者の情報をビッグデータ・インテリジェンス・プラットフォームに入力し、DSP、犯罪捜査当局、反テロ当局の共同作戦を支援したと述べている。[53] 同年、広東省汕尾《さんび》市のPSBは、同市の全警察署が詳細不明の「重要対象者管理の情報システム」の使用を開始し、KI指定者の監視を大幅に改善したと報告した。同システムは、対象者の所在や活動について一万件以上の事前警告を発している。[54]

寧夏《ねいか》回族《かいぞく》自治区の中衛《ちゅうえい》市は、二〇一九年にKI対象者を監視するための監視技術プラットフォームを配備したことを明らかにした。[55] 同市はプラットフォームの能力についてほとんど詳細を明らかにしていないが、この技術を供給するある中国企業は喜びを隠しきれない。同社によると、同社の監視プラットフォームは、警察や地元当局がリアルタイムで対象者を監視することを可能にする。当局が重要な識別データと対象者の「動的な活動」に関する情報を提供すると、システムのアルゴリズムがこの情報に基づいて対象者の居場所を特定しようとする。このシステムはまた、カスタマイズされた監視・統制ソリューションも提案する。同社はまた、監視を容易にするKI対象者が身につける電子ブレスレットについても言及している。[56] これは、貴州省の省都である貴陽《きよう》市で展開されているプラットフォームとほぼ同じであることは間違いない。貴陽市のPSBは、同PSBの情報センターが「リアルタイムKI管理システム」が提供するアラートを利用して二十四時間監視を維持していたと述べている。二〇一八年、同システムは合計一三〇万件以上のアラートを受信し、六四七人の逮捕につながった。アラートのうち一〇〇〇件以上がレッドコード（最高レベルのアラート）だった。[57]

高重要度の対象者

中国の法執行機関は、有名な反体制派や活動家など、重要度の高いターゲットの追跡と活動制限に膨大な人員を割いている。通常は、DSPの警察官は、重要度の高いターゲットとの接触を維持するために任命されるが、時には地方警察署の警察官も彼らの様子をチェックする。[58] 前述のように、このような接触は、定期的な会合、「お茶」や「食事」という形で行われ、その間に警察官が対象者に最近の活動について質問する。[59]

お茶や食事と並行して、敏感な時期には、DSP部隊や文保部隊は、より容赦のない監視・統制手段に訴えることもある。人権派弁護士の滕彪《とうひょう》は、ある年の九月十八日、神経をとがらせる日本が満州に侵攻した記念日に、文保部隊の警察官が彼をアパートから大学まで車で連れて行き、一日中彼の授業に同席したと記憶している。二〇一一年のジャスミン革命（青年層を中心に起きた反政府デモがチュニジア国内全土に広がり、二三年間続いた独裁政権が崩壊した民主化運動〕の際には、北アフリカの独裁者を退陣させた群衆を例に挙げて反対派を激昂させないようにと、警察が滕を誘拐して九〇日間監禁した。[60] 北京大学の元教職員である王天成《おうてんせい》は、天安門弾圧の記念日である六月四日前後数日には、DSP部隊から外出を控えるよう警告されたことを記憶している。DSP工作員は、彼がアパートから出る理由を持たないように、用事の代行を申し出た。また、DSP部隊は彼のアパートの前に地域警備員に扮した私服警察官を配置した。一九九八年にビル・クリントン大統領が中国を訪問した初日、DSP工作員は王の自宅のドアをノックして在宅を確認した。二日目には、無線機を持った数人が家の前に配置された。住宅地区〔小区〕〔柵や塀に囲まれ、管理された集合住宅〕のすべての出口に警察官が配置され、家の外での行動はすべて尾行された。[61] 活動家の万延海《まんえんかい》によると、敏感な時期には、DSP工作員が彼を見失わないよう、アパートから出るときは工作員の車に乗るように言われたという。[62] 中国社会科学院の元研究員によると、政治情勢が「緊迫化する」と、つまり反体制活動が起こる、あるいは敏感な時期になると、DSP部隊は「協力」するよう求め、スーパーに買い物に行くときや散歩に出かけるときでさえ、警察に尾行させたという。最も敏感な時期には、DSP部隊は最長五日間、二十四時間体制で彼のアパートの前に警備員を配置した。[63]

二〇一〇年十月、反体制派の劉暁波《りゅうぎょうは》がノーベル平和賞を受賞したとき、中国の監視体制は重要ターゲットの移動をコントロールするために最も制限的な措置を実施した。北京市PSBの文保部隊長みずからリベラルな政治哲学者である徐友漁《じょゆうぎょ》の自宅に赴き、彼の拉致と市内から遠く離れた場所での勾留を監督した。劉を支持する公開質問状の署名集めに協力した活動家、華《か》澤《たく》は国家安全部（MSS）の工作員に拉致され、彼女が戸口登録されている江西省新余《しんよ》市のDSP部隊に引き渡された。彼女は二カ月間ホテルに勾留され、二交代制で働く八人の警察官に監視された。彼女の部屋には二人の女性警察官が寝泊まりしていた。劉のノーベル賞受賞当時には拉致も拘束もされなかった多くの監視対象が、警察の訪問を受けた。[64]

また、重要対象者の動向や通信は、通信傍受や情報提供者、スパイを利用して、DSP部隊が監視している。徐友漁は、フランス大使館で開催されたイベントに出席するよう電話で招待を受けたことがあるが、その数分後に、警察から「行くな」という警告電話が来たと記憶している。経験豊富な反体制派である張琳《ちょうりん》は、警察の追跡から逃れるために携帯電話の電源を切るようにしていた。しかしある日、彼が駅でほんの数分携帯電話の電源を入れただけで、警察官の一団が現れたという。[65]重要度の高い対象者に配属されたDSP部隊は、先進技術を使った対策を労働集約的な対策で補完する。元政治犯の王清営《おうせいえい》を監視するため、DSP部隊は彼の自宅前に数台のカメラを設置しただけでなく、私服警察官を数人常駐させ、警察官たちはトランプをしながら彼の出入りを監視していた。[66]

中国の監視体制が重要度の高い対象者の監視に費やす多大な労力と人員は、弾圧機構の強みと弱みの両方を明らかにしている。一方では、DSPの監視システムは充分な人員が備わり、侵入的で、政権にとって脅威となる知名度の高い者の活動を追跡し制限するという使命を果たすうえで効果的である。その一方で、脅威の数が多ければ、監視にこれだけの労力、時間、設備を割くことは不可能だろうということだ。中国政府は、重要度の高い対象者が少ないうちは、このような方法を維持できるかもしれない。しかし、その数が増えれば、このような人員集約的なやり方はできなくなる可能性がある。

中国の大規模監視プログラムには、強大な能力と内在する限界という二つの特徴がある。パラノイア

に突き動かされるように、党は何百万人もの人々を監視下に置き、現れ出る脅威に対処するために監視プログラムを頻繁に更新する。党の比類なき組織能力が、二つの大規模監視プログラムで示される分散型監視システムを可能にしていて、私の推定によれば、人口の約〇・五〜〇・九％を対象範囲に含めている。運営上、この二つのプログラムの活動とコストは、警察、地方当局、民間ボランティア、情報提供者、さらには監視対象者の家族など、さまざまな官僚組織や集団に分散されている。

党国家体制は労働集約的な手法に頼ることが多かったが、能力を強化するために新技術も積極的に採用してきた。その結果、法執行機関や地方当局は、とくに中国共産党の支配を脅かすと考えられる優先すべき標的を偵察することができるようになった。また、標的の物理的な動きをコントロールし、その動きをリアルタイムで監視することもできる。

監視システムが治安維持にどれほど貢献しているかは定かではない。地方当局や法執行当局の意思決定を構築している政治的優遇措置は、比較的少数の政治的脅威や、請願者や禁止されている宗教団体のメンバーなど、党にとってごくわずかなリスクしかもたらさない個人に対して巨額の支出を行うことになってしまう。

しかし、これこそが党指導部の狙いなのかもしれない。厳密には麻薬使用者や前科者の監視が必要かもしれないが、本当に重要なのは政治的脅威だ。限界はあるにせよ、二〇一〇年代の終わりには、中国の大規模監視プログラムは、歴史上最も強力で洗練された独裁国家でさえうらやむような能力、おもに政治的脅威に対する能力を獲得していたと言ってもいいだろう。

第6章　「戦場陣地」を統制する

中国の監視プログラムが、大衆行動への長年にわたる取り組みの拡張と改良の産物であるとすれば、重要な公共の場、社会的機関、サイバー空間のための特別な監視手順《プロトコル》の採用は、中国共産党の創造性と適応性を示すよい例だ。たしかに、犯罪の多い地域を監視強化の対象とすることは、世界的によくある法執行戦術である。[1] しかし、「戦場陣地を統制する（陣地控制）」として知られる中国のアプローチは、標準的な取り締まり手法を緊急性と洗練性を持った新たなレベルに引き上げ、抵抗勢力が最も出現しやすい社会的環境において党が反対勢力を先制するのに役立っている。

暴力闘争から生まれた体制として、中国共産党独裁政権は平時の統治に軍事概念を適用することを好んできた。党の出版物や上級指導者の演説には、「壊滅」、「動員」、「武力集中」という言葉があふれている。党から見れば、社会的機関とサイバー空間はまさに戦場である。[2] この言葉は比喩的に使われているのではない。

一九五〇年代以来、戦場陣地の統制は中国の重要な監視プロトコルだった。犯罪多発地帯に対する従来の取り締まりと比べ、アプローチはより組織的・侵入的・労働集約的で、柔軟性があり、大学、商業施設、チベット仏教僧院にも同様に適用できる。二〇一〇年代初頭、チベット仏教の僧侶や尼僧が中国の支配に抗議するために焼身自殺を起こし、禁止されているダライ・ラマの肖像画を掲げて法律違反行為をしていたとき、警察は彼らを黙らせるために戦場統制モデルをよりどころにした。天安門事件の後、同じ戦術が大学にも適用され、成功を収めた。さらに情報革命の中で、政権はサイバー空間を仮想の戦場とみなすようになり、当局と情報提供者は重要な陣地を統制するために粘り強く戦わなければならなくなった。

戦場の陣地数は数万にのぼり、それらを監視するには膨大な人的資源が必要となる。たしかにテクノロジーは労働力を節約できるが、それでも自動化できない職務を遂行するために当局者や警察が必要である。この点でも中国共産党は、レーニン主義体制にしかない組織インフラと動員能力のおかげで、ありふれた独裁体制をはるかに凌駕している。

作戦上のもう一つの難題は、厳密には何をもって戦場陣地とみなすかを決定することである。あまりに多くの会場や施設に戦場陣地のレッテルを貼ってしまうと、貴重な取り締まり人員にストレスがかかり、監視強化を維持できなくなる。シュタージが直面したのがまさにこの問題だった。東ドイツの秘密警察は、優先順位の高い場所を標的にする「フォーカルポイントの原理」に依拠していたが、捜査官が資源を奪い合おうとするあまりフォーカルポイントを指定しすぎて、事実上、その戦術が役に立たない状態になったため、この取り組みは失敗に終わった。[3]

本章では、中国の監視体制が党に対する脅威をうまく無力化するために、紛争多発地帯《ホットスポット》戦術をいかに適用してきたかを、事例を通して説明する。そこから二つの洞察が生まれる。第一に、戦場の陣地を統制するためにさまざまなアクターが召集されることから、分散型監視の有効性が改めて確認できることだ。このアクターには、警察、地方当局、大学関係者、実業家、党とその治安機関の専門工作員などが含まれる。第二に、テクノロジーは戦場の能力を補強するが、中国共産党のレーニン主義的組織インフラと大衆に協力を求める能力は代えがたい資産であり、戦場統制の有効性を支える重要な要因だということである。

商業施設における戦場統制

中国の警察は、法執行と社会統制の両方の目的で、バス停留所、公共広場、企業（「特殊産業（特種行業）」と呼ばれる）など、特定の種類の公共の場を厳重な監視下に置いている。ほとんどの場合、事業所に対する監視は、財産に対する犯罪を抑止し、解決することを目的としている。しかし、ホテルや印刷店など、これらの企業の一部に対する監視は、当局が政治的脅威を追跡するためのものだ。例によって全国的な数字を出すのは難しいが、二〇〇〇年代後半に二つの地方警察署が出した報告書では、商業施設の監視は、一般犯罪の捜査を成功させることにつながると評価している。ある行政区画では犯罪の約八％に、別の行政区画では約一五％に有効だったという。[4]

地方当局は柔軟な基準で特殊産業を指定している。武漢《ぶかん》市では二〇〇八年、ホテル、印刷店、中古品店、自動車整備工場など約六〇〇〇の事業所が特殊産業とされた。北京市石景山《せきけいざん》区の警察は、一九九九年に十数種類の業種を特殊産業に分類したことを明らかにしている。ホテルや整備工場に加え、鍵屋、資源再生業者、倉庫などが含まれていた。[5]

警察はさまざまな方法で、こうした戦場陣地を統制している。テクノロジー主導型のものもあれば、労働集約的なものもある。[6] 技術面では、特殊産業の監視にビデオカメラが多用されている。浙江省《せっこうしょう》徳清《とくせい》県では、二〇〇〇年代初頭にすべての娯楽施設が出入り口とメインホール、廊下にCCTVカメラを設置するよう命じられた。また、中国のすべてのホテル経営者は、宿泊客の情報を警察に送信する通報システムの設置を義務づけられている。たとえば、徳清県の公安局（PSB）は二〇〇〇年代半ばにホテルの「情報管理システム」を設置し、三日に一度ホテルの宿泊者登録を検査する担当者を配置した。徳清県のホテルが予定通りに宿泊者登録情報を報告しない場合、警察官が調査に派遣される。[7] これは中国全土の標準的な業務手順であろう。

情報管理は、商業施設を監視する監視技術の中核だ。「特殊産業向け法秩序執行情報管理システム」は、基本的に、従業員、顧客、取引に関する情報を収集・保存し、その情報を警察に送信する一連のソフトウェアプログラムである。[8] 実際には、このようなツールが標準化された単一の形式で存在するわけではなく、中国のテクノロジー企業が警察と協力して、多様な監視ニーズに対応するソフトウェアを開発している。[9] PSBの年次報告書では、こうしたシステムが広く採用され、部門を超えた何十万もの企業の監視にきわめて重要な役割を果たしていることが明らかにされている。二〇一一年、安徽《あんき》省蚌埠《ほうふ》市蚌山《ほうざん》区の警察は、この種の情報管理システムを導入した。二〇一九年には、同じく安徽省蕪湖《ぶこ》県のPSBが、情報管理能力を強化するため、顔認証やインターネットID認証などの技術を追加導入した。[10]

特殊産業の監視は、有用な政治情報を生み出す可能性もある。たとえば、配達業を監視することで、警察や秘密警察が監視対象者の発送・受け取りした配達物を途中で押さえて検査することができる。陝《せん》西《せい》省咸陽《かんよう》市のPSBの二〇一七年の年次報告書には、同市の速達便サービスが市の国家安全局（SSB）および中国郵政と協力して「速達便サービス共同検査のための長期的で効果的なメカニズム」を確立したことが開示されている。[11]

警察はまた、特殊産業の監視を維持するために情報提供者に依存している。[12] 地方の年鑑によると、情報提供者を求める警察は疑念を抱かせることなく情報を収集したり、顧客の活動や行動を観察したりできる労働者を好んでいる。江西《こうせい》省のある都市部のＰＳＢは、二〇〇八年末までに、情報提供者を利用して、同地区のタクシー会社、オートバイ修理店、宝石メーカーを「包括的に統制」したと述べている。[13] 容疑者宅に容易に立ち入ることができるため、配達員を情報提供者として確保することは警察にとって魅力的でもある。[14]

通常、警察は企業の社員に対し、不審な行動を報告したり、定期的に情報を提供したりするよう圧力をかけ、結果として社員を無報酬の情報提供者に変えてしまう。警察は事業者や社員に対して大きな影響力を持っている。営業許可証は警察によって毎年更新されなければならないため、警察の要求にあえて逆らう経営者はほとんどいない。警察は、税務局、都市計画局（区画整理を担当）、国家工商行政管理総局など、他の規制機関と連携して協力的な企業には報酬を与え、それ以外の企業には罰を与えることで、さらに影響力を強めることができる。[15] 四川《しせん》省攀枝花《はんしか》市のＰＳＢは一九九五年、特殊産業に従事するスタッフから提供された情報が、多くの事件の解決に役立ったと報告している。[16]

警察はまた、企業に情報提供者の雇用を要求することもある。上海市崇明《すうめい》県のＰＳＢは、企業に対し、専属の「公安担当者」を任命し、研修を受け、情報を提供することを要求した。二〇〇〇年代初頭、上海市閘北《こうほく》区の警察署長は、管轄下にある各娯楽施設に対し、少なくとも二人の情報提供者を雇うよう命じた。[17]

チベット仏教僧院の監視

宗教施設は戦場陣地には見えないかもしれないが、中国政府にとって、チベット仏教徒の僧院は、チベット人が多く住む地域にあれば、その対象となる。これは単なる差別ではない。中国の支配への抵抗が僧院に根づいているのだ。[18] 抵抗を封じるため、党は包括的な「改革」プログラムを開始した。公式文書から判断すると、この労働集約的な監視プログラムは二〇一一年に開始され、チベット自治区の党委員会は、そこにある一七八七の僧院の「管理の強化と革新」を決定した。採用された最も重要な措置は僧院の統治を再編成することで、政府当局者を僧院に常駐させ、その管理監督者として任命した。[19] この政策は後にチベット仏教僧院の多い他の地域にも適用され、中国全土の僧院に党政府の目と耳を直接入れることになった。[20]

寺院管理委員会

政府高官が支配する管理委員会は、僧院に駐在する党の地上軍だ。委員は統一戦線部、宗教事務局、仏教協会、地方政府によって合同で推薦され、党による人選管理が保証されている。[21] 多くの委員は党政府で重要な地位にある。[22] このような委員会の規模は大きくないが、かなりの影響力を行使している。カンゼ県では、僧侶と尼僧が三〇〇人未満の僧院は七人の委員によって監督され、僧侶と尼僧が三〇〇〜五〇〇人の僧院には九人の委員がいる。[23]

委員会の最も重要な機能は、僧侶と尼僧に対する政治的な統制だ。委員会は、「規則的で正常な」宗教活動を組織・監督し、僧侶と尼僧を認定し、僧院への入所と休職を承認し、宗教教育を監督する権限を持っている。大まかには、党が言う予防的弾圧の婉曲表現である、「安定の維持」の責任を負っているのだ。[24] 次に詳述するように、この委員会は宗教活動や教育を規制し、僧侶と尼僧の物理的な移動に制限を課し、外国へ出かける僧侶と尼僧を監視し、脅迫戦術を展開し、情報提供者を募集して雇用し、機密情報を収集する。

活動および移動の制限

僧院の管理者は数々の制限規則を施行する。僧侶と尼僧は、管理委員会から、僧院に居住する資格を与える「証明書」を取得する必要がある。四川省は二〇一五年に五万九九〇〇人の僧侶と尼僧にこのような証明書を発行したと明らかにしている。複数の僧院や宗派が関わる宗教活動は、僧侶間のネットワークを抑制し、抗議を防ぐために厳しく管理されている。[25] また、宗教的な集まりの規模についても規定がある。たとえば、カンゼ県では、参加者が一〇〇〇人未満の宗教活動は県レベルの宗教事務局、一〇〇〇人以上の宗教活動は市レベルの宗教事務局の認可を必要とする。[26] 治安機関や交通規制当局など、その他の政府部門もこうした活動に対する監督権限を持つ場合がある。宗教活動に関する委員会の規則に違反した場合、僧院からの追放を含む厳しい罰則が科せられることがある。

管理委員会は僧侶の所在を注意深く監視している。二〇一七年、カンゼ・チベット族自治州康定《こうてい》市の日庫寺《にっこじ》の管理委員会は、宗教関係者の僧院からの外出をすべて記録し、留守中の宗教活動を禁止した。[27] チャムド市のクンブム・チャンパーリン寺（タール寺）の僧侶と尼僧は、管理委員会と地域の民族・宗教事務局の両方から許可を得た場合に限り、僧院の外で宗教活動に参加することができる。同時に、他地域の僧侶や尼僧が宗教活動に従事するためにクンブム・チャンパーリン寺に入ることは禁じられている。[28]

カンゼ・チベット族自治州雅江《がこう》県では、僧侶は日常的に、自分の僧院の管理委員会に自分の行動やその他の活動を報告しなければならない。外国訪問から帰国した僧侶、とくに無許可で海外渡航した者にはとくに目を光らせている。たとえば、二〇一〇年代後半、四川省カンゼ・チベット族自治州稲城《とうじょう》県の当局は、無許可の海外渡航から帰国した僧院関係者を徹底的に調査した。[29]

僧侶と尼僧の監視

効果的な僧侶の監視は、個人情報の収集と、問題行動を起こしそうな僧侶や尼僧、抵抗した歴史を持つ僧院に関連する僧侶や尼僧など、重要な対象者の特定という二本の柱で成り立っている。チベットは少なくとも二〇一二年以降、すべての僧院、僧侶、尼僧に関する報告書を電子的に収集・保管している。四川省カンゼ・チベット族自治州康定市は、二〇一四年に管轄内の二万八〇一五人の僧侶と尼僧に関する「基本情報」を収集したとしている。カンゼ・チベット族自治州石渠《せききょ》県は、二〇一八年に七一五〇人の僧侶と尼僧の「基本情報」を収集・保管していると報告している。[30]

重点人員（ＫＩ）対象者に指定された僧侶は、特別な注意と制限を受ける。僧院を出るにも戻るにも許可を得なければならない、などだ。[31] 康定県の報告によると、ＫＩに指定された僧侶と尼僧を監視するために、個別に監視プロトコルを策定したという。[32] クンブム・チャンパーリン寺の管理委員会は二〇一四年、「ＫＩに対する管理を強化」し、対象となる僧侶とその家族に関する詳細な情報を収集したと報告している。僧侶をＫＩに指定する正式な基準はないが、海外からの帰国者、パスポートを持つ者、他の市や県からの訪問者には特別な注意を払う必要があると当局は考えているようだ。[33]

地方の年鑑には、僧院での情報提供者の確保や利用に関する記述が比較的少ない。これは、意欲的な情報提供者を見つけるのが難しいことを反映しているのかもしれない。チベットの僧侶と尼僧は、僧院の情報提供者にふさわしい立場にいるが、ほとんどの場合、中国の支配に抵抗し、ダライ・ラマに忠実な人々である。このような情報提供者についての言及が見られる場合、仏教の宗教家へのスパイ行為という敏感さを反映してか、詳細な情報は乏しい傾向がある。たとえば、四川省馬爾康市《ばじこう》にある草登寺《そうとう》の管理委員会は二〇一九年、情報提供者から提供された「正確な情報の把握」を維持していると報告している。チベット自治区の山南市《さんなん》では、法執行機関が二〇一〇年に「僧院における密偵部隊（秘密力量）の育成を強化した」と報告されている。[34] それ以外の状況で当局は、配置した情報提供者の数、情報提供者が得た情報、情報提供者が確保した利益について報告する可能性が高い。情報提供者が僧院で働いていることはわかっているが、その活動の規模や性質についてはあまりわかっていない。

僧侶への監視は、必ずしも密かに行われているわけではない。僧院の管理担当者は、個人的な訪問を通じて対象者と日常的に直接接触している。この慣行は、二〇一〇年代初頭に管理委員会が設立されるとすぐに始まった。たとえば、チベット自治区のラサ市では、委員会のメンバーは僧侶や尼僧と頻繁に会い、親しくなる努力を要求されたこともある。情報収集が目的であることは間違いないが、友好関係が築けなかった場合は脅迫のために利用するのだ。[35] 康定市当局の報告によると、このような面会は、僧侶や尼僧の活動、居場所、心理状態などを知るのに役立っているという。[36] 一方、稲城県当局の報告によると、二〇一九年に僧院の管理者がＫＩ対象者と五八回の「教育的セッション」を行った。

このような個人的な面談の間に、当局者たちは僧侶たちに政府の方針に従うことを要求し、誓約させるのだろう。威嚇戦術であり、怒った僧侶や尼僧に法的危害を加える手段でもある。康定市では、委員会のメンバーが僧侶と尼僧の家族に「僧侶と尼僧の管理統制の責任に関する同意書」に署名するよう要求している。二〇一八年、稲城県当局は県内の僧院のすべての僧侶に対し、「焼身自殺撲滅活動に従事する誓約書」への署名を求めた。[37]

チベット仏教僧院の監視にテクノロジーが使われることもあるようだ。『ウォール・ストリート・ジャーナル』紙は二〇二一年七月、中国政府の文書によると、四川省の七つのチベット仏教僧院を監視するために一八〇台以上のビデオカメラと顔認証システムが設置されたと報じた。[38] しかし、地方年鑑では、僧院のハイテク監視について頻繁には言及されていない。二〇一一年、チベット自治区の山南市では、同市の法執行機関が「僧院における技術的な検知・管理能力を強化した」と述べているが、詳細は明らかにされていない。[39]

僧院を監視するための技術的な監視や情報提供者の利用については不明なことが多い。公開されている情報は、代わりに管理委員会による規制と監視に焦点を当てている。したがって、少なくとも、中国の労働集約的な監視体制がチベット仏教僧の間で運用されているのは確かであるということだ。

大学構内の監視

独裁的な支配者にとって、大学教員や学生は絶えずつきまとう脅威であるため、厳重な監視が必要だ。[40] この点では、天安門事件後の中国の指導者にとっても例外ではない。彼らは、大学も僧院に劣らない戦場陣地ととらえている。

一九八九年に学生主導の民主化運動が弾圧された後、党は大学に対する支配を再び確立するための統合戦略を実施した。[41] 一九九一年末、国家教育委員会と公安部（ＭＰＳ）は共同で、高等教育機関の安全強化に関する通達を出した。大学は、公安当局と協議のうえ、セキュリティ部門の調査能力を向上させるよう命じられた。また、当局は大学に対し、「管理部門、労働組合、共産主義青年団、学生連合、教員と学生の中にいる活動家の役割を充分に活用」し、「彼らの力を使ってKIとその立場に関連する情報を得る」よう命じた[42]。

一九九七年二月、国家教育委員会と公安部は再び手を組み、新しい規則を発表した。今度は「大衆を動員」して情報を収集し、大学キャンパスで活動する「国内外の敵対勢力、非合法宗教勢力、国家分離主義勢力による潜入、扇動、妨害行為」を警戒することを強調した。また、当局は大学に対し、「国家安全保障と公安機関に協力し、国家の安全を危うくする活動に終止符を打つ」よう呼びかけ、キャンパス管理者に対し、学生団体や課外活動を精査するよう命じた。さらに、この時点で大学は外国人教師と留学生を「管理」するシステムの確立を義務づけられた[43]。二〇一一年にはさらに規則が追加され、党は宗教団体がキャンパス内で存在感や影響力を持つことを防ぐための具体的な対策を打ち出した[44]。

大学当局は、宗教を信仰するすべての教員と学生に関するファイルの作成を義務づけ、学術活動や学生団体の認可を厳しく規制し、外国のNGOや外資の利用を注意深く調査することでこれに対応してきた。加えて、大学当局は教科書やオンライン教材を審査し、外国人の教員や留学生を綿密に監視し、学生の情報提供者を募り、法執行機関に定期的に情報を報告している。二〇一〇年代後半、大学は「政治的安全保障」を守るための規定を追加したが、これはおそらく上位の党国家当局からの命令に従ったものだろう[45]。

組織面では、大学は政法委員会や警察機関の特徴を取り入れた安全機構を構築している。二〇二〇年、全日制の学生数が七万人を超える山東《さんとう》大学の警備部門には、六一〇弁公室、インターネット課、「総合管理課」が設置され、相当数の警備員が配置されている[46]。南開《なんかい》大学の二〇一三年の年鑑によると、警備部門には「政治的安全」を担う課を含む六つの課がある。[47]

キャンパス監視の対象

大学キャンパスにおける監視プログラムは、おもに三つのグループを対象としている。KI指定者、新疆《しんきょう》ウイグル自治区・チベット自治区・内モンゴル自治区出身の少数民族の学生、外国人の教授と留学生だ。注目すべきは、少数民族の学生に対する監視が、チベットや新疆で大規模な騒乱が起こる何年も前の二〇〇〇年に始まったことである。[48]

大学の年鑑では、反体制派の学者や宗教活動家も含まれるであろうKIターゲットの監視について、頻繁に言及されている。北京市にある中国政法大学では、当局が「重要な集団を教育・管理するための包括的な業務を行い、……すべての重要な集団の悪影響と実害を抑制・軽減する」。[49]大学の治安当局者もまた、布教活動の抑制や、そのような活動に従事する個人の逮捕について述べている。たとえば、二〇一〇年、江南《こうなん》大学の治安部門は三件の布教活動に介入した。南開大学の治安部門は、二〇一三年に違法な宗教活動に深く関与している少数の教員と学生を「重要な対象者」として選定し、彼らの「思想と活動」を把握する専任の担当者を配置したと述べている。[50]治安担当者が布教活動に介入できるということは、監視プログラムの全体的な有効性を示す指標になるかもしれない。

少数民族の学生は、大学の年鑑でも少なからぬ注目を集めている。蘭州《らんしゅう》大学によると、二〇一〇年代半ば、学内の治安当局は国家安全機関を支援し、同校のすべてのウイグル族の学生を調査・監視していた。一方、二〇一四年八月、浙江省の教育部門は大学に対し、ウイグル族学生の包括的な審査の実施、「重要項目の管理」の強化、ウイグル族学生の地下礼拝所の摘発と閉鎖、ウイグル族学生のパスポートの「管理」の実施を命じたことを明らかにしている。江南大学は二〇一八年の年鑑で、無錫《むしゃく》市のPSBが少数民族の学生を「教育・管理」するのを支援したと報告している。[51]キャンパス内の監視が強化されるのは、通常、民族摩擦の後である。二〇一一年五月に内モンゴル自治区で環境破壊に反対する学生がデモを行った後、湖北《こほく》省の高等教育委員会は治安対策を強化するよう緊急指令を出した。二〇一一年八月、新疆ウイグル自治区で一連の暴力事件が発生した後、教育部はこの地域出身の学生が多く在籍するすべての大学に対し、彼らが及ぼす治安上のリスクを評価するよう指示した。[52]

中国の多くの大学が外国人の教師、留学生、NGOの監視結果を報告している。貴州《きしゅう》大学は二〇一四年の年鑑で、治安部門が「外国人学生による宗教的侵入を防ぐ」作戦を実施したことを公然と認めている。華僑《かきょう》大学は二〇一四年の年鑑で、無名の外国NGOによる「潜入と妨害行為」を防ぐことに成功したと述べている。[53]南開大学は、「留学生に関するファイルを作成し、……留学生を管理し、その所在を監視するメカニズムを構築した」と報告している。[54]合肥《ごうひ》工業大学は、とくに外国人教師と留学生に目を光らせているようだ。二〇一〇年、同大学の保安部門は、「外国関連の活動や外国人教師・留学生の調査を強化し、（上層部の）外事部門との連絡ルートを拡大した」。二〇一一年、同大学は外国人教師、留学生、学生団体について数回にわたる調査を行った。[55]

大学と政府機関の連携

大学の治安部門は、国家安全機関や地元の公安部隊（おもにDSP部隊や文保部隊）と緊密に連携している。蘭州大学の二〇一四年と二〇一五年の年鑑によると、同大学の治安部門は、外国人やウイグル族学生を監視する国家安全機関を支援するほか、留学から帰国した教員を「訪問し、話をする」国家工作員を支援したという。[56]寧夏《ねいか》大学の報告によると、同大学は「上層部の公安、国家安全、教育部門の学内調査を支援した」という。大連《だいれん》理工大学の治安部門は、新疆ウイグル自治区に関連する脅威に対処するため、地元の国家安全機関と協力したと述べている。[57]貴州大学の治安部門は、省の国家安全局（SSB）と協力し、キャンパス内の違法な宗教活動を調査し、その背後にある組織を解体したと報告している。[58]南開大学の治安部門は、二〇〇九年だけでも、当局が「ファイルを読み、調査を行い、追加訪問を行う」ために大学を訪れた際、四〇回にわたって協力したことを認めている。[59]二〇一一年、北京の名門校である中国政法大学は、治安部門が「公安機関と国家安全機関から提供された情報に細心の注意を払い」、「政治的安定に関わる事件の取り締まりを確実にするため、関連部門の業務を支援した」と述べている。[60]

治安機関や政治当局への定期的な情報提供は、一九九〇年代初頭に大学の慣行として確立された。後に江南大学となる無錫軽工大学では、一九九三年と九五年の両年、治安部門が三〇〇件以上の情報を「上層部」に提供したと報告している。[61]合肥工業大学の二〇〇七年の年次報告書は、同大学の治安部門が「公安と国家安全部門」に四一件の情報を提供したことを認めている。二〇〇八年の年次報告書では、現地のPSBと国家安全部門に加え、大学は「大学党委員会」にも五〇件の情報を提供したとしている。[62]二〇〇五年、華中《かちゅう》科技大学の治安部門は、学生、教職員に関する報告において非常に優れた仕事を行い、武漢市SSBから「情報業務模範部門」の称号を授与された。[63]

大学は一般情報と機密情報という二種類の情報を提供している。世論と「安定関連」情報だ。最初のカテゴリーには、重要な事象や内政・外交問題に対する学内の反応が含まれる。たとえば、江南大学の二〇〇一年の年鑑には、両会や主要な外交政策の策定に対する学生の反応をまとめ、報告したことが記載されている。安定関連情報のカテゴリーは、おそらく非常に広範である。江南大学は、大学院生の自殺、学生同士の喧嘩、食堂のまずい食事に対する学生のストライキなどの情報を「上層部」に伝えたと報告している。[64] 合肥工業大学の治安部門は二〇〇一年の年鑑で、「合肥地域の大学連合」(おそらく、大学当局が党に対する潜在的脅威とみなした地域の大学生の団体)について情報を提供したと報告している。[65]

情報提供者の利用

数百万人もの大学生や教員を効果的に監視する際、情報提供者なしには不可能だ。幸い、中国の大学当局にとって、膨大な数の学生から情報提供者を集めることは大きな問題ではない。党が教育や就業のチャンスへのアクセスを管理しているため、とくに学生は勧誘の影響を受けやすい。政府に代わってスパイ活動をする代わりに、党への入党許可を得ることができる。これは、良い仕事に就くチャンスが増えるとか、あるいは誰もが憧れる大学院プログラムへの入学枠に入り込めるということだ。学生情報提供者の数を見積もることはできないが、どの大学でも情報提供者を雇っているようだ。少なくとも二つの省レベルの教育部門が発行した文書には、学内情報提供者の規制に関する言及が見られる。二〇一三年、湖南省《こなん》教育庁は「湖南省教育制度の安定維持と公共の安全に関連する情報の報告に関する暫定規則」を公布した。湖北省でも二〇一六年に同様の文書が公布された。[66]

学内の情報提供者の利用は広く認められており、その任務、採用、活動に関する情報は、学校のウェブサイトで公開されている。こうしたサイトによると、情報提供者は、請願、違法集会、「反動的プロパガンダ」などの反体制的な活動に関与していると疑われる個人や組織に関する情報を収集し、報告している。また、情報提供者はキャンパスの安全や、重要な政治的事象や政府の政策に対する学生や教員の反応についても報告している[67]。

学内の情報提供者のほとんどは学生だが、中には党幹部や事務職員もいる。華南《かなん》農業大学では、一学部に最低一人の学生情報提供者が必要である。名門、北京外国語大学では「意見情報提供者」が教室ごとに採用される[68]。長沙《ちょうさ》医学院と湖南工学院は、各教室に一〜三人の情報提供者を要求している。これらの情報提供者は、党員である学生でなければならず、そうでなければ、政治指導カウンセラー(「思想教育」を行う大学の正規職員)、あるいは党支部書記や副書記である場合もある。情報提供者は、政治的に信頼でき、運営上効率的でなければならない[69]。湖北経済学院や湖南省の華南大学では、学生情報提供者はおもに共産主義青年団の書記や学生指導者の中から採用される[70]。

学生の情報提供者は通常、公安当局と直接やりとりすることはない。実際、大学が発行している規則では、情報提供者の活動の責任者は公安当局の職員ではなく党職員であることが明確になっている[71]。したがって、党の工作員が学生情報提供者の採用、訓練、監督、評価を担当しており、学生情報提供者は、キャンパス内の安全に協力している。そして大規模な事件や不審な政治活動が起こりそうなキャンパスの近くにいるようにと言われ、「仲間の学生と密接に交流をはかり、彼らのイデオロギー的な心境をタイムリーに認識する」よう指示される[72]。

運用上、情報提供者は担当者への定期的な報告が求められている。連絡の頻度は教育機関によって異なる。湖南工学院では、大学の学部を担当する情報提供者は毎月、教室を担当する情報提供者は隔週で報告しなければならない[73]。長沙医学院は、教室を担当する情報提供者全員からは週一回、各学年を担当する情報提供者からは二週間に一回、学部を担当する情報提供者からは月一回の報告を求めている。北京外国語大学では、学生情報提供者を監督する「連絡係」は月に一度の報告が義務づけられている。[74]重大な事象や緊急事態が発生した場合、情報提供者は収集した一般情報や機密情報を直ちに報告しなければならない。大学によっては、情報提供者の業務について厳格な守秘義務を課しているところもあるが、必ずしもそうとは限らない。[75]

情報提供者の勤務期間は、ほとんどの大学の規定には明記されていない。おそらく、たいていの大学の情報提供者は、最初に一年間の任命を受け、能力しだいで再任用される可能性があるのだろう。年配の情報提供者が卒業すると、つねに新人が補充される。[76]大学は、学生情報提供者に政治的・物質的な「誘因」を与えている。北京外国語大学は、各学期の情報提供者ごとに「一定額の補助金」を支払う。華南農業大学では、「とくに優れた情報提供者と情報工作活動者」に詳細不明の「表彰と報奨金」と、学業上の特別単位を与えている。長沙医学院と湖南工学院では、情報提供者が中国共産党の党員になるための申請や、賞の獲得競争に参加する際の優遇措置が期待できる。湖北経済学院では、提供した情報の価値に応じて、情報提供者に物質的な報酬を与えている。[77]大学によっては、情報提供活動を職業研修の一形態として扱い、それによって情報提供者に報酬を支払う手段を提供している。[78]

サイバー空間という戦場

中国におけるインターネット検閲については、調査によってかなり多くのことが明らかになっている。どのような活動が阻止されるのか、どのようなリソースがアクセス不可能となるか。しかし、インターネットユーザーの体験についてはかなりのことがわかっているが、インターネット検閲や監視の実際のメカニズムや戦術について書かれたものはほとんどない。[79]ここではこのギャップを埋めるべく、インターネット上での警察活動の「前線《フロントエンド》」を探る。

一党支配のこの国家はユーザーを特定し、その活動を追跡するために、インターネット上で戦場統制戦術を採用してきた。政府は、党組織である中央インターネット安全情報化委員会弁公室と、新たな警察組織との間で監視を分担するという、二本立てのアプローチを選択した。この取り決めによって、インターネット上の戦場陣地を統制することは、政治と法執行の両方の仕事であることが明らかになった。党の検閲官は、どのコンテンツをブロックまたはフィルタリングするかを決定し、警察は、インターネットカフェの規制遵守の検査、監視用ハードウェアの設置、容疑者の通信のブロックやフィルタリング、捜査や逮捕などの強制措置を実施する。

中国共産党は一九九〇年代半ばからインターネットに対する監督権を行使し始めたが、全国的に統合された独立した官僚機構を構築したのは、二〇一四年に中央インターネット安全情報化領導小組弁公室を設立してからである。[80]この機関は規制と検閲の両方の責任を負っていた。その後、地方の行政区画は中国共産党委員会に付属する同等の弁公室を設置した。二〇一八年、習近平《しゅうきんぺい》はこの領導小組を中央委員会に昇格させ、その日常的な機能は中央インターネット安全情報化委員会弁公室が果たしている。委員会は厳密には党の機関であり、政府の機関ではないことを思い出してほしい。委員会の官僚制度上の仲間であり、任務と人員を共有するのが国家インターネット情報弁公室である。中国語では「中央網信弁」と呼ばれる。この任務を分担する治安機関であるサイバー警察と対比させ、インターネット監視を担当する党支配国家機関を指すために、私は「サイバー機関」という言葉を使うことにする。

中国共産党委員会の傘下には、インターネット安全情報化委員会の地方支部がある。陝西省のサイバー機関は二〇一四年に設立されたとき、最大六一人のスタッフを雇用する権限を与えられていた。湖南省郴州《ちんしゅう》市では、二〇一七年、市のサイバー機関は一三人のスタッフを擁していた。典型的な県レベルのサイバー機関は、二〇一〇年代後半には三～四人の常勤職員しかいなかった。[81] 規模が小さいため、地方のサイバー機関は高度な監視を行うための技術的能力だけでなく、労働力も不足している。注目すべきは、検閲や偽情報の流布といった点での成果については豊富な情報を提供しているにもかかわらず、サイバー機関の技術的能力について多くを語っている地方年鑑がほとんどないことである。

実際、日常的な検閲と偽情報の流布は、省下のサイバー機関のおもな仕事である。隴南《ろうなん》市のサイバー機関は、二〇一〇年代後半までにビッグデータとクラウドコンピューティングを利用してインターネット世論を監視し、必要な情報のデータベースを構築したと報告している。同機関はとくに注目を集めた一八〇のキーワードと一二のトピックの意味を明確に定めた。二〇一九年、同機関は隴南市に関する五一万五〇〇〇件のインターネット情報を監視したが、そのうち八〇〇〇件を否定的と判断した。[82] また、現地のサイバー機関は、世論を操作し偽情報を広めるためのオンライン運動を行う「ネットコメンテーター」を確保している。[83]

サイバー警察

サイバー警察の特別部門は、検閲や偽情報の流布とは別に、インターネット関連の取り締まり業務やユーザー活動の監視を担当する。サイバー警察は「公共情報ネットワーク安全監督課」として知られ、二〇〇〇年代初頭に全国のPSBで初めて組織された。北京市のPSBは二〇〇〇年にサイバー部門を設立し、一四人の警察官を配置した。[84] 山東省のサイバー部門は二〇〇三年に設立され、二年以内に省内のすべての地方PSBが同等の部門を設立した。[85] 北京市の公安年鑑によると、二〇〇一年に「公共ネットワークセキュリティの監視と管理」のための市施設が完成し、サイバー監視システムがインターネット安全情報化委員会の地方部門にではなく、公安インフラ内に設置されることを裏づけているようだ。[86] 延安《えんあん》市のサイバー部門の報告によると、そのおもな任務は「有害情報の監視と管理、インターネット上の動向の収集・分析・報告、インターネットカフェに関する規制の実施、サイバー犯罪の捜査と対処」などである。[87] こうした任務の重要性にもかかわらず、地方ＰＳＢのサイバー部門は比較的小規模である。典型的な県のサイバー部門の警察官は五~六人程度だ。たとえば、安徽省舒城《じょじょう》県のサイバー部門は、二〇二〇年にはわずか五人の警察官しかいなかった。[88] 一方で、山東省郯城《たんじょう》県のサイバー部門は、二〇一一年時点で七人だった。雲南《うんなん》省箇旧《こきゅう》市のサイバー部門の警察官は二〇一六年時点で五人だった。[89]

地方機関とサイバー部門はともに、二十四時間三六五日インターネットを「パトロール」している。また、どちらも先進技術ソリューションを導入している。たとえば、四川省三台《さんだい》県のサイバー機関は、Real Time eXchange というウェブ監視技術を使ってインターネットを常時監視している。サイバー警察官は、重要な動向をＰＳＢの指導部に報告するほか、県の党委員会や党政府にも報告することが義務づけられている。[90] 地方の年鑑には、インターネット上のコンテンツを削除したりブロックしたりする作業を実際にどの官僚組織が行うのかは明記されていないが、どうやらサイバー機関が決定し、警察に実行を指示するようだ。このような分業は、内モンゴル自治区のアルグン市ＰＳＢのサイバー部門が「アルグン市のサイバー機関の『日常業務』の組織化と実施」を担当していると述べていることからも裏づけられている。[91]「日常業務」とは、ほぼ間違いなくオンラインコンテンツの検閲を指している。サイバー警察が特定の批判的な投稿を削除するためにビジネスマンから賄賂《わいろ》を受け取っているという報告も、削除という実際の作業を行っているのはサイバー機関ではなくサイバー警察であることを示している。その一方で、地方のサイバー機関職員が関与した同様の不祥事は報道されていない。[92]また、サイバー機関はインターネット上に捜査が必要な情報を発見すると、サイバー警察に委ねるのが一般的だ。たとえば、四川省筠連《いんれん》県のサイバー機関は、二〇一八年の年鑑で深刻な「ネット上の噂」と呼んでいるものを知るや否や、県PSBのサイバー部門に連絡して調査を依頼している。[93]

この分業は管理上、理にかなっている。技術力を機関間で重複させる必要もないし、そのような能力をセキュリティ上のリスクとなりうる地方のインターネット情報弁公室内に置く必要もない。この職権は警察庁舎ではなく警備の厳重な政府庁舎内にあるからだ。一方、中国の通信会社は、必要な政治的地位、セキュリティ、法執行権限がないため、この検閲プロセスに関与する可能性は低い。また、中国の公共情報ネットワークセキュリティ監視制御システム、いわゆるグレート・ファイアウォールを運用しているのは、サイバー管理局ではなく警察である。たとえば、天津《てんしん》市PSBは、グレート・ファイアウォールを構成する「金盾《きんじゅん》」プロジェクトの主要任務の一つが「インターネット上の有害情報を発見し、適切に処理する」ことであったことを裏づけているため、このことがわかっている。[94]

サイバー戦場を統制する

「有害な」コンテンツをフィルタリングするという任務は、それなりの注意力とエネルギーを消費する。監視を強化するためには、サイバー警察が検閲対象物の投稿などの違反が疑われる個人を訪問し、直接調査を行わなければならないため、多くの労力を要する。二〇一六年、貴陽《きよう》市白雲《はくうん》区のサイバー警察は八五人を直接調査した。隣接する雲岩《うんがん》区のサイバー警察はさらに積極的で、同年中に二〇〇件の調査を行ったという。[95]ネット上の有害行為に対する罰則には、拘留、罰金、「批判と教育」が含まれる。[96]

オンライン上の反対意見を抑止することは、実際のユーザーを特定することなしには不可能であるため、サイバー戦場の陣地を支配する戦略は、妨害者と潜在的妨害者の身元を検出することに決定的に依存している。中国政府はユーザーを特定するためにいくつかの戦術を用いる。[97] その簡単な方法の一つは、IPアドレス（広範なインターネットに接続するローカルネットワークに関連づけられている固有の識別情報）を追跡することである。オンラインアクセスは国有通信会社によって提供されているため、これは容易である。しかし、より高度なユーザーは、自分のオンライントラフィックを仮想プライベートネットワークに転送することで、この種の識別を避けることができる。また、匿名投稿が可能なソーシャルメディアアカウントの所有者を特定するためには、さらなる対策が必要だ。これを受けて、二〇一五年二月、国家インターネット情報弁公室（中央インターネット安全情報化委員会の官僚制度的付属機関であり、厳密には政府機関ではなく党機関である）は、チャットルーム、人気アプリWeChat、非常に活発なマイクロブログサービス微博《ウェイボー》、その他すべてのソーシャルメディアにアカウントを登録する際、すべてのインターネットユーザーに実名使用を義務づけた。[98]

サイバー警察は、ホテル、ショッピングモール、空港、その他の場所にあるインターネットカフェや公共Wi-Fiネットワークなどのアクセスポイントを監視し、自宅のネットワークを越えて活動するユーザーを特定する。二〇〇一年四月に公布された民間のインターネットカフェに関する規則では、IDやオンライン活動を含む顧客情報を六〇日間保持することが義務づけられている。インターネットカフェの経営者は、娯楽分野を規制する政府機関である現地のPSBおよび文化局からライセンスを取得しなければならない。[99] さらに最近施行された規則では、インターネットカフェにIDカードリーダーを設置し、全顧客の情報を自動的に取り込み、カフェに特化したデータベースに保存することが義務づけられている。顧客は、カラー顔写真を含む識別情報が保存された「第二世代」ＩＤをスキャンした後でなければ、オンラインにアクセスできない。サイバー警察は、インターネットカフェを頻繁に検査することで、こうした規則を厳しく施行している。[100] 警察はまた、インターネットカフェで「セキュリティ係」を訓練している。おそらく規制の遵守を確実にするとともに、客をスパイする役割だと思われる。山東省では、地元警察が二〇〇四年にこのような係員を三〇〇〇人養成した功績がある。[101]

　行政区画によっては、インターネットカフェが客を監視するためのビデオカメラの設置を義務づけられているほどだ。地方の年鑑によると、監視カメラは二〇〇〇年代後半に導入されている。[102] 白雲区のサイバー警察は二〇一四年の報告書で、「インターネットＫＩ」がＩＤをスキャンするとビデオ録画が開始される「安全技術装置」の設置をインターネットカフェに義務づけることになったと述べている。このシステムは警察に警報を発し、関連映像をリアルタイムで法執行機関に転送する。[103] 実際、このシステムは二〇一二年に成都《せいと》市など一部の地域ですでに運用されていた。あるサイバー警察活動の教科書によると、成都市のインターネットカフェで、ある客がＫＩ対象者のＩＤを使ってインターネットに接続したところ、サイバー警察が即時に警報を受信し、カフェ内のどのコンピューターが使われているかを特定することができたという。このケースでは、捜査のために二人の警察官がカフェに派遣された。[104]

　公衆Ｗｉ－Ｆｉネットワークの監視に関しては、二〇〇〇年代後半に、地方のサイバー警察が事業者に詳細不明の「セキュリティの技術的措置」を講じるよう要請し始めた。[105] この分野での国家的な取り組みは二〇一四年に始まったと思われる。たとえば武漢市の警察はこの年、すべての公共Ｗｉ－Ｆｉネットワークに「セキュリティ管理システム」を導入する三カ年計画を開始した。[106] 二〇一六年、貴陽市雲岩区のＰＳＢは五六〇の公共Ｗｉ－Ｆｉ監視システムを設置した。二〇一七年から一八年にかけては、四川省の二つの県で数千もの同様のシステムが設置された。[107] Ｗｉ－Ｆｉ監視装置の平均価格は二二〇〇元（本稿執筆時点で約三一〇ドル）であり、設置後の保守・運用コストを含め、この監視プログラムには多大な資源が必要であることを示している。[108]

サイバー警察はインターネット上のＫＩ対象者に特別な注意を払っている。これらは政治的反体制派、リベラルな学者、人権活動家、非合法宗教組織のメンバー、法輪功やその他の「邪教」の実践者と重なる可能性が高い。インターネット上のＫＩ対象者には、親政府派の著名人も含まれており、政治的忠誠心に関係なく、大衆から大きな支持を得ている個人に対する党のパラノイアがうかがえる。[109]

インターネット上のＫＩ対象者の数は中国全土で大きなばらつきがあり、行政区画がＫＩ指定を行う際に大きな自由裁量を持っていることを示している。二〇一八年、湖南省衡陽《こうよう》市は一〇〇人の「インターネットＫＩ」を監視・管理していた。内モンゴル自治区のオロチョン自治旗のサイバー警察は、二〇一五年に二五人のＫＩ対象者をインターネット監視下に置いていたと明らかにしている。河北《かほく》省滄州《そうしゅう》市運河《うんが》区は、二〇一六年に警察が六二人の「インターネットＫＩ」と直接接触したと報告している。[110] しかし、インターネットＫＩの対象者数が桁違いに多い行政区画がある。山西《さんせい》省 稷山《しょくさん》県では、二〇一八年に一一四一人のＫＩ対象者（県人口の約〇・三％）がインターネット監視下に置かれた。二〇一一年から一四年の間、山東省郯城県のサイバー警察は、地域人口の約〇・四％にあたる三四七五人のインターネットＫＩ対象者を「登録・管理」していた。雲南省箇旧《こきゅう》市では、二〇一二年に五六二人のインターネットＫＩ対象者がおり、これは人口の約〇・一四％だった。[111]

インターネット上でのＫＩの監視と管理に関する詳細情報は乏しい。しかし最低限、いくつかの行政区画で報告されているように、サイバー警察は対象者について特別なファイルを持っているようだ。[112] また、KI対象者のオンライン活動は綿密に監視され、電子メールやソーシャルメディアのアカウントの情報は漏洩していると考えるのが妥当である。

四川省内江《ないこう》市のPSBが二〇一一年二月に発表した文書から、KI対象者のオンライン監視に関して重要な詳細情報が明らかになっている。報告書によると、PSBのサイバー部門は、あらゆるタイプのKI対象者の基本情報を収集し、これらの個人を精査するために「さまざまな技術的手段」を使用する担当者を指名し、正体不詳の特別な警察データベースを使用してインターネット上の身元を確認するよう指示された。この報告書は、インターネットサービスのプロバイダーやインターネットカフェのアクセス管理から得た情報を使って、オンラインKI対象者をリアルタイムで監視することに言及している。また、報告書はオンラインKI対象者を二つのカテゴリーに分類している。深刻な脅威とみなされる可能性の高いカテゴリーAの対象者は、長期的な監視とあらゆる種類のスパイ技術の対象となる。脅威の程度が低いとみなされる可能性の高いカテゴリーBの対象者は、警察が彼らの活動をつねに把握できるよう、「必要な調査・管理措置」を講じて監視することになっている[113]。この文言は曖昧《あいまい》で、警察の自由裁量を認めているが、実際には、カテゴリーBの対象者はそれほど侵害的でない措置の対象となるということだろう。

オンラインであろうと、企業や大学、僧院などの実在する場所であろうと、戦場陣地を統制することは、一党支配に対する脅威を無力化するための強力な枠組みだ。中国の監視体制は、弾圧のジレンマに対処しながら組織能力を最大化する分散型監視システムのおかげで、この戦術を最大限効果的に展開している。他の安全保障上の優先事項と同様に、戦場での監視と統制の目標は、政権に反対する者の行動の自由を制限し、その活動を監視しやすくすることを意図して、党が公布する規則を通じて設定される。その後、戦場陣地を統制する実務は、「地上軍」に委ねられる。監視体制は、組織と動員という党の強みに頼っているというわけだ。僧院管理委員会、サイバー機関、サイバー警察といった新たな専門官僚組織は、労働集約的な方法と技術集約的な方法を組み合わせて国家中央の政策を遂行するために迅速に形成される。サイバー分野では、とくに大きな役割を果たしているのはテクノロジーだが、ここでも情報提供者や警察の捜査や脅迫が不可欠だ。また、宗教施設や教育機関などの従来の戦場を統制する際には、党の動員力が真価を発揮する。戦場支配の枠組みを継続的に適用し、高度化していることが、政権のアプローチの包括性と、その支配への新たな脅威に対応する適応性を改めて物語っている。

第7章　進化する監視

一九八九年に中国共産党が北京で民主化運動を鎮圧したとき、党は科学技術の面で遅れをとっており、警察に近代的な監視手段を与えることができなかった。中国の首都の通りに、監視カメラはどこにも見当たらなかった。概して、警察は弾圧の技術的手段となると態勢が整っていなかったのだ。実際、警察は多くの点で装備が貧弱で、設備や車両も不足していた。

一九八九年に退職した警察官は、現時点でほとんど間違いなく、以前の所属部署がわからなくなっているだろう。かつての弱体化した警察署は、あらゆる設備が整った広々としたビルに取って代わられた。新部門の中枢には、壁一面の薄型テレビスクリーンがあり、主要な交通ルートやショッピングセンター、公共広場のライブ映像が映し出される。現在、警察は自転車の代わりに、保護されたワイヤレス通信機器を満載した車で移動している。顔認証技術を搭載した監視カメラが当局のブラックリストに載っている人物を発見すると、自動警報が担当警察官に発せられる。

天安門事件後の技術的飛躍は、政治的独占を守ろうとする中国共産党の決意と、優先順位の高い目的のために資源を確保する能力を証明している。[1] 三〇年前、中国のテクノロジーを駆使した監視体制の始まりを予測した者はほとんどいなかったが、振り返ってみると、その初期要因はいくつかあった。急速な経済発展は、党の恐ろしいほど労働集約的な監視機構をも圧倒しうる力を解き放ち、向上を余儀なくさせた。情報へのアクセスが拡大して新たに人々が移動するようになると、老朽化した官僚機構のしくみがその能力を問われ、党体制は人や物を追跡する近代的な方法の追求を迫られることになった。同時に、情報化社会の形成過程も監視体制に有利に働いた。情報技術、とくにモバイル通信機器の普及により、警察はデジタルフットプリントを記録し、通信や動きを監視できるようになった。脅威に対して絶えず順応する同党は、常時インターネットに接続している国民の脆弱性を利用することで、新たな技術社会的な課題を好機に変えた。

さらにいくつかの現実的な要因が、一九八九年以降の党の優先事項と一致した。歳入の急増により、新技術の獲得に必要な資金がもたらされた。西側諸国との友好的な商業関係により、中国は重要なツールや知識をほとんど制限なく取り込むことができた。[2] 同時に、競争力のある国産テクノロジー企業は、中国監視体制の固有の能力を育てた。政府官僚や党の役人にとって、国家監視の技術的向上は、有利な利益追求の機会も生み出した。先端技術監視システムの構築と運用の契約を結ぶプロセスは腐敗に満ちているが、担当の役人にとって賄賂《わいろ》は継続的な利益を保証してくれるのだ。

さらに、強制機関のさまざまな組織間の対立が、先端技術監視体制の拡大を後押ししてきたというのも当然だ。官僚機構には、対抗相手が新技術を獲得すると、自組織の監視システムを得ようとする強い動機がある。中国の場合、二〇一〇年代初頭に公安部（MPS）が「スカイネット」監視プロジェクトを完了させた後、中央政法委員会（CPLC）は「シャープアイズ」を展開した。シャープアイズはスカイネットを効果的に拡張したものだが、その構成要素の多くは重複的なものだった。

いかに優れてはいても、テクノロジーは特定の監視業務にしか適していない。ビデオ監視、センサー、オンライン追跡は、もちろん警察がターゲットの行動をよりよく監視するのに役立つ。しかし、機械は労働集約的な監視を補完するものではあっても、それに取って代わるものではない。日常的な業務でも、人間にしかできない重要な仕事がある。たとえば、警察活動でのAI使用に関する研究によれば、テクノロジーは犯罪者のプロファイルを作成し、リスクを評価するのに役立つが、言ってみれば、判断力と政治的経験に依存する政法委員会（PLC）の複雑な仕事を完全に自動化できるとは考えにくい、ということがわかっている。[3] さらに、人間の情報提供者は、ターゲットと直接接触することで、体制が動かす監視技術の及ばない貴重な情報を収集することができる。これはとくに、ターゲットがテクノロジーによる監視を妨害する方法を知っている場合に重要だ。人間はまた、価値の高い標的を脅迫するなど、予防的弾圧のある程度重要な任務を遂行するうえで、機械よりも優れた能力を備えている。

中国の安全保障機構が他の独裁国家の同等の機構よりも恐ろしいのは、党国家が近年積極的に導入したテクノロジーではなく、むしろテクノロジーと労働力を組み合わせた大規模監視システムが、双方の利点を最大限に生かしていることである。言い換えれば、中国が打ち出した社会信用システムのようなテクノロジーにまつわる誇大宣伝に屈するとき、私たちはテクノロジー監視の根本的な現実を見落としている。戸口制度に基づく労働集約的なシステムと、一〇〇〇年の歴史を持つ社会統制プロジェクトである「保甲」の特徴そのものであるグリッド管理のしくみによってテクノロジーが生かされているのだ。[4]

党の金盾

中国政府による監視能力向上のためのはじめの一歩は、ＭＰＳと地方警察の情報技術の近代化と関係している。現代社会で効果的な監視を実現するには、一般人に関する膨大な情報を含むデータベース、広範囲に分散する警察官を結ぶ安全な専用通信ネットワーク、監視業務に特化したソフトウェアで構成される、全国的に統合されたＩＴインフラなくしては不可能だ。これらの技術には、とくに目を引くものはない。たとえば、安全な接続性など、今の時代ではごく基本的なことに思える。しかし、こうした基盤がなければ国家システムは実現できない。

このようなシステムを構築するための最初の取り組みが、中国犯罪情報センターだった。一九九四年に設立されたこのセンターは、ＦＢＩの全米犯罪情報センターをモデルにしている。しかし、当時の中国警察には、情報を迅速かつ安全に保存・共有するために必要なツールという、前述の基本的な要素が欠けていた。[5] この新しい取り組みが実現できたことはほとんどなかった。

次の試みは、一九九八年九月に開始されたＭＰＳの公安情報化プロジェクト、通称「金盾《きんじゅん》」である（二〇〇六年までの完成を目指したが、開発はそれ以降も続いた）。[6] 金盾の目的は、治安機関のＩＴ能力を近代化し、情報を保存・共有できるようにして、先端技術監視を活用できるようにすることだった。当時、金盾の大部分は、平凡なものだった。エンジニアたちは、ＭＰＳと地方機関を結ぶ治安情報専用ネットワークを開発し、警察が全国各地、地域の警察署間、そして遠く離れた本部にデータを送信できるようにした。警察官は安全な無線通信ネットワークを手に入れ、地方警察本部には新しい指令センターが設置された。[7]

金盾の設計は明らかに従来の法執行に有用だったが、その構成要素の一部が政治的監視に適しているのも一目瞭然だった。[8] MPSは、警察が収集したデータや商業施設から提供されたデータを利用した二三の「カテゴリー1」特殊ソフトウェアアプリケーション（引用系統）の開発を要求していた。MPSはこのアプリケーションの全リストを明らかにしているわけではないが、標的グループを監視するためのソフトウェアが含まれていることはわかっている。[9] たとえば、上海市の公安局（PSB）は、カテゴリー1が強力な監視資源であると説明している。二〇〇三年、公安局は、このシステムには定住者および一時滞在者、賃貸住宅、ホテルと、「事件や事故の説明など『業務に関する容疑者または対象者』に分類される監視下に置かれた個人に関する情報」のデータが含まれていることを明らかにした。[10]

金盾の庇護の下にある既知の監視アプリケーションには、「国内安全情報管理」、「ホテル法および公共秩序管理情報」、「公共情報ネットワークセキュリティと監視警報および操作」、「薬物関連個人情報」、「全国邪教事件管理および分析」、「外国人または国境外の個人の管理」などがある。[11] 「民事情報」はまた他の特別なアプリケーションで、民間団体に焦点を当て、市や区の社会組織の登録情報と規制遵守記録が含まれる。[12]

MPSが義務づけているカテゴリー1のシステムと並んで、金盾の資金を利用して地方の公安機関が開発したツールもある。こうしたアプリケーションは、担当機関の特定のニーズに合わせて調整されている。二〇〇九年、広東省の公安庁は、「重要対象者管理のための総合情報プラットフォーム・サブシステム」を完成させた。[13] 二〇〇四年、江蘇《こうそ》省揚州《ようしゅう》市のPSBは、金盾の資金を利用して、情報を相互参照するためのアプリケーションを開発した。同PSBは、定住者、一時滞在者、登録ホテル宿泊者、賃貸者、自動車運転者、交通違反者、警察の捜査対象者、麻薬の売人と使用者、警察の監視・管理対象者などのデータベースを相互参照することで、重要人物のオンライン活動を監視・管理する能力が高まったとしている。[14]

サイバー監視のために特別に設計された金盾の構成要素は、グレート・ファイアウォールとして一般に知られている公共情報ネットワークセキュリティ監視制御システムだ。MPSの高官によると、このシステムの目的は「公共ネットワークの安全な運用を確保し、サイバー犯罪を取り締まり、あらゆる種類の有害なオンライン情報を監視・管理することである」。[15] 中国共産党は当初から、MPSにオンライン監視の主要な責任を与えることを決め、この任務を遂行するための技術的能力は警察施設内に置かれた。[16]

金盾の効果は、膨大な量の情報を収集し、さまざまなデータベースに入力することにおおいに依存していた。中国の警察用語では、このような作業を「基礎工作」と呼ぶが、この仕事が困難であるという事実を曲げて伝えてしまっている。金盾を実現するために、中国の警察は大量に動員されたというのに、である。たとえば、二〇〇六年、江蘇省警察は「毎日」三三万件以上の情報を金盾のデータベースに入力した。[17] 金盾の実現は、ハイテク監視体制の構築には既存の組織基盤がいかに重要かを改めて浮き彫りにしている。

スカイネット

二〇〇五年、MPSは野心的かつコストのかかるビデオ監視プロジェクト、「都市警報監視技術システム」すなわち「スカイネット」を立ち上げた。[18] そのおもな特徴と性能については、二〇一一年六月にMPSが発表したシステムの拡大を論じる文書から、情報を拾い集めることができる。[19]

スカイネットは「高性能な」テクノロジーを使った統合ネットワークとして構想された。このテクノロジーとは、ビッグデータ解析の活用を指しているようだ。MPSによると、スカイネットは、異なる警察署が収集した映像情報を共有できるデジタルプラットフォームとして設計され、カメラ、センサー、光ファイバーデータリンク、特注のソフトウェア、データサーバー、標準化されたデータベースを集め、共有できるようになっている。ビデオカメラはそれ自体で幅広い情報を伝えるが、このシステムは外部ネットワーク上のカメラからの受信映像も扱うことができ、警察とは別の機関が管理する監視システムとの統合が可能になる。[20]これがきわめて重要で、警察のカメラから見えない場所は多いが、スカイがあれば、警察が政府機関や国有企業、商店、大学、その他の施設の監視カメラの映像をリアルタイムで見ることができる。こうして、警察は新たな設備を導入することなく、監視範囲を拡大することができる。

スカイネットはおもに、重要な「法と公的秩序」のエリアをカバーするカメラに依存している。このシステムには、国境入り口や主要な高速道路や水路の交差点に設置された「高性能チェックポイント」に組み込まれたセンサーや自動アラームも含まれる。高性能チェックポイントで生成された情報は、共通のプラットフォームに統合され、広く共有される。このスカイネットに関する文書では、MPSは「高性能な高解像度の画像キャプチャ装置」、RFID〔Radio Frequency Identification の略。電波や電磁波を用いて非接触でICタグの情報を読み書きする技術〕機器、携帯電話の追跡、詳細不明の「信頼できる情報」（おそらくRFID対応の国民IDカードに格納された個人情報）の収集の大規模な採用を要求している。

MPSの文書によると、省警察と市、県、区のPSBが運営するスカイネット・ネットワークは相互に接続され、上位の警察機関はこれらの下位のネットワークを監視する力を持つようになることがわかる。各レベルの監視プラットフォームは、緊急事態、火災警報、交通事故の追跡など、警察が管理する他の情報プラットフォームと徐々に接続する。二〇一一年の命令が実行されれば、市、区、地域レベルの警察監視センターは、ビデオカメラとセンサーを使ったリアルタイムの監視能力を持つことになる。[21]

当初、スカイネットのおもな機能は、街路や高速道路、その他の公共の場をリアルタイムで視覚的に監視し、画像を保存する技術的能力を警察に提供することだった。より高度な技術が利用可能になるにつれて、スカイネットはさらに多くの機能を獲得してきた。一つの例が高性能検問所で、カメラ、ナンバープレート・リーダー、Ｗｉ－Ｆｉ探知機（携帯電話情報の収集用）、顔認証技術を備えた、目に見えない電子検問所である。この検問所は、警察がリアルタイムで車両や個人の動きを追跡することを可能にする。[22]警察官がデジタル化された個人の識別情報や車両のナンバープレートをシステムに入力すると、その個人や車両がすぐに特定される。人や車両が高性能検問所を通過すると、スカイネットがナンバープレート、顔認証、携帯電話の情報を収集し、これを警察のデータベースに保存されている情報と照合し、個人や車両が監視下にあるかどうかを確認する。その個人や車両が対象であれば、スカイネットは自動的に警察に標的の位置を警告する、というしくみだ。

地方警察は遅くとも二〇一〇年代半ばまでに、この機能を獲得した。二〇一三年には、三一省のうち二一省の公安機関が省レベルのビデオ情報共有プラットフォームを設置していた。四六〇の都市レベルのＰＳＢのうち、三三二が六〇万台以上のネットワークカメラに接続されたビデオ共有プラットフォームを持っていた。[23]貴州《きしゅう》省黄平《こうへい》県のＰＳＢの報告によると、二〇一七年、顔認証システムと電子監視システムを利用して、請願を繰り返す者、犯罪容疑者、逃亡者、麻薬使用者、前科者、拘置所から釈放された人物など、一〇〇〇人以上の要注意人物を監視した。スカイネットは何千もの正確な照合を行ったようだ。[24]

スカイネットは先端技術システムだが、その活用にはたくさんの人手を要する。警察は継続的に映像を見て分析しなければならないからだ。そのため、武漢《ぶかん》市のPSBは二〇一二年に特別映像部門を設立した。その人員は瞬く間に八〇〇人の警察官と一九〇〇人の民間監視員に膨れ上がった。[25] 貴州省甕安《おうあん》県では二〇一五年、県のPSBが二十四時間体制で映像を監視する「ビデオ映像調査部隊」を設置した。この部隊は国家安全保衛（DSP）部隊を支援し、脅威とみなされる人物のビデオ検査と直接の取り調べを行った。[26] 深圳《しんせん》市宝安《ほうあん》区の警察署長は、二〇〇〇年代末までに一七四の監視センター（監控中心）が設置され、七六四人の常勤警察官と補助警察官が二十四時間体制で監視していることを明らかにした。[27]

スカイネットの四つの段階

スカイネットはシステムが新たな能力を獲得するにつれて、時間をかけて広く構築されてきた。瀏陽《りゅうよう》市の構築状況を見れば、スカイネットのさまざまな段階をより深く理解することができる。湖南《こなん》省の省都である長沙《ちょうさ》市に位置する県級の市である瀏陽市の人口は、二〇一九年時点で一五〇万人である。[28] 瀏陽市のスカイネットの建設は二〇一一年に始まった。第一段階の完成には二年を要したようだ。この段階で、請負業者である中国電信《チャイナテレコム》の長沙子会社が、市中心部がほとんどだが「都市部の重要な区画、交通結節点、犯罪の多い裏通り、公共交通機関」を含む一二七四カ所をカバーする一八〇七台の高解像度カメラを設置した。費用はカメラ一台あたり平均一万八〇〇〇元（本稿執筆時点で約二五〇〇ドル）だった。第二段階は二〇一四年に始まり、一〇〇〇台近くの高解像度カメラが追加され、スカイネットのカバー範囲は市中心部から郊外の町へと拡大された。[29] 第三段階は二〇一五年で、警察はさらに八〇〇台以上の高解像度カメラを追加し、カバー範囲を主要な交通ルートと郊外の町の「重要地域」にまで拡大した。詳細は不明だが、二〇二〇年にもアップグレードが行われたようだ。[30]

この第四段階のアップグレードの手がかりは、長沙市にある。二〇一一年以来、スカイネットの最初の三段階に一〇億元以上を費やしてきた長沙市のPSBは、二〇二〇年までに七万台以上のカメラを設置し、その監視プラットフォームをさらに他の機関が動かす八万五〇〇〇台の監視カメラと接続したことを発表した。これにより、警察は住民一〇〇人あたり一・五台のカメラにアクセスできるようになった。[31] 第四段階では、長沙市PSBはさらに多くのカメラを設置し、古いカメラを新しい超高解像度モデルに交換した。この段階では、クラウドコンピューティング、ビッグデータ、顔認証、その他の視覚分析技術も統合された。[32] 瀏陽市も同様の道筋をたどった可能性が高い。

さまざまな行政区画からの開示情報によると、スカイネットの建設ペースは行政区画によってばらつきがあり、長沙市よりも早く建設が進み、より高度な技術を採用した都市もあった。広東省は、初期の段階ではスカイネットの建設を主導していたようだ。二〇〇五年から〇八年にかけて、広東省政府は一二五億元を投じて九二万台（およそ一〇〇人に一台）のカメラを設置した。二〇〇八年後半までに、省警察は主要高速道路を監視し、多数の電子検問所を維持できるようになった。[33] 広西《こうせい》チワン族自治区の首府である南寧《なんねい》市は、二〇一一年にスカイネットの第一段階を完了した。二〇一三年には、ビデオ映像のクラウドストレージを導入し、警察向け地理情報システムや人口データ、ドライバー情報を保存するデータベースなど、他のデータベースと統合することでアップグレードを開始した。[34] 成都《せいと》市の成華《せいか》区では、スカイネットのアップグレードが二〇一四年に始まり、カバー範囲が拡大され、超高解像度の交換カメラが設置された。二〇一七年には顔認証技術と高性能センサーが導入され、一九年にはさらに多くのカメラがアップグレードされた。[35]

資金調達と持続可能性

スカイネットはMPSによって運営されているが、入手可能な公式文書には、中央政府がスカイネットのために経費を計上したという記述はない。その代わり、スカイネットの建設費用は地方政府が負担したようだ。スカイネットにかかる費用は、四つに分類される。フロントエンド機器とPSBの監視センターを結ぶ光ファイバーケーブルのネットワークと、カメラ、センサー、サーバー、コンピューター、ディスプレイなどのハードウェア、ネットワークとハードウェアの定期メンテナンス、システムのアップグレード、である。

地方政府はさまざまな支払い方式を考え出した。前払いの行政区画もあった。資金繰りに窮する行政区画では、官民パートナーシップを利用して初期投資を企業に依存し、地方政府はシステムへのアクセスを貸し出すのである。[36] たとえば、山東省《さんとう》莒《きょ》県では、スカイネットは詳細不明の「企業」によって建設され、県政府がリースしたのち、PSBが運用している。[37]

たしかに監視能力は高かったが、スカイネットは着手当初から問題を抱えていた。上海市が二〇〇〇年代後半にスカイネットを建設した際、莫大な費用がかかった。カメラ（とおそらく関連する光ファイバーケーブル）の設置には、一台につき平均七万元、つまりこの記事を書いている時点で約一万ドルの費用がかかった。各監視所には二人の警察官が必要で、それぞれ十二時間勤務であったため、年間三万元の費用で九〇〇〇人の補助警察官を雇う必要があった。将来的なアップグレードを除いたとしても、上海市でスカイネットを一〇年間維持するコストは、年率一〇％の減価償却を伴って少なくとも一二億元になる。[38] 上海市のような裕福な都市であれば、このような費用など何でもないかもしれないが、それほど裕福でない行政区画では不可能だ。ある警察官が指摘したように、「通信事業者が建設し、政府がリースし、公安が使用する」という資金調達モデルは、地方政府が支払いのための新たな財源を得られないにもかかわらず、永続的に新たな出費を負担しなければならないものになっている。[39] 多くの先端技術システムのように、スカイネットは維持するよりも構築する方が簡単だったのかもしれない。武漢市の例には言葉を失う。武漢市にあるスカイネットの整備を請け負う業者は、二〇一〇年代半ばに二〇〇〇人の作業員からなるチームを編成し、定期的な保守作業を行っていたのだ。[40]

スカイネットは、財政的なコストとともに、技術的な重要課題にも直面してきた。スカイネットと、交通警察が運営するような他の監視システムとの連動は茨の道だった。また、スカイネットの目的が警察との映像共有や、警察間での映像共有を可能にすることであるにもかかわらず、スカイネットを構成するさまざまなシステムは、いずれか一つの標準規格に準拠して設計されていないため、互換性を実現するようには作られていない。データベースやネットワークプロトコルは標準化されているものもあるが、地方レベルで設計されたものもあり、ハードウェアは異なる行政区画が異なる業者や機器を使って組み立てたため、統合の際には頭痛の種となった。[41] その他にも、監視システムを操作するための充分な訓練を受けたスタッフの不足、不充分な対象範囲、不充分なメンテナンス、努力の重複と資源の浪費、機器の急速な陳腐化などの深刻な問題があった。[42]

党に必要なのはシャープアイズ

二〇一五年五月に開始された「シャープアイズ（雪亮（眼光が鋭いの意））」プロジェクトは、スカイネットを補強するものではあるが、異なる点も多く、複製とまでは言えないまでも、地方の政法委員会が主導・連携する監視プログラムである。後述で分析する公式文書からわかるように、シャープアイズは四つの異なる構成要素から成ると理解するのが最も適切であり、いずれも国家の監視能力を向上・拡大させることを目的としている。シャープアイズの第一の構成要素は、実質的にスカイネットのアップグレードと拡張だ。これは警察によって直接構築、運用、保持される。第二の構成要素は、すべての国家機関がビデオ監視システムを設置することであり、このシステムはスカイネットに直接的に組み込まれていないにもかかわらず、警察はアクセスすることができる。第三の要素は、非国家機関が運用するビデオ監視システムだ。こうした機関は、監視体制を構築し、その結果得られた映像を警察が利用できるようにすることが求められる。第四の要素は、党政法委員会に属する地方組織の権限で、ビデオ監視を地方にまで拡大することである。

高額な先端技術監視プログラムをさらに追加する政治的なきっかけは、最高指導部から直接もたらされた。二〇一五年四月、中国共産党中央弁公庁と国務院は共同で「社会における法と公共秩序、管理、予防のシステム構築の強化に関する意見」を発表した。この意見では、ビッグデータ、クラウドコンピューティング、スマートセンサーなどの技術を活用した情報資源の開発と共有が強調され、公共空間におけるビデオ監視システムの構築を加速させ、これまで顧みられなかった農村地域におけるカバー率と映像画質の向上を優先するよう求めている。[43] 農村地域へのビデオ機能の拡張は、全体的な管理を求める政党にとっては理にかなったものだが、その結果としてのシャープアイズ・システムの視線は、すでにスカイネットによってカバーされている都市部にも注がれた。

一党が、スカイネットをこれほどまでに再現した高価なプロジェクトを承認した理由は何だろうか。一つ考えられるとすれば、CPLCがスカイネットのようなシステムをみずからの管理下に置きたいと考えたからだろう。そうすれば、CPLCとその地方組織の監視能力が高まるだけでなく、予算と人員の増加も正当化できる。CPLC自体が、二〇一六年から一八年の間に一四八の「実証プロジェクト」に多額の助成金を出し、呼び水としている[44]。

二〇一五年五月にMPSとその他の政府組織が発表したシャープアイズを正式に承認する文書には、いくつか注目すべき条項が含まれている。第一に、総合社会管理弁公室、つまりCPLCでもあり、これは「同一人物に二つの組織の肩書き」という管理体制に従った複数の外見のうちの一つを受けたものであるが、この弁公室がシャープアイズの構築を主導し、連携するというものだ。第二に、シャープアイズは二〇二〇年までに完成する予定だったということだ。つまり、この時点までに、高解像度の監視カメラの完全にネットワーク化されたシステムが、重要な公共エリア全体に広がるということだった。第三に、シャープアイズは警察が維持するビデオ共有プラットフォームを活用するということになっていた。このプラットフォームはおそらくスカイネットだと思われるが、文書には明記されていない。これをアップグレードする必要があった。第四に、警察はビデオ監視システムの構築の指導と監督を行い、その需要に応えるため、政府機関は警察のプラットフォームと相互運用できるよう、ビデオ監視システムをシャープアイズのネットワーク規格を設定するということだ。最後に、地方政府は主要な公共エリアにおけるビデオ監視システムの構築、接続、維持にかかる費用を予算に計上することになっていた[45]。CPLCは元手となる資金を提供したかもしれないが、シャープアイズの費用のほとんどは地方レベルで負担された。

二〇一八年一月、中国共産党の党中央と国務院はシャープアイズを地方へ拡大するよう求めたが、全国的な拡大はおそらく前年後半から始まっていた。[46] 技術的に、シャープアイズはドローン、Ｗｉ－Ｆｉ探知機、顔認証、表情認証、車両識別、携帯電話追跡などの最新設備で警察が運営するスカイネットをアップグレードした。[47]

シャープアイズのビデオ監視は、三つのカテゴリーに分けられる。カテゴリー1の場所の監視は警察の責任下にあり、警察はスカイネットに直接統合された関連システムを運用・保守する。言い換えれば、シャープアイズの重要な部分はスカイネットの延長線上にあるということだ。カテゴリー2の地域をカバーするシステムは、警察以外の政府機関や国家機関によって構築・運用される。このシステムは、警察の「公共安全ビデオ画像共有プラットフォーム」に接続されるが、スカイネットには直接接続されない。カテゴリー3の場所を監視するビデオ監視システムは、企業、非営利機関、店舗、住宅地によって構築され、スカイネット以外の警察のビデオ・プラットフォームに接続される。カテゴリー2およびカテゴリー3の監視の運用は、ＰＳＢではなく、いわゆる総合社会管理センター（実際は地方政法委員会の一部）の管轄下にある。農村部では、シャープアイズの運用はさらに県、郷、村の各レベルに分かれている。[48]

住宅コミュニティのような非政府の団体は、シャープアイズから利益を得るため、みずから費用を負担しなければならないと言われている。政府は監視システムを構築し、公式プラットフォームに接続するよう指示するが、建設、運用、メンテナンスの費用は各団体で負担するということだ。住宅コミュニティの場合、監視センターは関連のある管理会社のオフィスに設置され、おそらく建物の管理人が監視している。[49] カテゴリー2と3の監視システムには警察もアクセス可能でなければならないため、警察もシステムの構築を承認し、その有効性を証明しなければならない。[50]

シャープアイズの技術的構造は、スカイネットとよく似ている。シャープアイズには中核となる構成要素が四つある。フロントエンドの監視機器（カメラ、Ｗｉ－Ｆｉ探知機や自動ＲＦＩＤリーダーなどのセンサー）、データ伝送用の光ファイバーネットワーク、データ・画像分析やビデオ共有などさまざまな機能を実行するソフトウェア、データ・サーバーを収容するコマンドセンターである。[51] 一部の地域では、シャープアイズのプラットフォームが、重点人員を監視するために特別に設計されたソフトウェアを配備している。[52] カテゴリー２および３のエリアで使用されるカメラは、顔認証システムに接続されていないため、おそらく高解像度カメラではない。

西安《せいあん》市からの報告によると、カテゴリー１に該当する種の場所は少なくともいくつかあることがわかる。これには、基幹交通ルート、トンネル、主要な橋、特定の高速道路の出口と料金所、ショッピングセンターのおもな出入り口、犯罪多発地域、公共広場、その他大勢の人が集まる場所や宗教活動に使われる場所、遺跡、政府機関の建物周辺、病院、小中学校、通信施設、空港、鉄道駅、港、国家安全保障にとって重要な組織、テロの標的となりそうな組織や場所などが含まれる。カテゴリー２および３の地域は、それほど重要ではないと考えられている。これには幼稚園、博物館、ホテル、娯楽施設、ショッピングモールの屋内などがある。[53]

この時点で、シャープアイズは想像以上に広い範囲をカバーしている。人口四〇〇万人強のアモイ市における二〇一八年のカテゴリー１エリアは、それぞれが複数のカメラに接続された三万五〇九チャンネル（ビデオリンク）でカバーされていた。カテゴリー２の地域は一万四四六四チャンネル、カテゴリー３の地域は二万九二六六チャンネルでカバーされていた。[54] 他の行政区画も同様に多数のチャンネル数を報告しており、膨大な数の機器が配備され、多額の維持費がかかっていることがわかる。[55]

シャープアイズ運用上の課題

スカイネットに組み込まれているシャープアイズは、部分的に充分な資金が投入され、厳密な技術仕様で作られている。おそらく、スカイネットだけでは不可能な、素晴らしい能力を発揮するのだろう。シャープアイズの他の構成要素は、MPSや地方警察ではなく、他の中央政府や地方政府、国や民間団体によって構築・維持されているが、おそらくその品質にはばらつきがあり、能力もそれほど高くないと思われる。

シャープアイズのような複雑で無秩序に広がった監視システムに内在する重大な課題は、その厳しい技術要件だ。接続不良、低水準のメンテナンス、ソフトウェアのバグといった些細な欠陥が、その効果を大きく低下させる可能性がある。スカイネットは、予算に余裕があり、技術的なサポートが受けやすい都市部でおもに運用されているが、シャープアイズは、資金が乏しく、有能なサポートを見つけるのが難しい農村地帯でおもに運用されている。警察官とエンジニアの共著によるシャープアイズ関連記事では、このシステムの監視カメラの中には、自動的に焦点を合わせることができないものや、物体の色や形を正確に捉えることができないものがあることがわかる。埃《ほこり》、照明の悪さ、木の葉、クモの巣でカメラが不明瞭になることはよくあるし、夜間のカメラの性能も悪く、設置の質もいいかげんなことがある。[56]

シャープアイズが直面する最大の課題は、とくに貧しい農村地域における地方政府の財政力不足だろう。シャープアイズの構成要素（カメラ、専用光ファイバーケーブル、監視センター）それぞれには、組み立てと維持にコストがかかる。また、ほとんどの地方政府は、高度な監視機器を操作する熟練した人材が不足している。信頼性の低い電力供給を含む貧弱なインフラは、混乱の元である。人口密度が低いということは、都市部より農村部の方が一人あたりにかかるコストが高いということでもある。[57]また、シャープアイズは中央政府の命令で建設されたが、地方政府が従うべき一元化された計画がなかったことを思い出してほしい。たとえば、江蘇省塩城《えんじょう》市の調査では、役人が自由裁量権を無駄に使っていたことがわかった。これは、トップが命令を出しても、それがどのように実行されるかを簡単にコントロールできない巨大な国でよくある問題である。[58]

社会信用システム

中国の予防的弾圧のエコシステムにおける最新の大革新は、国家的な社会信用システム（社会信用体系）の提案である。社会信用システムは欧米のメディアで大きな注目を集めているが、その理由は理解できる。データを大量に必要とするこのシステムは、国家が考える順社会的・反社会的行動の証拠と、政治的忠誠心の認識に基づいて、すべての中国国民に信用スコアを割り当てる。信用番号を使って賞罰を与えれば、政府は国民の完全服従を促す新たな手段を手に入れることになる。

大きな疑問は、誇大広告が現実と一致しているかどうかである。というのも、社会信用システムは発展途上の段階にあるため、まだ本当のところはわからないというのが事実だからだ。全国的なシステムの推進は、二〇一二年十一月の習近平《しゅうきんぺい》の台頭後に勢いを増した。[59]翌年の夏までに、国務院は二〇一四年から二〇年の間の社会信用システムの構築を告知する計画文書を発表した。[60]しかし、そうは事が進まなかったようだ。というのも二〇一九年七月に、国務院がシステム開発の主管コーディネーターを指定したからだ。しかし、五年の間にいくつかのパイロットプログラムが実施され、国務院はテストされた施策の多くを承認した。[61]公式文書やメディアの報道から、さらなる試験運用が進行中であると推測できる。[62]つまり、プロジェクトは完了したわけではないが、進展は続いている。二〇二〇年十二月、国務院は信用度を判断する基準と手順に関する手引きを発表した。[63] 二〇二一年三月、党は、社会信用システムが、国内生産品の消費者需要に重点を置く成長モデルといった新たな発展目標に役立ち、中国が潜在的に敵対的な国の市場へのアクセスに依存しなくなり、外国からの経済制裁の可能性に対する脆弱性を軽減することを期待して、要件を追加した。しかし、党は、社会信用システムが具体的にどのようにこうした目標の推進に役立つのか、詳しくは説明しなかった。[64]

社会信用システムに関する重要な内容は、依然として不明である。既存の学術文献は、社会信用システムの設計、実施、一般大衆の認識、適用可能性に焦点を当てている。しかし、このシステムは実際にどのように運用されているのだろう。多くの憶測は、社会信用システムが政治的スパイ活動に利用されることにまつわるものだが、確かな証拠はほとんどない。[65] また、社会信用システムは高性能技術が主導するため、とくに危険であり、完全無欠であるという感覚さえあるようだ。しかし、わかっていることは、シャープアイズや他の監視イニシアチブと同様、社会信用システムは、想定されるように地方政府の多様な慣行に左右され、統合された信頼できる国家的イニシアチブを構築するうえで、深刻な複雑さを生む可能性が高いということだ。経路依存性〔制度やしくみが過去の決定や経緯に縛られて現在の選択肢が制約を受ける状態を指す、経済学・社会科学分野の用語〕により、システム設計における初期の欠陥は、監視ツールとしての有効性を永久に妨げる可能性がある。

当局が説明するシステムは、一般人だけでなく、政府機関、役人、企業、非政府組織などの情報を収集し、処理するという広い網を張るものだ。社会信用システムの構築案は、各地域や経済部門の情報データベースの構築、関連情報の収集システムの確立、部門や地域を超えた情報交換の促進で構成されている。レーニン主義的な組織規範に従って、国家が単独で社会信用情報を収集するのではなく、商業団体やその他の団体も関連データの収集、処理、保存に参加することが求められる。[66]

社会信用システムが意図した通りに実現すれば、分散型監視のもう一つの事例となる。その構築と運用には、国家安全保障の官僚組織の能力だけでなく、あるいは主力としてでも、中国社会全体に広がる無数の人々の注意とエネルギーが必要となる。このデータ処理イニシアチブの基礎となるのは、グリッド管理の係員、大学の職員や学生、地方の党や政府の当局者、企業経営者、住宅管理スタッフ、医療関係者、学校教師、都市施設の管理者、そしてつつましく生活している市井《しせい》の人々から提供される情報である。隣人、同僚、友人、親戚を監視する、あらゆる種類の公式・非公式の情報提供者が、強制的な国家社会信用システムを可能にするデータを供給する。

実施と課題

二〇二一年末の時点で、六二の地域が社会信用システムのパイロット・プロジェクトに選ばれている。地域包括パイロットと呼ばれる第一のタイプのパイロットは、一つの行政区画内でのシステムのパフォーマンスを評価することになっている。第二のタイプは、地域協力パイロットと呼ばれるもので、行政区画を超えた協力や情報交換、報奨金や罰金の制度の連携のための方法をテストするものだ。第三のタイプの試験的信用報告システムは、国務院の二〇一四年計画文書に記載された「重要分野」において、本格的に社会信用システムをテストするものである。

現在構築中の社会信用システムの一つの要素は、すでに社会統制の強力な手段となっている。それはパブリック・シェイミング〔公的な場での吊るし上げ〕である。この制度で想定されている罰の一つは、低得点の個人に公に屈辱を与えることで、行政区画によっては、今日行われていることである。「信用に値しない」というレッテルを貼られた個人や企業の名前を公表することで、債務不履行者に裁判所が判決を下し、罰則を与えようとしている。これらの個人や、対象となる企業の責任者は、高級ホテル、レストラン、アパートへの立ち入りや、飛行機や列車のファーストクラスの座席の利用を拒否されるなどの罰則も受ける。指定された個人は、不動産の購入、自宅の改築、休暇の取得、高額な保険商品の購入、子供を高額な私立学校に通わせることなどができなくなる可能性がある。[67]

全国規模の社会信用システムに向けた進展の多くは、法的枠組みの整備に見られる。二〇二一年末までに、ほぼすべての省と直轄市の政府が社会信用条例を制定していたようだ。[68] これらの条例の規定は、最大限の裁量を求める党の長年の意向を反映して、緩やかに定義されている。たとえば、上海市政府は二〇二〇年に、新型コロナウイルス感染症への感染、パンデミックの打撃を受けた地域への移動歴、新型コロナウイルス感染症患者やその疑いのある人との濃厚接触、強制的な医療隔離の回避を隠匿した人物を信用に値しない者と分類すると発表した。中央政府の命令には、このような人物を分類することについては何も書かれていなかったが、上海市の公的信用情報プラットフォームに報告されたこのような人物は、社会信用スコアが引き下げられた。[69]

社会信用システムに関する規則を自由に解釈している行政区画は、他に広東省がある。たとえば、広東省条例の第三二条は、「サイバースペースにおけるメディア秩序に関する重大な妨害行為、または社会秩序を乱すために群衆を集める行為」につながる行為に関与する者を信用できない者としている。国家インターネット情報弁公室は、「社会に深刻な影響」を与えるインターネット上の「噂」を広める個人を信用できない者としてブラックリストに載せるよう、すべての行政区画に提案している。[70] 南京市の社会信用条例第二三条は、「アルコール・薬物摂取の影響を受けた状態で運転する、凶暴または攻撃的な犬を違法に飼育する、医療施設の秩序を乱す、公共交通機関に無賃乗車する、社会の安定に影響を与える直販活動を行う」人物の信用度を引き下げている。[71]

社会信用システムは、その保護の下で収集、保存、分析される膨大な個人データゆえに、監視ツールとして比類のない可能性を秘めている。中央政府が想定している社会信用システムが完全に機能すれば、理論的にはビッグデータとAIを利用して、個人の政治的傾向について比較的正確な人物像を作成し、特定の人物が政党にもたらす可能性のあるリスクまで予測することができる。しかし、報道によれば、これまでのところ、このシステムは政治スパイのためのハイテクツールとしてではなく、おもに行政罰による社会統制の手段として活用されているようだ。これは、社会信用システムが地方政府によって頻繁に乱用されていることからもうかがえる。新型コロナウイルス感染症の封じ込め策を実施するために、多くの行政区画が上海市と一緒になって信用度引き下げのペナルティを振りかざしている。[72] 他にも社会信用システムの使い方として、居住する建物の公共エリアで電動自転車を充電する個人、信号無視をするドライバー、ごみのポイ捨てをする個人への罰則といったものは疑問の余地がある。[73] これらは褒められる行為ではないかもしれないが、社会信用システムは永久的な記録であり、深刻な結果を招く可能性がある。信用を失う行為の多種多様さは、当局者の裁量の自由度を物語っており、それ自体が恐ろしいはずだ。抗議に対する是正策を求める請願者に政府が社会信用の喪失というペナルティを科す地域もある。[74]

提案されている社会信用システムは、二つの手ごわい課題に直面しており、最終的には監視ツールとしての力を発揮できない可能性がある。一つは、信用度にプラスにもマイナスにも影響するような行為に関する国家基準がないことだ。これは、地方政府が社会的統制を行う自由度を高めるが、国家的な社会信用システムに与える悪影響は広範囲に及ぶ可能性が高い。明確なガイドラインがない中で収集された情報にはノイズが多く含まれることになるため、個人の真の政治的忠誠心を見極めるには信頼性に欠ける。実際、社会信用ルールを採用する際の地方当局者の意図は、中央政府の思惑と大きく乖離する可能性が高く、その結果、このシステムの実効性は低くなる。[75] もう一つの課題は、行政区画を超え、政府と非政府組織の間で膨大な量の信用情報を統合し、処理することである。[76] その費用と課題は莫大なものになるだろうが、党政府の能力を超えるものになるというわけではない。

一九九〇年代後半に始まった強制機構のアップグレードは、中国の監視能力を大幅に向上させた。その結果、中国の分散型監視システムは新たな技術的次元を獲得した。最高指導部は、急速な経済発展からの見返りを投じて、先端技術を利用した監視を惜しみなく支援してきた。そして、レーニン主義政党支配国家の大衆動員能力は、こうした投資を無駄にする必要がないことを意味している。組織により実施が可能になっているからだ。

しかし、先端技術監視プログラムによっては、他よりもよりよく設計され、より効果的に実施され維持されているものもある。金盾とスカイネットは、MPSが独占的に運用する二つのプログラムで、とくに有能かつ効果的であり、財政的にも持続可能であると思われる。それに比べると、シャープアイズには重大な欠陥があり、持続可能性は低いだろう。また、政権は社会信用スコアリングという願望を実現するうえで困難に遭遇するだろう。中国当局は以前、大規模なデータベースを組み立て、統合するという技術的な難題を打開したことがある。しかし、技術がいかに優れていても、このおおいに懸念されるシステムは、地方当局のご都合主義によって簡単に損なわれるのだ。ご都合主義は、監視のしくみを、市民を容易に孤立させてしまうかもしれない威圧的な社会統制の道具に変えてしまう。

中国の先端技術による監視の経験から、二つの重要な教訓が得られる。一つめは、確立された組織基盤があり、実証済みの労働集約的な監視アプローチを採用している体制は、そのような特性を欠く体制よりも、新技術をより効果的に適用できる可能性が高い、ということだ。現代の監視技術を採用し、効果的に利用するには、協調的な政治的動員や行政的連携が必要だが、これはうまく組織化された独裁政権にしか実現できないことである。第二に、現代のテクノロジーは一部の機能において人間の労働力を代替することはできても、監視を完全に自動化することはできない、ということだ。少なくとも、まだそうすることはできないし、関連するＡＩテクノロジーがすでに存在していたとしても、完全に自動化された監視システムの実現には長い時間がかかるだろう。

少なくとも今のところは、技術的に高度な監視体制は、労働集約的な組織構造を維持しなければならない。中国がジョージ・オーウェル流のディストピア的な想像に最も近いグローバル大国であるとすれば、それはハイテクツールを採用したからではない。それらのツールをうまく活用するために必要な人的インフラを備えているからである。

おわりに

本研究によって、党国家体制の強制機構にとって鍵となる中国の分散型監視の制度的枠組み、おもな構成要素、戦術が明らかになった。この国の分散型監視システムの基礎は毛沢東主義時代に築かれたが、そのシステムは天安門事件と一九九〇年代の好景気の後に制度化され、拡大され、近代化された。

中国共産党は、おもに試行錯誤と実践による学習を通して、レーニン主義的組織の組織能力を最大限に活用しようとする、包括的で柔軟かつ労働集約的な予防的弾圧のアプローチを開発した。その結果、中国の監視体制は、歴史上のどの独裁政権よりもよく連携され、態勢が整っている。中国の監視体制は、さまざまな治安機関やその他の団体に監視任務を割り当てる多層構造と、チベット仏教僧院、大学キャンパス、インターネットという新たな「戦場陣地」の支配に党の成功が示されているように、適応性の高さで際立っている。地方のデータに基づいて、情報提供者ネットワークの規模や、国家主導の大規模監視プログラムの対象人口の割合など、中国の監視体制に関するいくつかの主要パラメーターを推定することができる。中国の監視体制に関するより多くの資料が明るみに出れば、その組織と運営についてより詳細な知識を得ることができるはずだ。

独裁国家を研究する者が直面する危険の一つは、実証に基づいてパズルをつなぎ合わせることに夢中になるあまり、全体像を見失ってしまうことが多いということだ。残念ながら、これは避けられないことかもしれない。中国の監視体制を調査する場合、最も重要な課題は、監視の範囲やスパイネットワークの規模など、その構造や主要パラメーターを明らかにするための重要な証拠を発見することであるのは間違いない。この研究は、主題の物語を犠牲にすることで、必然的に長く詳細な実証データを示すことができた。とはいえ、全体像の感覚も提供できればと願っている。そこで、この研究から浮かび上がってくる大まかな疑問と、その答えについて考えてみたい。

中国監視体制固有の特徴

近年、メディアの関心は中国の監視体制のハイテク機能に焦点を当てているが、我々の研究では、高画質ビデオ、顔認証ツール、オンライン検閲の採用が比較的遅れて行われたことがわかる。これらのテクノロジーは、すでに強力な監視体制の能力を強化した。現実には、中国の監視体制の広範囲に及ぶ有効性の鍵は、技術力の集約ではない。労働力と組織力の集約である。監視体制の組織的基盤を可能にするうえできわめて重要なのは、中国のレーニン主義的制度である。

おそらく中国の監視体制の最も目を引く特徴は、その多層構造だろう。単一の秘密警察機関に依存することで安全保障のジレンマを悪化させている他の多くの独裁国家とは異なり、中国は政治的脅威に対して三つの防衛ラインを構築し、それらの間で比較的明確な分業を確立している。国家安全部は外部の脅威から政権を守るが、国内の秘密警察である公安部の国内安全保衛部隊の補佐もする。国内安全保衛部隊はおもに政治的脅威に焦点を当て、日常的な監視活動は強制組織の外層である警察署に割り当てられている。

そして、監視体制の中核の先には、機密情報と一般情報を提供する情報提供者の膨大なネットワークがある。この監視体制の周辺層は、居民委員会、国有企業、政府官僚機構、政府系社会組織（公認の労働組合や宗教団体など）、大学といった、党政府が直接管理する機関や組織で構成されている。これらの組織の職員や治安要員は、情報提供者を確保し、日常的な監視を維持し、敏感な時期には強化した治安活動を行うことで、監視体制を支援している。

表面的には、この多層的な分散型監視システムは重複的でコストがかかるように見える。ある意味ではそうである。しかし、この冗長性はおそらく意図的なものだろう。中国共産党は政権の最大限の安全を求めており、「保険」を買うために必要な資源は何でも惜しまない。

中国が他の独裁政権とは明らかに異なる、そして同じレーニン主義政権とさえ異なるもう一つの特徴は、強制組織の活動を監督し連携する専門の党官僚機構である。ここでは、中央政法委員会の傘下にある政法委員会のことを指す。中央政法委員会と地方政法委員会は、中国共産党の総合的な監視方法を可能にするものであり、それは「政府全体と社会全体の動員方法」を意味する言葉「挙国体制」に要約される。レーニン主義政権は、人員を動かす無類の能力を有している。しかし、効果的な監督と連携のない動員は浪費をもたらす。政法委員会は、中国が動員した人的資源を無駄にしないようにするために機能している。分散型監視を実現し、それによって特定の治安機関に権力が集中するのを防ぐことがきわめて重要であり、党が強制のジレンマに対処するために政法協調が役立っているということだ。

中国が独裁国家の中で最も高度な監視技術を有していることは言うまでもない。中国の強制機構が自由に使える技術は、党にとって既知の、そして潜在的な脅威の通信や活動を追跡する能力を大幅に向上させた。しかし、中国の持つ経験は、現代の監視技術の潜在的な限界も示している。監視技術を効果的に配備するためには、政権の組織能力が前提条件となる。中国がグレート・ファイアウォールで情報革命に対応し、現代の監視技術の導入に成功したのは、こうした技術が利用可能になる以前から、党国家体制が組織集約的なすでに整った監視構造を持っていたからである。政権がなすべきことは、かねてから圧倒的な監視機構に、より高度なツールを装備させることだけであった。組織化されていない監視体制の手に近代的なテクノロジーを渡せば、劣悪な結果を生むことは間違いない。

中国の事例はまた、テクノロジーは人間の労働力を補完することはあっても、代替することはできないということを示してもいる。テクノロジーは監視の範囲を拡大し、人間の力を超えて効率的に特定の機能を果たすかもしれないが、完全に自動化された監視体制はまだSFの世界の話だ。どちらかといえば、中国のケースは、新しいテクノロジーを採用するには、人を減らすのではなく、より拡大し、よりよく訓練された労働力が必要であることを示している。中国の監視体制の規模は、先端技術へのアクセスによって縮小したわけではないのは明らかだ。それどころか、一連の強制手段にさらなるテクノロジーが追加されたにもかかわらず、警備に専念する人員の数は増加している。

これらの観察から、非レーニン主義の独裁国家が中国と同じ監視能力を獲得することは事実上不可能であることが示唆される。そのような国家は、秘密警察機関のような中核的な構成要素を構築することはできても、中国の監視体制に見られるような、他の重要かつ補完的な要素を構築することはできないかもしれない。非レーニン主義政権には、同じような組織基盤、同等な経済と社会の統制、人的資源を動員する同様の能力がないのだ。仮に非レーニン主義の独裁政権が中国の近代的な監視技術を獲得したとしても、これらの技術を効果的に利用するための制度的な前提条件は備えていないだろう。

既存のレーニン主義的制度に監視能力が組み込まれたことにより、このような体制下で急速な経済発展が起こっても、政治的変化が民主化につながらない理由を説明している、というのが私の主張である。経済発展は民主主義に有利な構造的変化をもたらすが、同時に、レーニン主義体制が監視能力を適応させ強化するための資源、とりわけ歳入の増大とテクノロジーの利用も生み出す。改革のために重要な政治・経済制度を犠牲にすることなく富を得ることができるレーニン主義体制は、経済の近代化から恩恵を受ける。権力の維持は弱まるどころか、強化されるだろう。

つまり、経済的近代化そのものが行き詰まるまでは、の話である。この観察から導き出される結論は、レーニン主義体制から民主主義体制への実現可能な移行の道は、経済的自由化や近代化ではなく、レーニン主義体制を根絶する政治改革から始まるということだ。

中国監視体制の評価

いくつかの経験則に基づけば、天安門事件後の中国の監視体制は、党が満足するほどその使命をほぼ果たした。効果的な監視体制がなければ、党は組織的な野党の台頭を防ぐことも、社会不安を封じ込めることも、毛沢東時代後に中国で台頭した最大の精神運動団体である法輪功《ほうりんこう》を弾圧することも、急速な経済発展がもたらした自由化の流れを無力化することもできなかっただろう。しかし、中国の監視体制だけが党の政権維持に貢献したと評価するのは間違いだ。天安門事件後の好景気は、間違いなく党の存続に寄与する重要な要因である。天安門事件後の中国共産党のように断固たる遂行能力を正当化している政権は一般的に、正当化していない政権より敵が少なく、監視体制の仕事をはるかに容易にしている。

好景気そのものが政権存続の鍵だとすれば、中国の監視体制は大きすぎるのか、対象者が多すぎるのか、不必要な任務が多すぎるのか、を問わねばならない。おそらく、党はシャープアイズの重複する要素を必要としなくても、あるいは重点人員プログラムの監視対象人数をもっと少なくしても済むだろう。また、情報提供者のネットワークが過剰に大きく見えるのは、ここでの調査が示すように、既知の、あるいは政治的脅威として疑わしい人物の数が比較的少ないからである。何より重要なことは、一九八九年以降の好景気が最終的に社会の安定を支えてきたように見えることだ。九〇年代には、移動と情報アクセスの増加による課題が見られたが、時が経って、発展が進むほど、人々は体制に従順になり、政治へ関心を持たなくなっているように見える。繁栄の拡大期において、真に脅威となるような社会不安の原因は生じていない。

では、監視体制は大きすぎるのだろうか。党が政権の絶対的な安全を求めるのであれば、そうではない。そのパラノイアは、権力を失う「いかなる」リスクも容認しないだろう。政権の絶対的な安全には、党がいかなる脅威の芽も摘み取ることが必要であり、そのためには大規模な監視体制がつねに厳戒態勢を敷く必要がある。党の立場からすれば、たとえ最低限の投資が利益を生まなくても、大金を費やす価値がある。中国国家の財源が政権の絶対的な安全を引き受けられなくなった場合、党は財政統制をして行動するだけでよいのである。

また、政治監視の直接的なコストが手頃であることも間違いなく事実である。中国の監視体制は、他の監視国家と同様、政治的なスパイ活動だけでなく、従来の法執行機能も果たすように構成されていることを考慮してほしい。政治的脅威を追跡するために設計された監視プログラムは、その能力のほとんどが従来の法執行目的に充てられている監視インフラによって実行されている。強く批判されるのは、政治的監視が手頃なものであるとしても、法的手段を通じて救済策を求めることを妨げる一方で、一般人を不当に扱っているという点で行きすぎであり、それによって国民の憤りを助長し、党が封じ込めようとしている政治的脅威そのものになりかねない、ということかもしれない。

さらに、政治的監視のコストの一つが機会費用であることも、念頭に置いておく価値がある。一対の目が政治的脅威を監視しているということは、その目は公共の安全や福祉に対する脅威を監視しないということになる。言い換えれば、政権の安全保障が党の命題であり、その結果、監視の資源が流用されることになる。二つの例を挙げれば、人身売買と食品安全はどちらも中国における大きな問題だ。おそらく、法的な権限と情報提供者が政治的な監視ではなく、これらの分野に特化していれば、中国国民はより良い生活を送れるだろう。

監視体制と中国共産党支配の未来

この研究が提起した包括的かつ実質的な問題は、強力な監視体制が中国共産党の支配を永続させるかどうかということだ。中国の監視体制の既知の能力を考えると、少なくとも政権を脅かすような規模で組織的な反対運動が起こるはずがないと結論づけたくなるかもしれない。しかし、そのような確信には根拠がない。これまでのところ、監視は反体制的な集団行動を阻止し、回避するうえで有効だった。しかし、党存続のための主要な手段として、監視が長期的に有用であるかは疑問視する理由もある。次に挙げるのが、その四つの理由だ。

第一に、監視体制は、標準的な運用手順が守られている比較的安定した環境では効果的に機能するかもしれないが、危機的状況に陥ると、その有効性は低下する傾向がある、ということだ。大衆の暴動、指導者の分裂、突然の経済ショックなど、危機にのみ込まれた独裁国家は、治安部隊との明確なコミュニケーションを維持することが非常に困難になる。治安活動を連携することは、通常よりもさらに困難となり、また、諜報員の動機づけは、個々の打算を重視するようになるため、変化する。政権に固執する者もいれば、保険をかける者もいる。危機に際して、混乱と日和見《ひよりみ》が監視国家の能力を低下させ、政権の安全を危うくすることは避けられない。

第二に、独裁国家における監視体制は、人口に対して比較的少ない割合を監視し、脅迫し、統制するように設計されている。反体制勢力が臨界に達したらどうなるか。そうなれば、弾圧の仕事ははるかに難しくなる。我々の調査によれば、中国ではおそらく人口の一％が、政治的、非政治的な理由で日常的に監視下に置かれていることがわかるが、この一％の人々を監視する組織は、転覆させられる可能性がある、ということだ。一九八九年の旧ソ連圏の経験は、政治的な意味で結集した大衆の前では、シュタージやＫＧＢでさえほとんど何もできないことを示している。

第三に、天安門事件以降の監視体制はマンパワーとテクノロジーへの莫大な投資によって構築されたため、その持続可能性は保証されていない、ということだ。一つの可能性として、人口の高齢化、党による市場促進改革の撤回、西側諸国からの経済的「分離」によって中国経済が減速するにつれ、国家が監視を継続的にアップグレードし拡大するための資源が減少することがある。監視体制を弱体化させるような同様の経済の停滞は、おそらく社会的不満の高まりを引き起こし、政権が最も必要とするときにその守護神を失うことになるだろう。

最後に、一般的な強制力、とくに監視は、独裁政権が生き残るために依存しているいくつかの手段の一つであり、独裁政権の他の手段も整っている場合に、強制力が最も効果的に機能する、ということだ。

プロパガンダ、ナショナリズム、その他のイデオロギー、あるいは物質的な報酬が、治安工作員やその情報提供者を動かすかもしれない。支配層エリートの結束が、治安部隊の質を高め、その政治問題化を防ぐかもしれない。優れた経済実績が、監視体制の近代化とその工作員への報奨に必要な財源を生み出すかもしれない。社会的エリートの連携が、独裁政権に反対する人々を孤立させ、国家監視を促進するかもしれない。そして、これらのメカニズムのどれかが失敗する可能性もある。他の点では衰退した独裁政権の中で、パフォーマンスの高い監視体制を想像するのは難しい。独裁政権が崩壊するとき、それは通常、秘密警察が無能だからではなく、他の政策が行き詰まり、政権の足を引っ張るからである。「石器時代が終わったのは世界が石を使い果たしたからではない」という格言があるように、独裁政権が崩壊するのはスパイがスパイ活動をやめるからではないのだ。

通常の状況下における中国の監視体制の目覚ましい実績は、天安門事件後の中国共産党の強硬な生存戦略を正当化するのに充分である。しかし、肝に銘じておくべき厳しい現実もある。党の監視体制の有効性そのものが、蔓延する腐敗、社会経済的不平等、非効率的な国家資本主義、成長する中産階級の国家運営からの排除など、党の権力保持に対するより大きな脅威を無視することにつながりかねない。

また、中国共産党の政治的独占に対する最大の脅威は、党自体の強制力かもしれない。習近平《しゅうきんぺい》政権下で新スターリン主義的統治の現行路線を続ければ、権力維持のためにますます強制と監視に依存せざるをえなくなるかもしれない。これは独裁体制にとってつねに悪い兆候である。政権の強度が高ければ、強制機構はほとんど利用されないからだ。長年にわたり、中国の強制力への依存は浮き沈みしてきた。最近では、ますますその傾向が強まっている。締めつけを強めるほど脆弱《ぜいじゃく》性も高まるということを、中国共産党政権は知っておいたほうがいい。

謝辞

本書の出版は、多くの同僚と友人のおかげで実現した。香港中文大学中国研究服務中心のジーン・ハンとセリア・チャンには、何度も訪問した際にお世話になり、同センターが所蔵する資料探しをお手伝いいただいた。クレアモント・マッケナ大学では、有能で勤勉なリサーチ・アシスタントのルーシー・デン、ジュヌヴィエーヴ・コリンズ、カーリー・バーンハートが情報源を見つけ出し、文献を要約してくれた。アンドリュー・ネイサンと滕彪《とうひょう》には、亡命した反体制派とのインタビューの設定に力をお貸しいただいた。中国の監視体制に直面した反体制派の方々の経験を通じて、その戦術に関する私の理解は深いものになった。宋永毅《そうえいき》とクリス・バックリーには、貴重な資料と有益な手がかりを惜しみなく提供いただいた。

一部の章は、クレアモント・マッケナ大学のケック国際戦略研究所のセミナーで発表されたものである。同僚たちの意見と提案に感謝している。また、スタンフォード大学のフーヴァー研究所でも初期段階の論考をいくつか発表し、ラリー・ダイアモンド、ジーン・C・オイ、グレン・ティファートから有益なご意見をいただいた。

とくにアンドリュー・G・ウォルダーには、原稿全体を読んでもらい非常に貴重な助言をいただいた。また、長く校正をお願いしているナンシー・ハーストには、私の文章を校正し、恥ずかしいほど多くの誤りを見つけてくれたことに感謝したい。

スミス・リチャードソン財団には、研究資金をご提供いただいたことに感謝している。とくに、過去二〇年にわたって私を揺るぎなく支えてくれたマリン・ストルメツキとアラン・ソングに感謝する。

三人の匿名査読者による有益なコメントと批評に深く感謝している。最後に、ハーヴァード大学出版局で私の担当編集者であったキャスリーン・マクダーモットの、この企画書籍に対する励ましと信頼に感謝したい。また、サイモン・ワックスマンの細部まで行き届いた編集のおかげで、本書がよりすっきりと明瞭なものになったことにも深く感謝している。

本書を、姉、ペイ・シンメイに捧げる。私が文化大革命を生き延びることができたのは、私の面倒を見て、守り、愛情を注いでくれた姉のおかげだ。

訳者あとがき

ＧＤＰ世界第二位の経済大国であり、日本から見れば隣国で最大の貿易国である中国。国外への自由な旅行を楽しむ中国の人々を見たときと、政敵不在で権力が一極集中した習近平政権の外交政策やハイテク監視体制を伝えるニュースを見たときの、「人々の暮らしぶりが日本と大きく変わらないように見えるのに民主化が進まない国」というぼんやりとした違和感を生む中国。一国の姿を一元的にとらえることは到底できないが、知ろうとすればするほど正しい理解から遠ざかるような気がする。流言飛語や固定観念が邪魔をしているかもしれないし、「よくわからない（知らない、理解できない）もの」を恐れる気持ちが膨れ上がるのかもしれない。

世界中の情報が手元の端末からあふれ出てくる時代になった。それでも、そのおびただしい情報はオンラインではたどり着けない、つかみ取れない膨大な情報の一部に過ぎないということは間違いない。本書は、実在する膨大な資料から、他国に類を見ない中国の監視体制の頑強さや規模の大きさを探り当て、その姿を白日の下にさらす。その出典資料の大半は地方の年鑑だ。中国の地方政府が発行する年報のことで、前年（または当年）のおもな業績が簡潔にまとめられている。著者の作業にドラマチックな場面は出てこない。衝撃も感動も起こらない。著者みずから行った反体制派へのインタビューの描写においてさえも、である。事実を一つずつ明るみに出し、統合して精査し、推測し、そこから中国を揺るがぬ大国にしているものの正体を見つけ出そうとしている。

本書の著者、ミンシン・ペイはクレアモント・マッケナ大学教授であり、中国の近代的発展と国家統治を専門としている。外交・国際政治専門雑誌「フォーリン・アフェアーズ」日本版、「ニューズウィーク」日本版、「東洋経済オンライン」、日本経済新聞、朝日新聞などで、中国の国家体制関連をテーマにした寄稿文が読める、雑誌記事以外の邦訳書が出ていないながら、この分野の著名な政治学者だ。とくに中国の政治経済体制に関する批判的な分析や、中国共産党による独裁政権の持続可能性についての議論で広く知られている。

著者には、中国の闇深い監視体制の実態を暴こうとか、監視体制の恐ろしさを並べ立てて読者の恐怖心を煽ろうといった意図はまったくない。どこまでもフラットな視点で冷静に。データや資料上に浮かび上がる政策の意図、制度の成功と失敗、中央組織と地方組織の連携と温度差、時代の指導者たちの残した爪跡を丹念に読み込み、報告書の記述やデータの数字が何を語っているかに耳をすます。

二〇一〇年代の半ば、経済の低迷が続く中で、中国共産党が統制を維持するためにますます抑圧に頼らざるを得なくなるだろうと考えていた著者は、中国の抑圧能力に関する本を書こうとするものの、あまりにも大きなテーマであることから、監視体制に焦点を絞ることにしたという。中国のハイテク監視体制は注目度の高い話題であるが、公式情報源へのアクセスが困難でこのテーマに関する包括的な研究はほとんど行われていなかったことも決め手となったようだ。実際に、著者にとってもデータの収集は大きな課題となった。監視体制に関するデータのほとんどは入手困難だったが、時間をかけて地方年鑑や公報を利用してパズルのピースを組み立てていった。中国には県レベルの行政区画がおよそ三〇〇〇あり、そのほとんどが独自の年鑑を発行している。そこには法執行を含むさまざまな分野での成果が箇潔に報告されているが、機密情報は必ず漏れるもの。データを探れば探るほど、他に何を見つけ、どこを見ればいいのかがわかるようになってきたという。

著者が丁寧に発掘したものを読み進めるうちに、中国の監視体制をつくっているもの、強固にしているものが見えてくる。企業、大学、地域社会、さまざまなコミュニティに広く深く浸透している情報提供者による人的ネットワークがその基盤だ。多くの場合、彼らは無報酬で監視業務にあたる。高度な技術の導入で大幅に強化した監視システムの盲点を埋め合わせるための労働力を、コストをかけずに効果的に動かせる組織力。労働力を一点で束ねる集権力。あくまで労働集約的なしくみの上に成り立つハイテク監視体制である。

さらに、政権にとって不都合なことが起こったあとに取り締まる「事後的(反応的)弾圧」と反対の、「予防的弾圧」がある。中国共産党は天安門事件を教訓に、政権へ向く脅威を把握し、直接的な行動を事前に阻止するために監視能力を向上させてきた。強大な弾圧組織に頼らずとも、上意下達の組織構造により統治され、党の細胞組織が中国社会全体のすみずみに行きわたって動いている。党が頑強で大規模な組織を世界最先端のテクノロジーをフル稼働させてがんじがらめに支配しているわけではないのだ。

テクノロジーありきの監視体制ではない、一朝一夕では築けない盤石のアナログ監視体制を維持するために党があらゆる資源を注ぎ込んでどんな代償をもいとわない、中央集権型で、経済と国民の将来の選択肢を支配し、反体制派の動きが監視・予防される徹底した政治機構にあっては、経済の成長と現代化により促されるとみられていた民主化も進まないという見方もできる。しかし、長引く経済停滞で、高い失業率や収入の減少などにより社会的な緊張が高まり、好景気時には懸念の少なかった潜在的な反体制派とその脅威が増大して現在の監視システムが限界に達する可能性はある。また、監視体制を支えるハイテク機器やシステムの維持・アップグレードの費用捻出が苦しくなるのも必至と著者は想定する。

世界で唯一無二の中国の監視体制は、現政権の強固さのよりどころではあるが、ここだけ押さえておけば独裁政権存続は盤石で民主化を退けられるというものではない。また、予防的弾圧を徹底したとしても同じことだ。若い人々の生活水準が高まり、生活様式がより現代的になり、国外に目を向ける機会も増えて思想や文化の自由、人権の尊厳を求めるようになり、社会的不平等や経済格差に怒り、経済発展を求めて民間企業が生産性を上げるなど、中国の人々は大なり小なり不断に変化しながらこの時代を生きている。経済状況の低迷からボタンの掛け違いやほころびが生まれうる。監視やスパイ活動を利用した社会統制を厳しくし、事後的弾圧を強めることになれば、政権への信頼は崩れ始め、中央集権体制が危うくなる。

本書で述べているように、著者が党存続のための手段として、監視の長期的な有効性を疑問視するのには理由がある。こうした監視体制が成功するのは「労働集約的」体制の「労働」を担う人々の、混乱と日和見《ひよりみ》的行動の生まれにくい比較的安定した環境下で運用している場合であること。現在監視しているのは人口のわずか一%であって、政治思想で結集した大衆を相手にしたとき監視する組織は何もできないということ。天安門事件以降の監視体制は莫大な投資によって構築されたため、その持続可能性は保証されていないということ。そして、一般的な強制力、とくに監視は、独裁政権が生き残るために依存している複数の手段のうちの一つであり、他の手段も整っている場合に、強制力が最も効果的に機能するということ。独裁政権をつくる要素間のバランスがとれてこその強制力だということだ。

また著者は、習近平政権が権力維持のために弾圧と監視に依存するようになればなるほど強制機構は機能しなくなり、脆弱性が高まると警鐘を鳴らしている。スパイがスパイ活動をやめるからではなく、監視システムの劣化のせいでもなく、党内での習近平の権威そのものが脅威になっているというのだ。
中国政府の抑圧機構を解き明かし、その特異性を確認したうえで持続可能性に疑問を呈し、独裁政権存続の本当の鍵のありかを示した著者渾身の本書は、世界で、日本で、この無視することも関わりを避けて通ることもできない大国を理解するために、とくに日本の読者にこそ届けられる使命を帯びているとも言える。偏ったフィルターや民族意識を通さずに、誰かの、もしくは何らかの組織の意図に影響されずに事実を知り、国家体制の意志と生きている人々の意志を別にして理解を深めることが、現代の中国の若者から聞こえてくる声からも求められていることがわかる。

本書翻訳にあたり、中央大学の及川淳子教授には専門家の知識を丁寧な解説でお授けいただき、本書の理解を助けていただきました。そして、おおらかに作業を見守ってくださった河出書房新社編集の揖木敏男氏をはじめ、プロフェッショナルの技術で支えてくださった校正者の方々、製作にかかわってくださった皆様、本書出版までにご尽力いただいたすべての皆様に心よりお礼を申し上げます。

二〇二四年十月

布施亜希子

補遺8：*普安年鉴 2017,* 226, 297; *普安年鉴 2018,* 134, 429; *普安年鉴 2020,* 147, 464; *瓮安年鉴 2013,* 33, 123; *瓮安年鉴 2015,* 176–177; *黔东南年鉴 2014,* 42, 172; *黔东南年鉴 2018,* 212; *松桃年鉴 2013,* 7, 470; *贵阳年鉴 2018,* 191; *南明年鉴 2019,* 42, 122; *晴隆年鉴 2017,* 99, 101; *通城年鉴 2015,* 14, 70; *黑河年鉴 2014,* 43, 144; *黑河年鉴 2018,* 31, 119; *榆中年鉴 2012–2014,* 115, 143; *金昌年鉴 2011,* 301, 316; *金昌年鉴 2012,* 323, 343; *正宁年鉴 2013,* 41, 189; *乌什年鉴 2011,* 112; *乌什年鉴 2012,* 111; *乌什年鉴 2015,* 44, 122; *伊吾年鉴 2011,* 15; *哈密年鉴 2014,* 3, 113; *塔城年鉴 2015,* 97; *长宁年鉴 2012,* 4, 91; *德化年鉴 2011,* 11, 99; *康定年鉴 2019,* 52, 136; *锦江年鉴 2012,* 2, 125; *锦江年鉴 2019,* 9, 250; *游仙年鉴 2016,* 28, 92; *绵竹年鉴 2015,* 39, 97; *灞桥年鉴 2013,* 57, 210; *乌拉特后旗年鉴 2016,* 226, 418; *和平区年鉴 2011,* 3, 283; *和平区年鉴 2012,* 181, 351; *垦利年鉴 2015,* 152; *无棣年鉴 2012–2014,* 45, 176; *巨野年鉴 2018,* 23, 114; *宝丰年鉴 2011,* 102, 243; *虞城年鉴 2013,* 16,124; *芜湖年鉴 2012,* 93; *芜湖年鉴 2013,* 65; *芜湖年鉴 2014,* 72; *芜湖年鉴 2015,* 68; *芜湖年鉴 2016,* 76; *芜湖年鉴 2017,* 18, 82; *普洱年鉴 2015,* 131, 394; *苍南年鉴 2013,* 8, 127.

補遺9：*安龙年鉴 2017,* 207; *普洱年鉴 2015,* 131; *德化年鉴 2011,* 99; *芜湖年鉴 2012,* 93; *芜湖年鉴 2013,* 65; *芜湖年鉴 2014,* 72; *芜湖年鉴 2015,* 68; *芜湖年鉴 2016,* 76; *芜湖年鉴 2017,* 83; *乌特拉后年鉴 2016,* 236; *黔东南年鉴 2014,* 172; *黔东南年鉴 2018,* 212; *黑河年鉴 2014,* 144; *巴彦年鉴 2011,* 169; *瓮安年鉴 2013,* 123; *瓮安年鉴 2015,* 177; *睛隆年鉴 2017,* 101; *涟水年鉴 2003,* 117; *成都市成华区志 1991–2001,* 235; *和平区年鉴 2011,* 183; *内江市市中区年鉴 2016,* 180.

252–253; *缙云县公安志,* 170, 178; *舟山市公安志,* 211; Ch. 7, *重庆市志：公安志,* e-book.

補遺6：田金生, "对我县重点人口管理工作的调查与思考," *北京人民警察学院学报,* no. 59 (1999): 27; *铜陵年鉴 1991,* 75, 165; *南岸区年鉴 1993–1997,* 13, 79; *迁安年鉴 1998–1999,* 20, 88; *新野年鉴 1998,* 171; *中国公安年鉴 2000,* 409; *耒阳年鉴 1993,* 41, 180; *耒阳年鉴 1995,* 53, 120; "湖南新宁司法篇," http://city.sina.com.cn/city/t/2011-08-17/170221463.html; *湖南年鉴 1993,* 543; *湖南年鉴 1997,* 371; *平陆年鉴 1995,* 10, 67; *会同年鉴 1992–1995,* 215; *通城年鉴 1995,* 67, 135; *通城年鉴 1996,* 20, 61; *黄石年鉴 1996,* 90, 176; *枣庄年鉴 1997,* 51, 126; *沁水县志 1986–2003,* 484; *黎城县志 1991–2003,* 470; *安义年鉴 1993–1998,* 138, 304; *宁都年鉴 1991–1994,* 153; *大连市志:公安志,* 254; *大连统计年鉴 2017,* 94; *昌图年鉴 1997,* 24, 143; *富锦市志,* 514, 652; *齐齐哈尔市建华区志 1996–2005,* 473, 627–633; *大庆市萨尔图区志 1986–2005,* 410–412; *柞水年鉴 1998–2002,* 124, 253; *商南县志 1991–2010,* 116, 603; *龙岩市志 1988–2002,* 1215; *永安年鉴 1991–1994,* 47, 221; 王建幸, "浅论派出所基础工作," *公安理论与实践,* no. 3 (1995): 3; *崇明年鉴 1994,* 290; *崇明年鉴 1996,* 261–262; *崇明年鉴 1998,* 223–224; *崇明年鉴 2000,* 201–202; *玛纳斯县志 1986–2010,* 117, 849; *田东年鉴 1994–1998,* 192–193; *来宾年鉴 1991–2000,* 285; *象州年鉴 1991–1995,* 61, 119; *徐州年鉴 1998,* 51, 118; *宜兴年鉴 1992,* 3, 99; *淮阴年鉴 1997,* 91; *双流年鉴 1994,* 51, 95; *大竹年鉴 1993,* 2, 87; *大竹年鉴 1995,* 3, 78; *成都成华志 1990–2005,* 77–78, 231; *临江年鉴 1994–1995,* 141, 225; *保山地区年鉴 1996,* 190, 252; *杭州市人民公安志,* 212; *慈溪市公安志,* 239; *余姚公安志,* 159, 164; *缙云县公安志,* 170, 178.

補遺7：*苍南年鉴 2002,* 93, 151; *北海年鉴 2001–2002,* 46, 100; *定安年鉴 2009,* 83; *张掖综合年鉴 2004–2005,* 9, 686; *湖南新宁司法篇,* http://city.sina.com.cn/city/t/2011-08-17/170221463.html; *湖南年鉴 2005,* 354; *沁水县志,* 484; *灵宝市志 1988–2000,* 651–652; *龙岩市志 1988–2002,* 1215; *龙岩年鉴 2003,* 21; *德化年鉴 2009,* 12, 103; *涵江年鉴 2010,* 9, 174; *芜湖县志 1990–2003,* 462; *启东年鉴 2001,* 93, 191; *新浦年鉴 2002,* 66, 110; *通州年鉴 2006,* 118; *灌南年鉴 2001,* 134; *淮安年鉴 2001,* 37, 101; *长宁年鉴 2010,* 38, 142; *宜宾年鉴 2007,* 26, 112; *通川年鉴 2008,* 129; *通川年鉴 2006,* 338 (2005 population used); *三台年鉴 2002,* 2, 129; *成都年鉴 2007,* 2, 118; *成都成华志 1990–2005, 77–78,* 231; *成华年鉴 2009,* 86; *锦江年鉴 2008,* 87; *锦江年鉴 2009,* 1, 68; *锦江年鉴 2010,* 1, 60; *即墨年鉴 2010,* 1, 97; *平原县志, 1986–2008,* 87, 491; *文登年鉴 2007–2009,* 284–285; *东营区年鉴 2006,* 142; *泰安年鉴 2002,* 262; *南康年鉴 2004,* 43, 116; *弋阳年鉴 2006–2009,* 44, 182; *新建县志 1985–2002,* 115, 667; *呼兰年鉴 2008–2009,* 109–110, 281, 342; *大兴安岭年鉴 2002,* 20, 114; *伊春市年鉴 2006,* 12, 87; *富锦市志,* 514, 652; *齐齐哈尔市建华区志 1996–2005,* 351; *齐齐哈尔年鉴 2004,* 354; *大庆市萨尔图区志 1986–2005,* 410–412; *兴安盟志I,* 332, 1671; *准格尔年鉴 2006,* 63, 159; *乌海年鉴 2000–2001,* 24, 121; *昌吉年鉴 2010,* 30, 163; *云南年鉴 2009,* 39, 124; *大关年鉴 2005,* 74, 159; *大关年鉴 2006,* 89, 186; *大关年鉴 2009,* 67, 191; *泸西年鉴 2005,* 97, 211; *威信年鉴 2001,* 38, 120; *威信年鉴 2004–2005,* 29, 174; *罗平年鉴 2002,* 156; *思茅年鉴 2003,* 136; *云南年鉴 2003,* 380; *鲁甸年鉴 2009,* 265; *渭南年鉴 2007,* 2, 153; *柞水年鉴 1998–2002,* 1, 124; *西乡年鉴 2001–2003,* 223, 268; *南郑年鉴 2004–2005,* 20, 334; *银川年鉴 2006,* 32, 287; *银川年鉴 2008,* 52, 274; *华龙年鉴 2010,* 109, 125; *恩平年鉴 2004–2006,* 131, 231; *本溪年鉴 2002,* 73, 150; *本溪年鉴 2007,* 61, 166; *朝阳年鉴 2004,* 1, 130; *平泉年鉴 2006,* 144, 329; *柳河年鉴 2010,* 136.

補遺の参考文献

補遺1：*平顶山年鉴 2020,* 34, 152; *新密年鉴 2013,* 19, 101; *通州年鉴 2005,* 116, 290; *宝应年鉴 2001,* 26, 88; *秦淮年鉴 2016,* 106, 279; *连云年鉴 2014,* 34, 96; *连云年鉴 2013,* 44, 109; *连云年鉴 2012,* 45, 117; *普陀年鉴 2017,* 1, 48; *岳阳楼区年鉴 2017,* 53, 176; *桐乡年鉴 2016,* 312, 315; *黄陵年鉴 2015,* 367–368; *高要年鉴 2015,* 31, 111; *云浮市云城区年鉴 2014,* 35, 131; *云安年鉴 2013,* 112, 184; *海珠年鉴 2013,* 112, 184; *道外年鉴 2015,* 34, 98; *北京顺义年鉴 2014,* 28, 154; *北京西城年鉴 2015,* 161, 414; *北京海淀年鉴 2015,* 126, 425; *通江年鉴 2015,* 31, 73; *迪庆年鉴 2015,* 233–234; *大关年鉴 2011,* 83, 172; *南漳年鉴 2015,* 46, 108; *桐梓年鉴 2014,* 217–218; *正定年鉴 2013,* 65, 129; *鄯善年鉴 2011,* 275; *2010*, 255; *乌什年鉴 2013,* 34, 104; *渠县年鉴 2013,* 73, 148; *通川年鉴 2010,* 62; *2012–13,* 52; *成都年鉴 2010,* 2, 86; *武胜年鉴 2014,* 49, 112; *武胜年鉴 2013,* 41, 111.

補遺2：*宝应年鉴 2001,* 88; *通州年鉴 2005,* 116; *连云年鉴 2014,* 96; *秦淮年鉴 2016,* 279; *平顶山年鉴 2020,* 152; *建德年鉴 2012,* 289; *桐乡年鉴 2016,* 312, 315; *云安年鉴 2013,* 184; *普陀年鉴 2017,* 48; *普陀年鉴 2020,* 103; *通江年鉴 2015,* 73; *高要年鉴 2015,* 111; *北京顺义年鉴 2014,* 15.

補遺3：*锦州年鉴 1989,* 126; *洛南年鉴 1996–1999,* 289; *松原年鉴 2000,* 103; *瓮安年鉴 2000–2003,* 123; *柞水年鉴 1998–2002,* 123; *柞水年鉴 2004,* 74; *和硕年鉴 2012,* 112; *米易年鉴 2009,* 72; *米易年鉴 2010,* 73; *米易年鉴 2011,* 83; *米易年鉴 2012,* 87; *米易年鉴 2015,* 100; *米易年鉴 2016,* 113; *眉山年鉴 1999,* 169; *眉山市东坡区年鉴 2001,* 135; *眉山市东坡区年鉴 2002,* 113; *眉山市东坡区年鉴 2003,* 99; *眉山市东坡区年鉴 2005,* 131; *眉山市东坡区年鉴 2007,* 117; *九寨沟县年鉴 1999–2005,* 297; *南溪年鉴 2010,* 86; *赫章年鉴 2010,* 290; *田东年鉴 2003–2006,* 178; *田东年鉴 2010–2011,* 152.

補遺4：*榆林年鉴 2007,* 92; *宝应年鉴 2001,* 88; *大竹年鉴 2010,* 132; *稻城年鉴 2003–2008,* 184; *北川羌族自治县年鉴 2016,* 107; *庄浪年鉴 2018,* 156; *庄浪年鉴 2019,* 166; *武汉公安年鉴 2002,* 60; *武汉公安年鉴 2004,* 79; *呼兰年鉴 2015,* 127; *大庆市萨尔图区志 1986–2005,* 393; *朝阳年鉴 2019,* 137; *弋阳年鉴 2014,* 124; *崇义年鉴 2015,* 114; *成武年鉴 1996,* 99; *阜阳市年鉴 2006,* 213; *宁乡年鉴 2015,* 84; *赫章年鉴 2010,* 290; *郑州铁路局年鉴 2016,* 322; *临汾年鉴 2018,* 121; *磐石市志 1991–2003,* 35.

補遺5："湖南新宁司法篇," http://city.sina.com.cn/city/t/2011-08-17/170221463.html; *中国人口统计年鉴 1988,* 634; *湖南年鉴 1986,* 86; *陕西省志：公安志,* 559–561, *陕西年鉴 1987,* 7; *沁水县志 1986–2003,* 484; *黑龙江省志：公安志,* 375–377; *望奎县志 1986–2005,* 557; *齐齐哈尔市建华区志 1996–2005,* 473, 633; *莲城金盾*（湖南湘潭市第二印刷厂, 1999）, 191; *中国人口统计年鉴 1988,* 178; *长春市志: 公安志,* 504; *延吉市志,* 55, 255; *大连市志：公安志,* 254; *大连统计年鉴 2017,* 94; *玛纳斯县志 1986–2010,* 117, 849; *杭州市人民公安志,* 211–212; *象山县公安志,* 183, 200; *岱山县公安志,* 159; *富阳县公安志,* 239, 260; *金华市公安志,* 195; *永康市公安志,* 88; *建德市公安志,* 194, 261; *慈溪市公安志,* 238,

行政区画	年	人口に占める割合（%）
浙江省蒼南県	2011	0.34
平均値		0.35
中央値		0.24

a：複数年平均

補遺 9

各地域の重点人口（KP）に対する重点人員（KI）の比率

行政区画	年	KP人数	KI指定者数	KPに占めるKIの割合（%）
貴州省安龍県	2016	1,516	3,815	252
雲南省普市	2014	525	877	167
福建省徳化県	2010	1,040	1,373	132
安徽省蕪湖県	2011	1,138	1,141	100
同上	2012	1,470	1,491	101
同上	2013	1,579	1,819	115
同上	2014	1,584	1,643	104
同上	2015	1,444	2,034	141
同上	2016	1,694	2,217	131
内モンゴル自治区ウラド後旗	2016	155	175	113
貴州省黔東南ミャオ族トン族自治州	2013	14,539	1,041	7
同上	2017	19,121	2,008	11
黒竜江省黒河市	2013	2,177	2,827	130
黒竜江省巴彦県	2010	946	749	79
貴州省甕安県	2013	3,449	4,501	131
同上	2015	4,353	5,858	135
貴州省晴隆県	2017	2,095	656	31
江蘇省漣水県	2002	4,322	4,769	110
成都市成華区	2005	1,359	1,333	98
天津市和平区	2010	407	2,172	534
四川省内江市市中区	2015	1,459	9,214	632
平均値				155
中央値				115

補遺 8

特定地域の総人口に占める重点人口の割合（2010年代）

行政区画	年	人口に占める割合（%）
貴州省普安県	2016–2017	0.51 a
同上	2019	0.49
貴州省甕安県	2013	0.62
同上	2015	0.90
貴州省黔東南ミャオ族トン族自治州	2013	0.31
同上	2017	0.40
貴州省松桃ミャオ族自治県	2012	0.18
貴州省貴陽市	2017	0.99
貴州省貴陽市南明区	2018	1.01
貴州省晴隆県	2017	0.61
湖北省通城県	2014	0.49
黒竜江省黒河市	2013	0.17
同上	2017	0.19
甘粛省楡中県	2011	0.40
甘粛省金昌市金川区	2010–2011	0.51 a
甘粛省正寧県	2013	0.24
新疆ウイグル自治区ウシュトゥルファン県	2010–2011	0.24 a
同上	2014	0.17
新疆ウイグル自治区伊吾県	2010	0.19
新疆ウイグル自治区ハミ市	2013	0.10
新疆ウイグル自治区タルバガタイ地区	2014	0.13
福建省徳化県	2010	0.33
四川省康定県	2019	1.17
四川省長寧県	2011	0.16
四川省成都市錦江区	2011	0.22
同上	2018	0.11
四川省綿陽市遊仙区	2015	0.14
四川省綿竹市	2014	0.23
陝西省西安市橋区	2012	0.12
内モンゴル自治区ウラド後旗	2016	0.26
天津市和平区	2010–2011	0.14 a
山東省東営市墾利区	2014	0.17
山東省無棣県	2014	0.21
山東省巨野県	2017	0.18
河南省宝豊県	2010	0.43
河南省虞城県	2012	0.27
安徽省蕪湖市	2011–2016	0.42 a
雲南省普市	2014	0.02

行政区画	年	人口に占める割合（%）
山東省泰安市	2001	0.18
江西省州市南康区	2003	0.11
江西省弋陽県	2006	0.15
江西省新建区	2002	0.13
黒竜江省ハルビン市呼蘭区	2007–2008	0.16 a
黒竜江省大興安嶺地区	2001	0.12
黒竜江省伊春市	2005	0.96
黒竜江省富錦市	2002–2003	0.82 a
黒竜江省大慶市サルト区	2004	0.24
黒竜江省チチハル市建華区	2003	0.53
内モンゴル自治区ヒンガン盟	2001	0.25
内モンゴル自治区ジュンガル旗	2005	0.13
内モンゴル自治区烏海市	2000	0.26
新疆ウイグル自治区昌吉市	2009	0.12
雲南省	2008	0.23
雲南省大関県	2004–2005	0.28 a
同上	2008	0.22
雲南省瀘西県	2004	0.21
雲南省威信県	2001	0.31
同上	2004	0.48
雲南省羅平県	2001	0.29
雲南省普市思茅区	2002	0.27
雲南省魯甸県	2008	0.13
陝西省渭南市	2006	0.25
陝西省柞水県	2001–2002	0.22 a
陝西省西郷県	2002	0.43
陝西省漢中市南鄭区	2004	0.37
寧夏回族自治区銀川市	2005	0.31
同上	2007	0.35
広東省深市竜華区	2009	0.36
広東省恩平市	2006	0.29
遼寧省本渓市	2001	0.35
同上	2006	0.31
遼寧省朝陽市	2003	0.26
河北省平泉市	2006	0.07
吉林省柳河県	2009	0.24
平均値		0.27
中央値		0.26

a：複数年平均

行政区画	年	人口に占める割合（%）
平均値		0.47
中央値		0.40

a：複数年平均

補遺 7

特定地域の総人口に占める重点人口の割合（2000年代）

行政区画	年	人口に占める割合（%）
浙江省蒼南県	2001	0.27
広西チワン族自治区北海市	2000	0.10
甘粛省安定県	2008	0.10
甘粛省張掖市	2004	0.40
湖南省新寧県	2004	0.27
山西省沁水県	2003	0.26
河南省霊宝市	2000	0.09
福建省竜岩市	2002	0.33
福建省徳化県	2008	0.26
福建省田市涵江区	2009	0.15
安徽省蕪湖県	2003	0.19
江蘇省啓東市	2000	0.44
江蘇省連雲港市新浦区	2001	0.59
江蘇省南通市通州区	2005	0.42
江蘇省灌南県	2000	0.32
江蘇省淮安市	2000	0.53
四川省長寧県	2009	0.14
四川省宜賓市徐州区	2007	0.14
四川省達州市通川区	2007	0.11
四川省三台県	2001	0.26
四川省成都市	2006	0.21
四川省成都市成華区	2000–2005	0.27 a
同上	2008	0.25
四川省成都市錦江区	2007–2009	0.31 a
山東省青島市即墨区	2009	0.41
山東省平原県	2008	0.12
山東省威海市文登区	2007	0.17
同上	2009	0.18
山東省東営市東営区	2005	0.07

行政区画	年	人口に占める割合（%）
同上	1995	0.44
湖南省会同県	1992	0.38
湖北省通城県	1994–1995	0.39 a
湖北省黄石市	1994	0.32
山東省棗荘市	1996	0.28
山西省平陸県	1995	0.98
山西省沁水県	1992	0.52
山西省黎城県	1996	0.41
江西省安義県	1995–1997	0.37 a
江西省寧都県	1991–1994	0.32 a
遼寧省大連市	1990	0.48
遼寧省昌図県	1996	0.44
黒竜江省富錦市	1994	0.70
同上	1997	1.04
黒竜江省チチハル市建華区	1995	1.04
黒竜江省大慶市サルト区	1999	0.30
陝西省柞水県	1998	0.34
陝西省商南県	1991	0.57
陝西省漢中市南鄭区	1997	0.32
福建省竜岩市	1996	0.33
福建省永安市	1993	0.63
上海市虹口区	1994	0.66
上海市崇明区	1992	0.32
同上	1994–1995	0.30 a
同上	1997–1999	0.25 a
新疆ウイグル自治区マナス県	1995	0.15
広西チワン族自治区田東県	1994–1997	0.54 a
広西チワン族自治区来賓市	1992	0.44
広西チワン族自治区象州県	1992	0.89
江蘇省徐州市	1997	1.10
江蘇省宜興市	1991	0.22
江蘇省淮安市	1996	0.95
四川省双流県	1994	0.22
四川省大竹県	1993	0.34
同上	1995	0.28
四川省成都市成華区	1991–1998	0.24 a
吉林省臨江市	1995	0.71
雲南省保山市	1995	0.21
浙江省杭州市	1995	0.40
浙江省慈渓市	1994	0.50
浙江省余姚市	1990	0.36
浙江省縉雲県	1990–1991	0.51 a

行政区画	年	人口に占める割合（%）
遼寧省大連市	1981	0.07
新疆ウイグル自治区マナス県	1986	0.13
浙江省杭州市	1983	0.58
同上	1987	0.57
浙江省象山県	1985–1989	0.49 a
浙江省岱山県	1981–1982	0.08 a
同上	1983–1989	0.39 a
浙江省富陽県	1983–1986	0.52 a
浙江省金華市	1983–1986	0.34 a
浙江省永康市	1986–1989	0.37 a
浙江省建徳市	1981–1982	0.02 a
同上	1983–1989	0.35 a
浙江省慈谿市	1982	0.02
同上	1983, 1985, 1987	0.41 a
浙江省縉雲県	1982	0.05
同上	1983–1989	0.37 a
浙江省舟山市	1980–1982	0.047 a
同上	1983–1989	0.49 a
四川省重慶市	1984	0.40
平均値		0.35
中央値		0.35

a：複数年平均

補遺 6

特定地域の総人口に占める重点人口の割合（1990年代）

行政区画	年	人口に占める割合（%）
北京市	1998	0.53
安徽省銅陵市	1990	0.49
重慶市南岸区	1993	0.82
河北省遷安市	1997	0.56
河南省新野県	1998	0.51
内モンゴル自治区	1999	0.33
湖南省平江県	1996	0.18
湖南省耒陽県	1992	0.21
同上	1994	0.24
湖南省新寧県	1992	0.30

行政区画	年	収集された情報の件数	使用・報告された件数 a
湖北省武漢市	2001	993	151
同上	2003	3,132	621
黒竜江省ハルビン市呼蘭区	2014	213	107
黒竜江省大慶市サルト区 b	1986–2005	696	190
遼寧省朝陽市	2017	240	175
江西省弋陽県	2013	533	483
江西省崇義県	2014	613	363
山東省成武県	1995	36	5
安徽省阜陽市	2005	279	87
湖南省寧郷市	2014	1,160	83
貴州省赫章県	2009	185	102
河南省鉄路鄭州局	2015	2,972	196
山西省臨汾市	2017	21,280	5,880
吉林省磐石市	2001	43	26
収集した情報のうち、活用・報告されたものの割合（%）			24.1

a：同レベルまたは上位の当局への報告のみ。
b：当地区は、政治的安全保障と社会的安定に関する情報のみを報告している。他の行政区画から報告された情報は特定されておらず、おそらく広範な内容を対象としていると思われる。

補遺 5

特定地域の総人口に占める重点人口の割合（1980年代）

行政区画	年	人口に占める割合（%）
湖南省新寧県	1981	0.19
同上	1985	0.29
陝西省	1984	0.65
山西省沁水県	1987	0.26
黒竜江省	1981–1982	0.14 a
同上	1983	0.31
同上	1984	0.59
同上	1985	0.64
黒竜江省望奎県	1987	0.38
黒竜江省チチハル市建華区	1985	0.90
湖南省湘潭市	1983	0.28
同上	1985	0.26
吉林省長春市	1986	0.06
吉林省延吉市	1986	0.95

行政区画	年	危険人物情報	政治情報	社会情報
同上	2009	1	117	379
同上	2010	1	164	354
同上	2011	2	304	476
同上	2014	0	205	414
同上	2015	0	298	193
四川省眉山市東坡区	1998	4	93	425
同上	2000	2	41	451
同上	2001	8	73	468
同上	2002	5	58	336
同上	2004	11	74	287
同上	2006	9	52	132
四川省九寨溝県	2002	4	9	14
四川省南渓区	2009	6	14	130
貴州省赫章県	2009	4	38	60
広西チワン族自治区田東県	2003	3	6	34
同上	2004	6	4	21
同上	2005	16	4	45
同上	2006	3	7	59
同上	2010	1	5	84
同上	2011	5	7	76
合計		265	1,945	6,853
全体に占める割合		3	21	76

注：2つの分類システムが使われている。行政区画によっては、機密情報を危険人物情報、政治情報、社会情報に分類している。Aは危険人物情報、Bは政治情報、Cは社会情報に相当すると思われ、この表はその仮定に基づいている。

補遺4

地域別機密情報の質

行政区画	年	収集された情報の件数	使用・報告された件数 a
陝西省楡林市	2006	630	188
江蘇省宝応県	2000	3,523	175
四川省大竹県	2009	853	39
四川省稲城県	2008	85	42
四川省北川チャン族自治県	2015	420	200
甘粛省庄浪県	2018	242	83
同上	2017	456	114

補遺 2

各地域における情報提供者の成果

行政区画	年	情報提供者数	報告された一般・機密情報の件数	情報提供者１人あたりの一般・機密情報の件数
江蘇省宝応県	2000	12,946	3,523	0.27
江蘇省南通市通州区	2004	9,643	7,023	0.73
江蘇省連雲港市連雲区	2014	1,100	3,500	3.18
江蘇省南京市秦淮区	2015	9,698	6,240	0.64
河南省平頂山市	2019	20,848	2,458	0.12
浙江省建徳市 a	2011	1,717	1,256	0.73
浙江省桐郷市烏鎮鎮	2015	2,681	2,058	0.77
広東省雲浮市雲安区	2012	3,651	1,227	0.34
上海市普陀区	2016	4,153	612	0.15
上海市普陀区 b	2019	277	33	0.12
四川省通江県	2014	1,050	233	0.22
広東省高要区	2014	10,832	1,174	0.11
北京市順義区	2013	13,000	220,000	16.92
順義区・連雲区を除く平均値				0.38
順義区・連雲区を含む平均値				1.87

a：報告書には、情報提供者はすべて小規模商店の所有者とある。
b：報告書には、情報提供者はすべて配達員とある。

補遺 3

各地域における国内安全保衛部隊が収集した機密情報の種類

行政区画	年	危険人物情報	政治情報	社会情報
遼寧省錦州市	1988	13	28	1,081
陝西省洛南県	1998	9	63	90
吉林省松原市	1999	60	10	333
陝西省柞水県	1998	7	22	96
同上	1999	16	23	96
同上	2000	4	6	116
同上	2001	1	18	28
同上	2002	1	9	84
同上	2003	1	22	95
新疆ウイグル自治区ホショード県	2011	56	13	42
四川省米易県	2008	6	158	354

補遺——情報提供者と監視対象者

補遺 1

人口に占める情報提供者の割合

行政区画	年	人口100人あたりの情報提供者数
河南省平頂山市	2019	0.38
河南省新密市	2012	0.06
江蘇省南通市通州区	2004	0.76
江蘇省宝応県	2000	1.41
江蘇省南京市秦淮区	2015	1.39
江蘇省連雲港市連雲区	2011–2013	0.42 a
上海市普陀区	2016	0.46
湖南省岳陽市岳陽楼区	2016	0.64
浙江省桐郷市烏鎮鎮	2015	4.68
陝西省延安市黄陵県隆坊鎮	2014	1.03
広東省高要区	2014	1.40
広東省雲浮市雲城区	2013	0.40
広東省雲浮市雲安区	2012	1.32
広州市海珠区南華西街道	2012	1.86
黒竜江省ハルビン市道外区	2014	0.07
北京市順義区	2013	2.16
北京市海淀区	2014	0.47
北京市西城区	2014	1.32
四川省通江県	2014	0.15
雲南省デチェン・チベット族自治州	2014	0.71
雲南省昭通市大関県	2010	0.25
湖北省南県	2014	0.73
貴州省桐梓県大河鎮	2013	0.43
河北省正定県	2012	1.80
新疆ウイグル自治区ピチャン県ラムジン鎮	2010	1.60
新疆ウイグル自治区ウシュトゥルファン県	2012	6.89
四川省渠県	2012	0.23
四川省達州市通川区	2009	0.88
四川省成都市	2009	0.31
四川省武勝県	2012–2013	1.10 a
平均値		1.13
中央値		0.73

a：複数年平均

/t20210103_222439.html.

72. "涉疫信息隐瞒不报, 巩义这七个人被列入失信 黑名单," *信用中国*, http://www.zqdh.gov.cn/zwgk/ztzl/xyzggdzqdh/fxts/content/post_2101592.html.

73. "北京：电动自行车进楼道充电, 将影响个人征信," http://kfqgw.beijing.gov.cn/zwgkkfq/zcfg/hygq/202202/t20220217_2611128.html; "该给征信滥用亮起'红灯'了," *北京青年报*, December 28, 2020, http://www.xinhuanet.com/comments/2020-12/28/c_1126914404.htm; "滥用个人征信, 是对信用社会失信," *新京报*, April 19, 2019, https://m.bjnews.com.cn/detail/155568606514920.html.

74. "常州市信访人信用管理实施办法(试行)," *中新网*, October 24, 2018, http://www.js.chinanews.com.cn/news/2018/1024/183745.html; "多地出台文件惩罚失信访民 学者称于法无据," *财新网*, September 12, 2019, https://china.caixin.com/2019-09-12/101461655.html.

75. Wen-Hsuan Tsai, Hsin-Hsien Wang, and Ruihua Lin, "Hobbling Big Brother: Top-Level Design and Local Discretion in China's Social Credit System," *China Journal* 86, no. 1 (2021): 1–20.

76. 贺凤, "社会信用体系建设中存在的问题及难点," *北方金融*, no. 2 (2021): 108; Chen Huirong and Sheena Greitens, "Information Capacity and Social Order: The Local Politics of Information Integration in China," *Governance* 35, no. 2 (2022): 497–523.

52. *中卫年鉴 2020*, 154.
53. “西安市公共安全视频图像信息系统管理办法（草案）征求意见稿,” http://www.xa.gov.cn/ptl/def/def/index_1121_6774_ci_trid_2771909.html.
54. *厦门年鉴 2019*, 134.
55. *南丰年鉴 2018*, 153; *濮阳年鉴 2020*, 107.
56. 黄松涛, 盛进, “雪亮工程检测常见问题,” *中国安防*, no. 8 (2020): 11–13.
57. 陈杰, “新时期雪亮工程建设下安防及信息化技术运用,” *网络安全技术与应用*, no. 7 (2021): 144–146; 龙鹏宇, “重庆市永川区搭建平安综治云”: 61–63.
58. 杨淼, “视频监控点位规划的实践与思考,” *人民法治* (June 2017): 86.
59. 社会信用制度について初めて言及されたのは, 2013年11月の中国共産党第18期中央委員会第3回全体会議の決議においてだった。http://www.gov.cn/jrzg/2013-11/15/content_2528179.htm.
60. 国务院, “社会信用体系建设规划纲要, (2014–2020年),” http://www.gov.cn/zhengce/content/2014-06/27/content_8913.htm.
61. “国务院办公厅关于加快推进社会信用体系建设构建以信用为基础的新型监管机制的指导意见,” http://www.gov.cn/zhengce/content/2019-07/16/content_5410120.htm.
62. 何玲, “以信筑城: 第三批社会信用体系建设示范区观察,” *中国信用*, no. 12 (2021): 15–27.
63. “国务院办公厅关于进一步完善失信约束制度 构建诚信建设长效机制的指导意见,” http://www.gov.cn/zhengce/content/2020-12/18/content_5570954.htm.
64. “中共中央办公厅 国务院办公厅印发 关于推进社会信用体系建设高质量发展促进形成新发展格局的意见,” http://www.gov.cn/zhengce/2022-03/29/content_5682283.htm.
65. Fan Liang, Vishnupriya Das, Nadiya Kostyuk, and Muzammil M. Hussain, “Constructing a Data-driven Society: China’s Social Credit System as a State Surveillance Infrastructure,” *Policy & Internet* 10, no. 4 (2018): 415–453; Katja Drinhausen and Vincent Brussee, “China’s Social Credit System in 2021: From Fragmentation towards Integration,” MERICs China Monitor, Mercator Institute for China Studies, Berlin, March 3, 2021, updated May 9, 2022, 1–24; Xu Xu, Genia Kostka, and Xun Cao, “Information Control and Public Support for Social Credit Systems in China,” *Journal of Politics* 84, no. 4 (2022): 2230–2245.
66. 国务院, “社会信用体系建设规划纲要 (2014–2020年).”
67. 中国执行信息公开网, “全国法院失信被执行人名单信息公布与查询平台,” http://zxgk.court.gov.cn/shixin.
68. 社会信用に関する各地域の規則は, 同じ雛型を使って書かれているようで, そのため似たような条項が含まれていることが多い。中国の公式ウェブサイトである「信用中国」は, 社会信用に関する多くの地方規則を追跡している。*信用中国*, https://www.creditchina.gov.cn/zhengcefagui/?navPage=2.
69. “上海市人大常委会通过全力做好疫情防控工作决定,” *新华网*, February 12, 2020, http://www.npc.gov.cn/npc/c30834/202002/dd8a5ee6fbaf4194bc71a636ab7c5600.shtml.
70. “广东省社会信用条例,” http://www.gd.gov.cn/zwgk/wjk/zcfgk/content/post_2718326.html; 国家互联网信息办公室关于《互联网信息服务严重失信主体信用信息管理办法》(征求意稿), http://www.cac.gov.cn/2019-07/22/c_1124782573.htm.
71. “南京市社会信用条例,” https://www.creditchina.gov.cn/zhengcefagui/xinyonglifa/202101

機器を貸与された。*成华年鉴 2015*, 97; 吴胜益, 徐超帅, “江西天网工程在公安办案中应用效果的研究,” *科技广场*, no. 12 (2014): 242.

37. 许秀燕, “天网工程新型社会治安防控体系,” *Informatization of China's Construction*, no. 9 (2019): 35.
38. 丁家祥, “城市社会治安图像监控系统的现状与发展趋势分析,” *公安研究*, no. 7 (2008): 77.
39. 胡海, “公安机关天网工程建管用中存在的问题及解决方案探究,” *China's New Technologies and Products*, no. 11 (2015): 26. 中国の地方政府には歳入を増やす選択肢がほとんどなく, 経済状況によって変動する土地使用権の売却収入に大きく依存している。Yuanyan Sophia Zhang and Steven Barnett, “Fiscal Vulnerabilities and Risks from Local Government Finance in China,” IMF Working Paper WP/14/4, International Monetary Fund, January 2014.
40. 马云鹏 等, “公安视频侦查体系化建设若干思考与建议,” *中国刑警学院学报*, no. 1 (2017): 37–44.
41. 郎江涛, “公安系统天网工程瓶颈及未来展望,” *Science and Technology & Innovation*, no. 9 (2017): 45.
42. 马云鹏 等, “公安视频侦查体系化建设若干思考与建议,” 37–44; 万程, 何毅, “长沙市视频监控‘天网工程’建设现状及存在问题分析,” *考试周刊*, no. 75 (2017): 189–190; 吴胜益, 徐超帅, “江西天网工程在公安办案中应用效果的研究”: 243–244.
43. 中共中央办公厅国务院办公厅, “关于加强社会治安防控体系建设的意见,” http://www.gov.cn/gongbao/content/2015/content_2847873.htm.
44. 井立国, “雪亮工程示范,” *法制与社会*, no. 10 (2020): 134; *贵州年鉴 2019*, 94; *奉贤年鉴 2019*, 126.
45. “关于加强公共安全视频监控建设联网应用工作的若干意见,” http://news.21csp.com.cn/c23/201505/82143.html.
46. “中共中央 国务院关于实施乡村振兴战略的意见,” http://www.gov.cn/zhengce/2018-02/04/content_5263807.htm; 丁兆威, “雪亮工程照亮平安乡村路,” *第九届深圳国际智能交通与卫星导航位置服务展览会* (2020): 126. 2016年10月にシャープアイズの構築に関する初の全国会議が, 2017年6月にもプロジェクトを推進するための別の全国会議が開催された。丁兆威, “雪亮工程照亮平安乡村路,” 126.
47. 张艳华, “如何建设雪亮工程,” *第七届深圳国际智能交通与卫星导航位置服务展览会* (2018): 137.
48. 龙鹏宇, “重庆市永川区搭建平安综治云,” *重庆行政* 22, no. 4 (2021): 61; *永城年鉴 2020*, 355; *莒县年鉴 2020*, 146.
49. “唐河县公共安全视频监控建设联网应用项目,” https://www.faanw.com/xueliianggongcheng/507.html, accessed January 3, 2022; 咸宁市自然资源和规划局, “关于加强全市城镇住宅小区公共安全视频监控设施建设和管理办法,” http://zrzyhghj.xianning.gov.cn/hdjl/dczj/201912/t20191227_1898675.shtml.
50. “西安市公共安全视频图像信息系统管理办法（草案）征求意见稿,” http://www.xa.gov.cn/ptl/def/def/index_1121_6774_ci_trid_2771909.html; “雪亮工程的一、二、三类点怎么区分的？” https://www.jimay.com/support/375.html.
51. “2021 年雪亮工程视频监控系统解决方案(接入公安天网),” https://www.jimay.com/solutions/2963.html.

信息系统、公共信息网络安全监察信息网络报警处置系统、涉毒人员管理信息系统、全国邪教案件管理分析系统、外国人管理系统（境外人员管理）」。*九江年鉴 2006*, 145; *广东科技年鉴 2003*, 218; *甘肃信息年鉴 2006*, 156; *黔西南年鉴 2006*, 126; *文山年鉴 2004*, 103.

12. *上海信息化年鉴 2007*, 138.
13. *广东科技年鉴 2010*, 262.
14. *江苏信息化年鉴 2005*, 440.
15. 李润森, "开拓进取、科技强警," *公安研究*, no. 4 (2002): 5–12.
16. 以下も参照。Sonali Chandel et al., "The Golden Shield Project of China: A Decade Later—An In-Depth Study of the Great Firewall," in *2019 International Conference on Cyber-Enabled Distributed Computing and Knowledge Discovery* (Piscataway, NJ: IEEE, 2019), 111–119.
17. *江苏年鉴 2007*, 212.
18. 2005年8月25日にMPSが発行した文書の公式タイトルは「关于开展城市报警与监控技术系统建设的意见」だが, 非公開。http://www.e-gov.org.cn/article-82800.html.
19. 公安部, "关于印发 '关于深入开展城市报警与监控系统应用工作的意见' 的通知," http://www.21csp.com.cn/html/View_2011/06/21/4946133222.shtml.
20. 戴林, "3111 试点工程建设中监控报警联网系统设计要点分析," *中国安防产品信息*, no. 4 (2006): 15.
21. 戴林, "3111 试点工程建设中监控报警联网系统设计要点分析."
22. 黄海军, "新平安城市建设需要什么?" *中国安防*, no. 3 (2013): 71–74.
23. 贺小花, "公安视频监控建设现状," *第14届安博会* (2013): 123.
24. *黄平年鉴 2017*, 89.
25. *武汉公安年鉴 2013*, 70; *武汉公安年鉴 2014*, 73.
26. *瓮安年鉴 2016*, 173.
27. 曲晓顺, "加强基层情报信息工作的探索," *网络安全技术与应用*, no. 2 (2011): 5.
28. *湖南年鉴 2020*, 475.
29. この追加には「法と治安ビデオ画像システム（社会治安视频系统）」という独自の名前がつけられた。
30. "浏阳市公安局天网工程专项资金绩效评价报告," http://www.liuyang.gov.cn/lyszf/xxgkml/szfgzbm/sczj/tzgg/201712/t20171220_6481522.html. 長沙市は2020年にも第4期を開始した。"24小时在岗的警察！长沙 '天网工程'（四期）项目建设开工," *澎湃新闻*, https://www.thepaper.cn/newsDetail_forward_6049308.
31. 2020年の国勢調査によると, 長沙市には1,000万人が住んでいた。"长沙市第七次全国人口普查公报," June 21, 2021, https://hn.rednet.cn/content/2021/06/21/9571662.html.
32. *澎湃新闻*, "24小时在岗的警察！长沙 '天网工程'（四期）项目建设开工."
33. 广东省公安厅科技处, "广东省治安防控体系建设," http://nj2008.21csp.com.cn/yhp/d20z/d4j/d4j.htm.
34. 高勇, "高屋建瓴," *中国安防*, no. 10 (2014): 2–7.
35. *成华年鉴 2015*, 97; *成华年鉴 2016*, 130; *成华年鉴 2017*, 141; *成华年鉴 2018*, 135; *成华年鉴 2019*, 133; *成华年鉴 2020*, 153.
36. 公安部科技局安全技术防范工作指导处, "城市报警与监控系统建设工作进展," http://nj2007.21csp.com.cn/cxp/2/cx-2.2.htm. 成都市成華区のPSBは, 成都テレコムから監視

105. 長沙市の警察は2009年に公衆Wi-Fiの監視を実施したとしている。*长沙年鉴 2010*, 147.
106. *武汉公安年鉴 2015*, 53.
107. *云岩年鉴 2017*, 174; *遂宁年鉴 2018*, 231; *通江年鉴 2019*, 144.
108. *西盟年鉴 2018*, 170.
109. *四川乐山市公安局文件汇编* 3, 22; *陇县年鉴 2017*, 111.
110. *衡阳年鉴 2019*, 155; *鄂伦春自治旗年鉴 2016*, 118; *沧州市运河区年鉴 2017*, 172.
111. *稷山年鉴 2019*, 35, 108; *郯城年鉴 2011–2014*, 7, 193; *个旧年鉴 2013*, 58, 211.
112. *禄劝年鉴 2016*, 197; *东川年鉴 2013*, 204; *贵阳年鉴 2008*, 161.
113. "内江市公安局狠抓网上重点人员管控工作取得显著成效," https://chinadigitaltimes.net/chinese/134942.html.

第7章　進化する監視

1. 中国の監視技術に関する簡単な調査については以下参照。Samantha Hoffman, "China's Tech-Enhanced Authoritarianism," *Journal of Democracy* 33, no. 2 (2022): 76–89.
2. Dahlia Peterson, "Foreign Technology and the Surveillance State," in *China's Quest for Foreign Technology: Beyond Espionage*, ed. William Hannas and Didi Kirsten Tatlow, 241–257 (London: Routledge, 2020).
3. Richard Berk, "Artificial Intelligence, Predictive Policing, and Risk Assessment for Law Enforcement," *Annual Review of Criminology* 4, no. 1 (2021): 209–237.
4. 著者, "Grid Management: China's Latest Institutional Tool of Social Control," *China Leadership Monitor*, no. 67 (2021), https://www.prcleader.org/_files/ugd/af1ede_e105c71ab91640f295f7992ceb1ededb.pdf.
5. 全米犯罪情報センターは, 米国の連邦, 州, 地方の法執行機関が利用するもので, 犯罪記録, 逃亡者, 盗品, 行方不明者などの刑事司法情報のデジタルデータベースである。以下参照。National Crime Information Center, Federal Bureau of Investigation, https://fas.org/irp/agency/doj/fbi/is/ncic.htm.
6. "金盾工程战果辉煌," *中国计算机报*, February 17, 2003, B4; 金卡工程杂志社, "2001–2002 年中国金盾工程情况调查," *金卡工程*, no. 2 (February 2003): 34. 河南省は2009年に金盾の第2段階を開始した。*河南信息化年鉴 2009–2010*, 249.
7. 刘静, "何谓金盾工程," *人民公安*, 9 (1999): 40–42.
8. 金盾には8つの国家データベースが組み込まれている。National Population Basic Information (全国人口基本信息资源库), National Border Entry and Exit Information (全国出入境人员资源库), National Motor Vehicle Drivers Information (全国机动车/驾驶人信息资源库), National Police Officer Basic Information (全国警员基本信息资源库), National Fugitives Information (全国在逃人员信息资源库), National Criminals Information (全国违法犯罪人员信息资源库), National Stolen Motor Vehicles Information (全国被盗抢汽车信息资源库), and National Key Safety Units Information (全国安全重点单位信息资源库). "公安部金盾工程一期建设基本完成 利用信息破案占两成," http://www.gov.cn/gzdt/2005-11/30/content_113209.htm.
9. *广东科技年鉴 2006*, 187.
10. *上海信息化年鉴 2003*, 169–170.
11. これらのアプリケーションの中国語名は「国保情报信息管理系统、旅馆业治安管理

79. 中国における国家検閲と国家による偽情報拡散に関する貴重な研究として，以下が挙げられる。Margaret Roberts, *"Censored"* (Princeton, NJ: Princeton University Press, 2018); Gary King, Jennifer Pan, and Margaret E. Roberts, "How the Chinese Government Fabricates Social Media Posts for Strategic Distraction, Not Engaged Argument," *American Political Science Review* 111, no. 3 (2017): 484–501.
80. Rogier Creemers, "Cyber China: Upgrading Propaganda, Public Opinion Work and Social Management for the Twenty-First Century," *Journal of Contemporary China* 26, no. 103 (2017): 85–100; Wen-Hsuan Tsai, "How 'Networked Authoritarianism' Was Operationalized in China," *Journal of Contemporary China* 25, no. 101 (2016): 731–744.
81. *陕西年鉴 2015*, 53; *郴州年鉴 2018*, 110; *阿尔山年鉴 2014–2015*, 180; *伊通年鉴 2015*, 87.
82. *陇南年鉴 2020*, 186.
83. *阿尔山年鉴 2014–2015*, 180.
84. 公共情報ネットワークの監視を管理する警察官僚組織の中国語名は「公共信息网络安全监察处」。*北京公安年鉴 2001*, 115.
85. *山东省志：公安志 1986–2005*, 141.
86.「公共ネットワークセキュリティの監視と管理」を行う市施設の中国語名は「公共信息网络安全监控中心」。*北京公安年鉴 2002*, 112.
87. *延安年鉴 2012*, 153.
88. "舒城县公安局公共信息网络安全监察大队," August 11, 2021, http://www.shucheng.gov.cn/public/6598681/29163461.html.
89. *郯城年鉴 2011–2014*, 193; *个旧年鉴 2017*, 217; *北京公安年鉴 2003*, 115.
90. *三台年鉴 2018*, 85; *阿尔山年鉴 2014*, 52; *鄂伦春自治旗年鉴 2015*, 106.
91. "额尔古纳市公安局机关简介," http://gk.eegn.gov.cn/?thread-7801-1.html.
92. "北京收钱删帖利益链曝光 一名网警受贿百万落网," *新京报*, March 26, 2014, http://www.xinhuanet.com/video/2014-03/26/c_119941976.htm; "网警贿赂网警：替领导删帖," *钱江晚报*, April 18, 2014, http://tech.sina.com.cn/i/2014-04-18/14279330265.shtml.
93. *筠连年鉴 2018*, 75.
94. *天津信息化年鉴 2006*, 224.
95. *贵阳白云年鉴 2017*, 271; *云岩年鉴 2017*, 174; *沁水年鉴 2018*, 200; *内江市市中区年鉴 2017*, 131.
96. *泸县年鉴 2018*, 64; *沁水年鉴 2018*, 200; *云岩年鉴 2017*, 174.
97. Creemers, "Cyber China," 95–96.
98. 中国サイバースペース管理局, "互联网用户账号名称管理规定," February 4, 2015, http://www.cac.gov.cn/2015-02/04/c_1114246561.htm.
99. 国务院办公厅, "国务院办公厅关于进一步加强互联网上网服务营业场所管理的通知," September 30, 2016, http://www.gov.cn/zhengce/content/201609/30/content_5114029.htm.
100. *个旧年鉴 2017*, 217; *合肥年鉴 2014*, 148; *延安年鉴 2019*, 167.
101. *山东省志, 公安志 1986–2005*, 144.
102. *河东年鉴 2007*, 159; *贵阳年鉴 2008*, 160; *迪庆年鉴 2014*, 232.
103. *贵阳白云年鉴 2015*, 163.
104. 王刚, *基层公安机关网络安全保卫理论与务实*（成都：四川大学出版社, 2013), 45.

62. *合肥工业大学年鉴 2007*, 231; *合肥工业大学年鉴 2008*, 276.
63. *华中科技大学年鉴 2004*, 219; *华中科技大学年鉴 2005*, 225.
64. *江南大学年鉴 2001*, 52; *江南大学年鉴 2003*, 87.
65. *合肥工业大学年鉴 2001*, 235.
66. 湖南省の文書の中国語名は「湖南省教育系统维稳综治安全信息报送管理暂行办法」, 湖北省の文書名は「湖北省高校工委、省教育厅关于做好全省教育系统维稳情报信息报送工作的通知」。この2つの規則の文章は入手不可能。湖南工学院, "湖南工学院二级学院维稳综治安全信息报送管理办法," July 1, 2017, http://www.hnit.edu.cn/bwc/info/1013/1243.htm; Wuhan University of Communication, "关于做好我校维稳情报信息报送工作的通知," September 29, 2016, http://www.whmc.edu.cn/dzbgs/dzbgs_sy/show-40005.aspx.
67. Beijing Foreign Studies University, "关于组建北京外国语大学学生舆情信息员队伍的通知," April 9, 2012, https://de.bfsu.edu.cn/info/1041/1594.htm; Central China Normal University Wuhan Communication College, "关于做好我校维稳情报信息报送工作的通知," September 29, 2016, http://www.whmc.edu.cn/dzbgs/dzbgs_sy/show-40005.aspx; Ji'An College, "维稳信息收集上报制度," October 17, 2017, http://www.japt.com.cn/bwc/info/1120/1180.htm; South China Agricultural University, "学生综合信息员工作细则," May 9, 2018, https://life.scau.edu.cn/zsjyw/2018/0509/c10455a106084/page.htm; Changsha Medical University, "维稳信息报送制度暂行规定," http://part.csmu.edu.cn:82/bwc/index.php?_m=mod_article&_a=article_content&article_id=328; Hunan Institute of Technology, "二级学院维稳综治安全信息报送管理办法," July 1, 2019, http://www.hnit.edu.cn/bwc/info/1013/1243.htm.
68. "华南农业大学学生综合信息员工作细则"; "关于组建北京外国语大学学生舆情信息员队伍的通知."
69. "长沙医学院维稳信息报送制度暂行规定"; "湖南工学院二级学院维稳综治安全信息报送管理办法."
70. Hubei University of Economics, "艺术设计学院信息员队伍建设办法," June 15, 2017, http://ysxy.hbue.edu.cn/index.php/View/329.html; University of South China, "建筑学院学生信息员队伍建设办法," December 28, 2018, https://jzxy.usc.edu.cn/info/1027/1214.htm.
71. 学生情報提供者の確保に関する具体的な規定については, 以下参照。"关于组建北京外国语大学学生舆情信息员队伍的通知"; "长沙医学院维稳信息报送制度暂行规定"; "湖南工学院维稳综治安全信息报送管理办法"; "华南农业大学学生综合信息员工作细则."
72. "长沙医学院维稳信息报送制度暂行规定."
73. "湖南工学院二级学院维稳中治安全信息报送管理办法."
74. "长沙医学院维稳信息报送制度暂行规定"; "关于组建北京外国语大学学生舆情信息员队伍的通知."
75. "长沙医学院维稳信息报送制度暂行规定"; "湖南工学院二级学院维稳中治安全信息报送管理办法."
76. "华南农业大学学生综合信息员工作细则"; *合肥工业大学年鉴 2004*, 246.
77. "关于组建北京外国语大学学生舆情信息员队伍的通知"; "华南农业大学学生综合信息员工作细则"; "湖南工学院二级学院维稳中治安全信息报送管理办法"; "长沙医学院维稳信息报送制度暂行规定"; "湖北经济学院, 艺术设计学院信息员队伍建设办法."
78. *合肥工业大学年鉴 2002*, 189; *山东大学年鉴 1998*, 231.

Dictatorship," *Surveillance & Society* 12, no. 4 (2014): 528–546; Ricardo Medeiros Pimenta and Lucas Melgaço, "Brazilian Universities under Surveillance: Information Control during the Military Dictatorship, 1964 to 1985," in *Histories of State Surveillance in Europe and Beyond*, ed. Kees Boersma, Rosamunde van Brakel, Chiara Fonio, and Pieter Wagenaar, 118–131 (London: Routledge, 2014).

41. Xiaojun Yan, "Engineering Stability: Authoritarian Political Control over University Students in Post-Deng China," *China Quarterly* 128 (2014): 493–513; Stanley Rosen, "The Effect of Post-4 June Re-Education Campaigns on Chinese Students," *China Quarterly* 134 (1993): 310–334.
42. 河南师范大学, "国家教育委员会、公安部 关于进一步加强高等学校内部保卫工作的通知," December 7, 2019, https://www.htu.edu.cn/bwc/2019/0712/c11989a148545/pagem.htm.
43. 华东师范大学, "高等学校内部保卫工作规定（试行）," May 7, 2018, http://bwc.ecnu.edu.cn/68/33/c13378a157747/page.htm.
44. この文書の中国語タイトルは「关于做好抵御境外利用宗教对高校进行渗透和防范校园传教工作的意见」。
45. 呼和浩特民族学院, "关于抵御境外利用宗教对校园进行渗透和防范校园传教工作的实施意见," https://www.imnc.edu.cn/zzb/info/1024/1283.htm; Changsha Medical University, "长沙医学院防渗透工作实施方案," September 21, 2019, http://part.csmu.edu.cn:82/bwc/index.php?_m=mod_article&_a=article_content&article_id=424. 大学発行の政治的安全保障規定の例としては, 華南農業大学の規定を参照。华南农业大学, "政治安全责任制度实施办法," October 24, 2018, https://xngk.scau.edu.cn/2019/0311/c2681a162911/page.htm.
46. 山东大学, "山大概况," https://www.sdu.edu.cn/sdgk/sdjj.htm; *山东大学年鉴 2004*, 284.
47. *南开大学年鉴 2013*, 186.
48. *合肥工业大学年鉴 2001*, 234; *兰州大学年鉴 2015*, 210.
49. *中国政法大学年鉴 2017*, 202.
50. *江南大学年鉴 2020*, 69; *南开大学年鉴 2013*, 186; *贵州大学年鉴 2011*, 295; *贵州大学年鉴 2017*, 381; *南开大学年鉴 2015*, 190.
51. *浙江教育年鉴 2015*, 110; *江南大学年鉴 2019*, 124; *兰州大学年鉴 2014*, 236; *兰州大学年鉴 2015*, 210.
52. *湖北教育年鉴 2012*, 122.
53. *贵州大学年鉴 2014*, 370; *华侨大学年鉴 2014*, 420.
54. *南开大学年鉴 2015*, 190.
55. *合肥工业大学年鉴 2011*, 334; *合肥工业大学年鉴 2012*, 344.
56. *兰州大学年鉴 2014*, 236; *兰州大学年鉴 2015*, 210.
57. *宁夏大学年鉴 2009*, 109; *宁夏大学年鉴 2011*, 85; *宁夏大学年鉴 2012*, 77; *宁夏大学年鉴 2015*, 64; *大连理工大学年鉴 2016*, 171.
58. *贵州大学年鉴 2016*, 468; *贵州大学年鉴 2018*, 91; *贵州大学年鉴 2019*, 392.
59. *南开大学年鉴 2010*, 171.
60. *中国政法大学年鉴 2012*, 230.
61. *无锡轻工大学年鉴 1993–94*, 189; *无锡轻工大学年鉴 1995*, 185; *无锡轻工大学年鉴 1996*, 153.

11. *咸阳年鉴 2018*, 325.
12. 吴明山, 廉旭, "论新时期特种行业管理治安管理工作," *公安研究*, no. 100 (2003): 35–38.
13. *章贡年鉴 2009*, 129.
14. 王英豪, 马晨, "外卖配送行业的阵地控制分析," *法制与社会*, no. 3 (2020): 168–169.
15. 郑本人, "关于调整拓宽阵地控制的思考," *Journal of Liaoning Police Academy*, no. 4 (2004): 31–36.
16. *崇明县志 1985–2004*, 481; *攀枝花年鉴 1996*, 151.
17. 童永正, "派出所基础建设必须以小基础为突破口," *Journal of Shanghai Police College* 16, no. 4 (2006): 15–20.
18. Enze Han and Christopher Paik, "Dynamics of Political Resistance in Tibet: Religious Repression and Controversies of Demographic Change," *China Quarterly* 217 (2014): 69–98.
19. 西藏自治区民宗委, "西藏：建立寺庙管理长效机制," *中国宗教*, no. 7 (2013): 68.
20. 甘孜州人大民宗委, "甘孜州藏传佛教事务管理逐步驶入法制化轨道," December 31, 2021, http://www.scspc.gov.cn/mzzjwyh/jyjl_653/201412/t20141230_24679.html; 甘孜藏族自治州人民政府, "甘孜藏族自治州藏传佛教寺院民主管理委员会班子管理办法 (修订)," October 13, 2015, http://www.gzz.gov.cn/gzzrmzf/c100234/201510/a9a737ef305b4a6e958345642dcee18e.shtml.
21. 李万虎, "西藏寺庙管理体制改革研究," *西藏发展论坛*, no. 6 (2015): 62.
22. *昌都年鉴 2015*, 135.
23. "甘孜藏族自治州藏传佛教寺院民主管理委员会班子管理办法 (修订)."
24. "甘孜藏族自治州藏传佛教寺院民主管理委员会班子管理办法 (修订)."
25. *四川年鉴 2016*, 28; *昌都年鉴 2015*, 181–182.
26. 甘孜藏族自治州人民政府, "甘孜藏族自治州宗教活动管理办法," September 15, 2017, http://www.gzz.gov.cn/gzzrmzf/c100234/201709/3c0d07223a8e4fcaa1d236d8dd8d3aba.shtml.
27. *康定年鉴 2018*, 88.
28. *昌都年鉴 2015*, 181–182.
29. *稻城年鉴 2019*, 90; *稻城年鉴 2016*, 112.
30. *西藏年鉴 2013*, 261; *康定年鉴 2015*, 26–27; *石渠年鉴 2019*, 72.
31. *雅江年鉴 2014*, 63; *稻城年鉴 2016*, 112.
32. *马尔康市年鉴 2019*, 190–191; *康定年鉴 2018*, 86.
33. *昌都年鉴 2015*, 181–182; *康定年鉴 2018*, 87; *康定年鉴 2015*, 26–27.
34. *马尔康市年鉴 2019*, 190–191; *西藏年鉴 2011*, 261.
35. 郑洲, 马杰华, "加强和创新藏区社会管理研究：以拉萨寺庙管理为例," *Journal of Ethnology*, no. 17 (2013): 71–74.
36. *康定年鉴 2018*, 88.
37. *康定年鉴 2018*, 88; *稻城年鉴 2019*, 89–90.
38. Liza Lin, Eva Xiao, and Jonathan Cheng, "China Targets Another Region in Ethnic Assimilation," *Wall Street Journal*, July 16, 2021.
39. *西藏年鉴 2011*, 261.
40. Sergio Rodríguez Tejada, "Surveillance and Student Dissent: The Case of the Franco

57. 警察は, 深刻度の高いものから低いものまで, 赤, オレンジ, 黄, 青, 白の色分けで5段階の警戒レベルを示すシステムを使用している。2018年の貴陽市では, 警報の87%が青で表示された。*贵阳年鉴 2019*, 170.
58. 滕彪インタビュー（2020年3月4日, カリフォルニア州クレアモント）。
59. 徐友漁インタビュー（2019年5月25日, ニューヨーク州フラッシング）。
60. 滕彪インタビュー（2020年3月4日）。
61. 王天成インタビュー（2019年5月26日, ニュージャージー州プリンストン）。
62. 王天成インタビュー（2019年5月26日）, 万延海インタビュー（2019年5月25日, ニューヨーク州フラッシング）。
63. 亡命中の中国社会科学院匿名研究者インタビュー（2019年5月26日, ニュージャージー州プリンストン）。
64. 徐友漁インタビュー（2019年5月25日）, 華澤インタビュー（2019年5月26日, ニュージャージー州プリンストン）。
65. 徐友漁インタビュー（2019年5月25日）, 張琳インタビュー（2019年5月25日, ニューヨーク州フラッシング）。
66. 王天成インタビュー（2019年5月26日）, 王清営インタビュー（2019年5月25日, ニューヨーク州フラッシング）。

第6章 「戦場陣地」を統制する

1. Anthony Braga, Andrew Papachristos, and David Hureau, "The Effects of Hot Spots Policing on Crime: An Updated Systematic Review and Meta-analysis," *Justice Quarterly* 31, no. 4 (2014): 633–663; David Weisburd and Cody Telep, "Hot Spots Policing: What We Know and What We Need to Know," *Journal of Contemporary Criminal Justice* 30, no. 2 (2014): 200–220.
2. 2000年, 中国共産党の江沢民総書記は, インターネットを「内外の敵対勢力」とのイデオロギー闘争における「新しい重要な戦場陣地」と位置づけた。Jiang Zemin, "在中央思想政治工作会议上的讲话," *Selected Works of Jiang Zemin*, vol. 3 (Beijing: Renmin chubanshe, 2006), 94.
3. Jens Gieske, *The History of the Stasi: East Germany's Secret Police, 1945–1990* (New York: Berghahn Books, 2015), 100.
4. 上海市公安局徐汇分局, "浅析如何加强阵地控制工作," *Journal of Shanghai Police College*, no. 1 (2007): 165; *金昌年鉴 2010*, 286.
5. *武汉公安年鉴 2009*, 56; *北京石景山年鉴 1997–2005*, 336.
6. 马忠红, "侦查阵地控制的困境与出路," *Journal of Guangzhou Police College*, no. 1 (2009): 12–16; 张建平, "论深化基层公安刑侦工作改革," *Journal of Jiangsu Police Officer College* 18, no. 4 (2003): 70.
7. 德清县公安局课题组, "加强治安阵地控制的若干思考," *Journal of Zhejiang Police College*, no. 4 (2007): 88.
8. このシステムの中国語名は「特种行业治安管理信息系统」。
9. 普康迪, "特种行业治安管理信息系统," http://www.chinapcd.com/pages/solution_1.html; 成都川大科鸿新技术研究所, "公安部特种行业及公共娱乐场所管理系统," https://www.khnt.com/case/4/124.html.
10. *蚌山年鉴 2013*, 243; *芜湖县年鉴 2020*, 130.

29. *岱山县公安志*, 160–162.
30. *椒江公安志*, 237; *余杭公安志*, 344; *建德市公安志*, 192.
31. *椒江公安志*, 238.
32. *长兴公安志*, 390.
33. *椒江公安志*, 238.
34. *巴彦年鉴 2015*, 128; *巴彦年鉴 2017*, 184; *巩留年鉴 2014*, 107; *北川羌族自治县年鉴 2017*, 105. 年鑑では, 特定のレベル内で対象者を分類する基準を開示していない。
35. "浙江省公安机关重点人员动态管控工作规范-试行."
36. "临时布控工作规范," *四川公安厅情报中心文件汇编* 2, 3–7; "贵州省公安机关重点人口动态管控规定." 以下に言及あり。六盘水市公安局, "市局治安支队开展重点人口管理业务培训," September 26, 2019, http://gaj.gzlps.gov.cn/gzdt/bmdt/201709/t20170917_12947960.html.
37. "略阳县兴州街道办事处关于涉诈重点人员管控工作的安排意见," http://www.lueyang.gov.cn/lyxzf/lyzwgk/zfwj/gzbwj/202204/640e1c40a7054fabb32f3cb67ca608c8.shtml.
38. *安远年鉴 2014*, 155; *渝水年鉴 2010*, 127.
39. *威县年鉴 2015*, 132; *齐河年鉴 2014*, 158.
40. *北川羌族自治县年鉴 2017*, 105; *巴彦年鉴 2017*, 184; *巩留年鉴 2014*, 107.
41. 洪伟, "重点人口管理中的多点应对法," *湖北警官学院学报*, no. 3 (2010): 121; 郭奕晶, "关于加强和创新重点人口管理工作的思考," *Journal of Shandong Police College*, no. 2 (2012): 138–143. ジェームズ・トンは, 地方官憲による法輪功指導者の監視について述べている。James W. Tong, *Revenge of the Forbidden City: The Suppression of the Falungong in China, 1999–2005* (New York: Oxford University Press, 2009), 66–67.
42. 殷文杰, 孙国良, "网格化管理在社会治安防控中的应用研究," *Journal of Hubei University of Police*, no. 12 (2013): 60–61.
43. *福城年鉴 2018*, 103; *西盟年鉴 2018*, 169; *维西傈僳族自治县年鉴 2020*, 287; *朝阳年鉴 2018*, 137.
44. 四合派出所, "强化重点人口管理工作," March 9, 2016, http://sihe.gdxf.gov.cn/content/detail/59b8f6d9798d98456c4722d0.html.
45. 云浮市云城区人民政府, "云城街土门村委联合辖区派出所认真做好'两会'期间重点人员稳控工作," May 21, 2020, http://www.yfyunchengqu.gov.cn/ycqrmzf/wzdh/zjdt/content/post_1339512.html.
46. *南岸区年鉴 2017*, 256.
47. *北川羌族自治县年鉴 2017*, 105; *道里年鉴 2019*, 125.
48. *瓮安年鉴 2016*, 156; *德江年鉴 2015*, 213.
49. *西盟年鉴 2014*, 123.
50. 道真自治县人民政府, "道真自治县公安局机构设置," August 20, 2020, http://www.gzdaozhen.gov.cn/zfbm/gaj/jgsz_5696741.
51. 楊子立電話インタビュー（2022年4月24日）。
52. *北京信息化年鉴 2010*, 224.
53. *郑州铁路局年鉴 2016*, 322.
54. *汕尾市城区年鉴 2016*, 134.
55. *中卫年鉴 2020*, 154.
56. 海盟高科, "产品中心," http://www.goldweb.cn/zdry.

5. "公安部重点人口管理规定," August 26, 2020, http://www.jsfw8.com/fw/202005/701558.html. この文書には発行元が明記されていないが, 参照された警察署の名前から, 湖南省資興市のPSBが発行したものであることがわかる。
6. *黑龙江省志:公安志*, 375–377.
7. *长春市志:公安志*, 504.
8. *余杭公安志*, 343–344; *舟山市公安志*, 211; *岱山县公安志*, 159; *建德市公安志*, 194; *象山县公安志*, 183.
9. *齐齐哈尔建华区志 1996–2005*, 351.
10. *灵宝市志 1988–2000*, 651–652.
11. *芜湖县志 1990–2003*, 462.
12. *长兴公安志*, 392; *永康市公安志*, 8; *温岭市公安志*, 146–147; *金华市公安志*, 195; *武义县公安志*, 209; *新昌县公安志*, 179.
13. Sheena Greitens, "Rethinking China's Coercive Capacity," *China Quarterly* 232 (2017): 1002–1025.
14. 罗勤, "重点人口管理的五大问题," *青少年犯罪问题*, no. 6 (1997): 21–22.
15. 侯建军, "关于重点人口社会化管理的几点思考," *Journal of Fujian Police Academy*, no. 5 (2009): 31–35; 郭峰翔, "当前重点人口失控的原因及对策," *公安大学学报*, no. 2 (1991): 55–57.
16. 郭奕晶, "关于加强和创新重点人口管理工作的思考," *Journal of Shandong Police College*, no. 2 (2012): 138–143.
17. 林立, "构建和谐社会过程中社区人口重点管理模式的探讨," *Journal of Shanghai Police College* 16, no. 2 (2006): 53–56; 王明媚, "重点人口管理水平提升," *贵州警官职业学院学报*, no. 6 (2016): 121; 普艳梅, 李长亮, "当前重点人口管理存在问题原因分析," *云南警官学院学报*, no. 2 (2010): 75–78; 陈建, 胡长海, "浅析新形势下重点人员动态管控对策," *河南警察学院学报* 22, no. 4 (2013): 57–60.
18. KI対象者の追跡を事業とする中国のハイテク企業は, KI監視に使用されるビッグデータシステムを地方政法委員会が管理していることを明らかにしている。中版北斗, "政法大数据重点人员管控系统," http://www.zbbds.com/view-1005.html.
19. プラットフォームの中国語名は「公安部重点人员管控系统」で, 以下に言及あり。*四川公安厅情报中心文件汇编* 14, 3; China Digital Times, "重点人员," https://chinadigitaltimes.net/space/重点人员.
20. "浙江省公安机关重点人员动态管控工作规范 (试行)," https://chinadigitaltimes.net/chinese/127487.html.
21. Emile Dirks and Sarah Cook, "China's Surveillance State Has Tens of Millions of New Targets," *Foreign Policy*, October 21, 2019.
22. *四川公安厅情报中心文件汇编* 14, 2.
23. *本溪年鉴 2005*, 135.
24. *乌鲁木齐县年鉴 2003*, 129; *米东年鉴 2007*, 211.
25. 九寨溝県のPSBは, これらのカテゴリーと分類についての詳細を記録していない。*九寨沟年鉴 1999–2005*, 297.
26. "湖南资兴市公安局," August 26, 2020, http://www.jsfw8.com/fw/202005/701558.html.
27. *石嘴山年鉴 2018*, 248; *芜湖年鉴 2012*, 93; *瓮安年鉴 2013*, 123.
28. "公安部重点人口管理工作规定."

社会科学院匿名研究者インタビュー（2019年5月26日, ニュージャージー州プリンストン）。

59. 谢岳, *维稳的政治逻辑* (Hong Kong: Tsinghua Bookstore Co., 2013), 104–108.
60. 广东政法网, "浅谈义务治安维稳信息员队伍建设," June 23, 2010, http://www.gdzf.org.cn/ztzl/zwzt/jm/201006/t20100623_99912.htm; *章贡年鉴 2007*, 234; *定海年鉴 2008*, 67, 194.
61. "良庆区综治维稳信息工作奖励办法," May 20, 2012, http://www.liangqing.gov.cn/zl/lqz/tzgg/t2291145.html; 道里区政法网, "阿城区委维稳办建立维稳信息'三网络'卓见成效," December 20, 2013, http://acheng.hrbzfw.gov.cn/index/detail/type/25012.html; 西宁市综治办, 维稳办, "关于进一步加强基层综治维稳信息员队伍建设及信息奖励工作的通知," August 9, 2013, http://www.chinapeace.gov.cn/chinapeace/c28644/2013-08/09/content_12079529.shtml; "中共深圳市龙岗区委办公室深圳市龙岗区人民政府办公室龙岗区加强维稳联络员、信息员和人民调解员队伍建设实施办法," February 15, 2011, http://apps.lg.gov.cn/lgzx/gb02vgh/201511/013696d59c5a472092b00f801381ea96.shtml; "德兴市民众维稳信息员队伍建设工程实施方案," http://www.zgdx.gov.cn/ttt.asp? id=83187.
62. *海珠年鉴 2009*, 242.
63. *秦淮年鉴 2016*, 279; *贺兰年鉴 2012*, 216; *大关年鉴 2011*, 172.
64. 阿城区政法网, "阿城区委维稳办建立维稳信息," acheng.hrbzfw.gov.cn/index/detail/type/25012.html.
65. *灵川年鉴 2014*, 128; *秦淮年鉴 2016*, 279.
66. "国防部称中国民兵数已从3000万减至800万," *新京报*, December 17, 2011, http://www.chinanews.com/gn/2011/12-17/3539161.shtml.
67. *天长年鉴 2014*, 193.
68. *太原市杏花岭年鉴 2014*, 235; *舟山年鉴 2017*, 243; *徐汇年鉴 2017*, 136.
69. *泰和年鉴 2015*, 88; *北川羌族自治县年鉴 2018*, 97; *新密年鉴 2013*, 101.
70. *云安年鉴 2013*, 184; *高安年鉴 2013*, 40.
71. "北京10万信息员收集涉恐涉暴情报," *北京青年报*, May 30, 2014, http://cpc.people.com.cn/n/2014/0530/c87228-25087026.html; 人口データは以下より。*北京年鉴 2015*, 1.
72. *北京海淀区年鉴 2015*, 126, 425; *北京西城区年鉴 2015*, 161, 414.

表4-1 データ出典：*陕西省志：公安志*, 554–558.
表4-2 データ出典：*瓮安年鉴 2013*, 123; *瓮安年鉴 2015*, 130; *汉源年鉴 2017*, 144; *北川羌族自治县年鉴 2017*, 105; *齐河年鉴 2015*, 152; *乐至年鉴 2014*, 153; *巴彦年鉴 2015*, 128; *富县年鉴 2018*, 96; *庄浪年鉴 2018*, 156; *灞桥年鉴 2019*, 235; *云岩年鉴 2020*, 137.

第5章　大規模監視プログラム

1. David Shearer, *Policing Stalin's Socialism: Repression and Social Order in the Soviet Union, 1924–1953* (New Haven, CT: Yale University Press, 2009), 158–180.
2. "公安部重点人口管理工作规定," https://zhuanlan.zhihu.com/p/441008901.
3. 以前は, 労働を通じた再教育（労教）から釈放後5年以内の前科者もKPプログラムに含まれていた。労働による再教育の処罰は2013年に廃止された。
4. 標準的なKP書式は以下に見られる。http://www.inmis.com/rarfile/Pspms_Help/Node13.html.

c70731-24019741.html.
27. 程雷, “特情侦查立法问题研究.”
28. 刘硕, 王文章, “对深入开展刑事特情工作的思考”: 28.
29. 陈肯, “论刑事特情制度的构建”: 36–37; 刘硕, 王文章, “对深入开展刑事特情工作的思考”: 29; 陈玉凡, “新形势下的刑事特情工作”: 21.
30. 高光俊インタビュー（2022年2月12日, Zoom）。吴婷, ”基层公安财务管理问题探讨,” *Foreign Investment in China*, no. 262 (2012): 129.
31. 西寧市スパイ資金提供プログラムの中国語タイトルは「西宁市举报案件线索奖励办法」。霍启兴, “西宁市刑侦队伍和基础工作现状、问题及对策”: 55; https://news.sina.com.cn/c/2005-11-23/14447519185s.shtml.
32. 高光俊, “如何识别中共特情.”
33. 高光俊インタビュー（2022年2月12日, Zoom）。
34. *陕西省志：公安志*, 562; “西安将新增千辆出租车,” https://www.chinanews.com.cn/gn/2011/03-04/2883594.shtml.
35. *陕西省志：公安志*, 558.
36. 張琳インタビュー（2019年5月25日, ニューヨーク州フラッシング）。
37. 楊子立電話インタビュー（2022年4月24日）。
38. *武胜年鉴 2007*, 204; *瓮安年鉴 2013*, 123; *瓮安年鉴 2015*, 130; *乐至年鉴 2013*, 181; *乐至年鉴 2014*, 153.
39. *巴彦年鉴 2006*, 226.
40. *齐河年鉴 2017*, 176; *内蒙古阿荣旗公安局文件汇编* 2, 93; *灞桥年鉴 2019*, 235; *尼勒克年鉴 2010–2011*, 72.
41. *巩留年鉴 2014*, 107; *富县年鉴 2018*, 96.
42. *米东区年鉴 2011*, 179.
43. *洛南年鉴 1999*, 289; *泸西年鉴 2004*, 214; *大竹年鉴 2010*, 132.
44. “公安派出所档案管理办法 (试行),” http://www.elinklaw.com/zsglmobile/lawView.aspx?id=15882.
45. 治安耳目の承認表は「治安耳目呈批表」。
46. 治安耳目の解雇表は「撤销治安耳目呈批表」。冯文光, 张菠, *社区警务实用教程*, 209–213; 张先福 等, *公安派出所窗口服务与执法执勤工作规范* (北京：群众出版社, 2006), 142–144.
47. 张先福 等, *公安派出所窗口服务与执法执勤工作规范*, 144.
48. 李忠信, *中国社区警务研究*（北京：群众出版社, 1999), 192.
49. 张先福 等, *公安派出所窗口服务与执法执勤工作规范*, 141.
50. 杨玉章, ed., *金水公安改革之路*, 354.
51. *建德年鉴 2012*, 289.
52. *普陀年鉴 2020*, 103; *樟树年鉴 2009*, 211.
53. *舒兰市志 1986–2002*, 305–306; *磐石市志 1991–2003*, 351.
54. *大庆市萨尔图区志 1986–2005*, 392; *克拉玛依区年鉴 2014*, 96.
55. *金昌年鉴 2011*, 304.
56. *大庆市萨尔图区志 1986–2005*, 393.
57. *岢岚年鉴 2017*, 165.
58. 徐友漁インタビュー（2019年5月25日, ニューヨーク州フラッシング）, 亡命中の中国

War Studies 16, no. 2 (2014): 3–31, 15; "Population of Bulgaria," retrieved from FRED, Federal Reserve Bank of St. Louis, https://fred.stlouisfed.org/series/POPTTLBGA173NUPN.

4. Xu Xu and Xin Jin, "The Autocratic Roots of Social Distrust," *Journal of Comparative Economics* 46, no. 1 (2018): 362–380.
5. Fan Yang, Shizong Wang, and Zhihan Zhang, "State-enlisted Voluntarism in China: The Role of Public Security Volunteers in Social Stability Maintenance," *China Quarterly* 249 (2022): 47–67.
6. Michael Schoenhals, *Spying for the People: Mao's Secret Agents, 1949–1967* (New York: Cambridge University Press, 2013).
7. 文書の中国語タイトルは「刑事特情工作细则」。邓立军, "中国现代秘密侦查史稽考", *四川警察学院学报*, no. 3 (2014): 1–6.
8. 2001年版は「刑事特情工作规定」。他の2つの規定は「缉毒特情工作管理试用办法」と「狱内侦查工作细则」。韦洁雯, "浅谈我国刑事特情侦查," *知识－力量*, October 2017, http://www.chinaqking.com/yc/2018/1031601.html.
9. 「細則」は公開されていない。この一節は以下に記載がある。陈肯, "论刑事特情制度的构建," *法制与社会*, 6 (2012): 36.
10. 程雷, "特情侦查立法问题研究," *Criminal Law Review*, no. 2 (2011): 515–537.
11. 高光俊, "如何识别中共特情," https://sites.google.com/site/mybooksindex/17-M-C-H-Commie-1979-2011/gao-guang-jun-cp-agent.
12. "三门县公安局刑警大队岗位职责," http://www.sanmen.gov.cn/art/2010/12/1/art_1229319970_3161927.html.
13. 林建设, "推进刑事特情工作'四化'建设," *Journal of Wuhan Public Security Cadres College* 87 (2009): 66; 陈玉凡, "新形势下的刑事特情工作," *Journal of Henan Police College*, 29 (1996): 22; *灞桥年鉴 2019*, 235; *齐河年鉴 2017*, 176.
14. *陕西省志：公安志*, 557.
15. *灞桥年鉴 2019*, 235.
16. 特情の採用プロセスは以下に記載がある。"秘密力量建设方案的规划," *齐河年鉴 2016*, 226.
17. *陕西省志：公安志*, 563.
18. 陈玉凡, "新形势下的刑事特情工作": 20–21.
19. スパイの任期については以下参照。高光俊, "如何识别中共特情." 長期採用計画については以下参照。*齐河年鉴 2016*, 226; *齐河年鉴 2017*, 176.
20. "北京市公安局内设机构和所属机构职责," http://gaj.beijing.gov.cn/zfxxgk/jgzn/202001/t20200102_1554557.html.
21. 高光俊インタビュー（2022年2月12日, Zoom）。
22. 陕西省の2003年の人口は3,690万人。*Statistical Yearbook of China 2004*, Table 4-3, 電子書籍.
23. 霍启兴, "西宁市刑侦队伍和基础工作现状、问题及对策," *Journal of Liaoning Police Academy* 4 (2007): 54–56.
24. 杨玉章, ed., *金水公安改革之路*（北京：中国人民公安大学出版社, 2003), 319; *稻城年鉴 2003–2008*, 184.
25. "三门县公安局刑警大队岗位职责."
26. Xinhua, "公安部：2013 年社会治安平稳," http://politics.people.com.cn/n/2014/0103/

76. *中共邢台年鉴 2003*, 345–346.
77. *信阳年鉴 2012*, 226; *太仓年鉴 2000*, 113.
78. *武汉年鉴 1998*, 90; *汉江年鉴 2019*, 139.
79. *信阳年鉴 2000*, 155–156; *临江年鉴 1996–1997*, 151.
80. *大理年鉴 1999*, 208.
81. *鄂州年鉴 1997*, 141; *成都年鉴 1997*, 88.
82. *衡阳年鉴 2003*, 182.
83. *成都年鉴 1997*, 88; *太仓年鉴 2000*, 113; *常熟年鉴 1991–1995*, 122; *曲阜年鉴 1996–1998*, 150.
84. *成都年鉴 1997*, 88; *长沙年鉴 1997*, 86; *曲阜年鉴 1996–1998*, 150.
85. *迪庆年鉴 2014*, 221–222; *曲阜年鉴 1996–1998*, 150.
86. *迪庆年鉴 2014*, 221–222.
87. *凉山年鉴 2000*, 111.
88. *喀什年鉴 2001*, 165.
89. *曲阜年鉴 1996–1998*, 150; *即墨年鉴 1992–1998*, 332.
90. *迪庆年鉴 2014*, 221–222; *景德镇年鉴 2000*, 117.
91. *六盘水年鉴 2000*, 252.
92. *凉山年鉴 2000*, 111.
93. *无锡年鉴 2001*, 99.
94. *宜昌年鉴 1999*, 167–168.
95. *六盘水年鉴 2000*, 25; *衡阳年鉴 2003*, 182; *大理年鉴 1999*, 208; *迪庆年鉴 2015*, 237.
96. 滕彪インタビュー（2020年3月4日）。
97. 華澤インタビュー（2019年5月26日）。
98. *景德镇年鉴 2003*, 128; *景德镇年鉴 1999*, 111; *芜湖年鉴 2004*, 243.
99. 亡命中の鄭州市のNGO匿名活動家インタビュー（2019年5月27日, ニューヨーク州フラッシング）。
100. 亡命中の北京の匿名学者インタビュー（2019年5月27日, ニューヨーク州フラッシング）。
101. 万延海インタビュー（2019年5月25日）。
102. 高光俊インタビュー（2022年2月12日）。

第4章　スパイと情報提供者

1. Adrian James, *Understanding Police Intelligence Work* (Bristol: Policy Press, 2016); J. Mitchell Miller, "Becoming an Informant," *Justice Quarterly* 28, no. 2 (2011): 203–220; Colin Atkinson, "Mind the Grass! Exploring the Assessment of Informant Coverage in Policing and Law Enforcement," *Journal of Policing, Intelligence and Counter Terrorism* 14, no. 1 (2019): 1–19; Cyrille Fijnaut and Gary Marx, eds., *Undercover: Police Surveillance in Comparative Perspective* (Boston: Kluwer, 1995).
2. David Garrow, "FBI Political Harassment and FBI Historiography: Analyzing Informants and Measuring the Effects," *Public Historian* 10, no. 4 (1988): 5–18.
3. "Citizen Spies," *Deutsche Welle (DW)* Global Media Forum, March 11, 2008, https://www.dw.com/en/east-german-stasi-had-189000-informers-study-says/a-3184486-1; Martin Dimitrov and Joseph Sassoon, "State Security, Information, and Repression," *Journal of Cold*

46. *北京公安年鉴 2006*, 77; *内黄年鉴 2018*, 205.
47. *瓮安年鉴 2013*, 123.
48. *磐石市志 1991–2003*, 351–352; *福州市台江区志 1991–2005*, 432–433; *磐石市志 1991–2003*, 351–352.
49. *武汉公安年鉴 2014*, 67.
50. *磐石市志 1991–2003*, 351–352; *岳阳楼区年鉴 2017*, 175.
51. "公安派出所组织条例," *中国人权年鉴*（北京：当代世界出版社, 2000), 325.
52. 魏琳, "新时期公安基层派出所职能定位探讨," *Journal of Sichuan Police College* 29, no. 3 (2017): 99–100; 鲍遂献, "杭州会议与公安派出所改革," *Journal of Jiangxi Public Security College* (November 2002): 8.
53. "公安部为派出所招兵买马 充实七万警力到基层," *瞭望东方周刊*, http://news.sohu.com/20050622/n226046035.shtml.
54. Xinhua, "公安部：2013 年社会治安平稳," http://politics.people.com.cn/n/2014/0103/c70731-24019741.html.
55. "广东省公安厅关于加强新时代公安派出所建设工作的意见," https://www.fnhg.net/xuesheng/fyebcql1am.html.
56. 河北日报, "省公安厅：年底前派出所警力不低于总警力 40%," cpc.people.com.cn/n/2013/0921/c87228-22980265.html.
57. 中华人民共和国公安部, "公安派出所执法执勤工作规范," https://new.qq.com/omn/20211201/20211201A0B4YY00.html.
58. 杨玉章 ed., *金水公安改革之路*（北京：中国人民公安大学出版社, 2003), 354.
59. *北京公安年鉴 2002*, 121; *四川乐山市公安局文件汇编* 3, 30.
60. *开封禹王台区年鉴 2019*, 70; *开封禹王台区年鉴 2018*, 103–104.
61. *卫东区年鉴 2019*, 152–153; *卫东区年鉴 2020*, 170–174; *峨山年鉴 2018*, 56–57.
62. *和龙年鉴 2018*, 128; *鹰潭年鉴 2018*, 189; *文峰区年鉴 2019*, 166.
63. *开封禹王台区年鉴 2017*, 83; *开封禹王台区年鉴 2020*, 91–92, 94.
64. *观澜年鉴 2018*, 65.
65. 万延海インタビュー（2019年5月25日, ニューヨーク州フラッシング), 滕彪インタビュー（2020年3月4日), 王天成インタビュー（2019年5月26日, ニュージャージー州プリンストン), 亡命中の中国社会科学院匿名研究員インタビュー（2019年5月26日, ニュージャージー州プリンストン)。
66. 滕彪インタビュー（2020年3月4日)。
67. 華澤インタビュー（2019年5月26日, ニュージャージー州プリンストン)。
68. 王天成インタビュー（2019年5月26日), 万延海インタビュー（2019年5月25日), 亡命中の中国社会科学院匿名研究員インタビュー（2019年5月26日)。
69. "公安派出所档案管理办法," http://www.elinklaw.com/zsglmobile/lawView.aspx?id=15882.
70. *华龙年鉴 2020*, 176; *隆回年鉴 2019*, 176.
71. *峨山年鉴 2018*, 56–57; *卫东区年鉴 2020*, 170–171; *观澜年鉴 2018*, 65.
72. *北京石景山年鉴 2006*, 201.
73. *信阳年鉴 2000*, 155–156; *陕西年鉴 1994*, 51.
74. MSSの組織図は以下で確認できる。Xuezhi Guo, *China's Security State: Philosophy, Evolution, and Politics* (New York: Cambridge University Press, 2012), 365.
75. *临江年鉴 1996–1997*, 151.

18. “公安部一局大学处张伟处长来校调研,” http://gac.snnu.edu.cn/info/1022/1177.htm; “省市公安部门来我校调研维族学生管理工作,” https://www.hznu.edu.cn/c/2011-09-09/327492.shtml; “北京市公安局文保支队来校检查会商校园安稳工作,” https://news.bistu.edu.cn/zhxw/202009/t20200925_222599.html.
19. “滨州市公安局国保支队来学院调研指导工作,” http://www.sdbky.cn/info/1003/1213.htm; “郑州市高校维稳安保工作考核组来我院检查指导工作,” http://www.hagmc.edu.cn/info/1100/2482.htm.
20. “郑州市高校维稳安保工作考核组来我院检查指导工作;” “公安部一局大学处张伟处长来校调研;” “省市公安部门来我校调研维族学生管理工作.”
21. *西安年鉴 2010*, 164; *西安年鉴 2012*, 159–160; *西安年鉴 2013*, 143; *西安年鉴 2014*, 94.
22. *武汉公安年鉴 2010*, 152–154; *武汉公安年鉴 2012*, 181–184.
23. 亡命中の上海の匿名学者インタビュー（2019年5月26日, ニュージャージー州プリンストン), 徐友漁インタビュー（2019年5月25日, ニューヨーク州フラッシング), 滕彪インタビュー（2020年3月4日, カリフォルニア州クレアモント)。
24. 谷福生 等编, *新时期公安派出所工作全书* (北京：中国人民公安大学出版社, 2005), 542–543.
25. 中国語「社会化（shehuihua)」はあらゆる社会階層からスパイを集めることを指す。“石城县公安局主要职责（内设机构职能),” http://www.shicheng.gov.cn/xxgk/xxgkml/glgk/jgzn/28/t28_1124823.html.
26. 谷福生 等编, *新时期公安派出所工作全书*, 547–548.
27. *株洲公安志*, 74–78.
28. *大庆市萨尔图区 1986–2005*, 392–393.
29. *舒兰市志 1986–2002*, 305–306.
30. *汉源年鉴 2017*, 144; *武汉公安年鉴 2010*, 94, *武汉公安年鉴 2014*, 67; *大庆市萨尔图区志 1986–2005*, 392–393; *米易年鉴 2011*, 87; *磐石市志 1991–2003*, 351–352.
31. *汉源年鉴 2017*, 144; *武汉公安年鉴 2010*, 94; *武汉公安年鉴 2014*, 67.
32. *西双版纳年鉴 2011*, 243; *米易年鉴 2009*, 72.
33. 中国語のタイトルは「关于开展国内安全保卫工作对象基础调查的意见」。*北京公安年鉴 2003*, 121.
34. *株洲公安志*, 74–78.
35. *武汉公安年鉴 2006*, 76.
36. *北京公安年鉴 2001*, 122–123.
37. *北京公安年鉴 2006*, 76–77.
38. 谷福生 等编, *新时期公安派出所工作全书*, 543; 张先福 等编, *公安派出所窗口服务与执法执勤工作规范* (北京：群众出版社, 2006), 93–95.
39. *大庆市萨尔图区志 1986–2005*, 392.
40. *磐石市志 1991–2003*, 351–352; *西双版纳年鉴 2011*, 243; *米易年鉴 2009*, 83.
41. *株洲公安志*, 74–78.
42. *舒兰市志 1986–2002*, 305–306; *米易年鉴 2009*, 83.
43. *磐石市志 1991–2003*, 351–352.
44. 中国語のタイトルは『派出所国内安全保卫工作规范』。
45. *北京公安年鉴 2001*, 122–123; *岳阳楼区年鉴* 2017, 175; *四川乐山市公安局文件汇编* 3, 13.

のPLCに関するセクションで見ることができる。
49. 政治的に配慮を要する日の前後に適用される厳格なセキュリティ対策については，以下を参照。Rory Truex, “Focal Points, Dissident Calendars, and Preemptive Repression,” *Journal of Conflict Resolution* 63, no. 4 (2019): 1032–1052.
50. *中共天津工作 2017* (天津：天津人民出版社, 2018).
51. *崇明年鉴 2013*, 60.
52. *深圳政法年鉴 1997*, 27; *深圳政法年鉴 1998*, 2; *芜湖年鉴 2010*, 234.
53. *深圳政法年鉴 2000* (深圳：海天出版社, 2001), 161; *崇明年鉴 2012*, 62; *崇明年鉴 2013*, 58–59; *芜湖年鉴 2011*, 228.
54. *齐齐哈尔年鉴 2017*, 21; *米东年鉴 2006*, 202; *芜湖年鉴 2011*, 228–229.
55 福田区政法委, “政法委第4 周工作汇总.”

第3章　組織的な監視

1. 沈晓洪 等, “基层公安机关警力配置现状与思考,” *Journal of Jiangxi Public Security College*, no. 141 (July 2010): 107.
2. Sheena Greitens, “Rethinking China's Coercive Capacity: An Examination of PRC Domestic Security Spending, 1992–2012,” *China Quarterly* 232 (2017): 1002–1025.
3. 旧東欧圏の共産主義政権を含め，ほぼすべての独裁政権には，通常の取り締まりを担当する内務省と，諜報活動や反体制派の監視を担当する秘密警察機関がある。
4. 公安部部長は副首相の地位にあり，しばしば中央委員会書記局の一員となるが，国家安全部部長は中央委員会の一員にすぎない。2022年に政治局員に昇格した陳文清・国家安全部部長もいたが，すぐにその旧職を返上した。
5. 中央調査部は，1955年に周が党の情報機関の再編成を提案した結果，設立された。宋月红, “鲜为人知的 ‘中央调查部,’” https://history.ifeng.com/c/81u9hOywRFt.
6. 毛泽东, “镇压反革命必须实行党的群众路线,” *毛泽东文集 第6卷* (北京：人民出版社出版, 1999), 161–162.
7. *建国以来公安大事要览*, 5; 沈志华, *苏联专家在中国, 1948–1960*（北京：社会科学文献出版社, 2015).
8. *新疆通志*, vol. 20, 194. 2019年以降の名称変更は，いくつかの地方年鑑に反映されている。以下がその例。*盱眙年鉴 2020*, 37; *淮安年鉴 2020*, 287.
9. 高光俊インタビュー（2022年2月12日, Zoom)。
10. これに対して，「経済」部門の警察官は約11万人だった。“罗瑞卿在第六次全国公安会议上的总结,” June 17, 1957, *公安会议文件汇编* (1949.10–1957.9), 208.
11. *新疆通志*, vol. 20, 194; *新疆年鉴 1986*, 30.
12. 刘新民, “当前制约政保工作诸因素简析,” *河南公安学刊*, no. 21 (1995): 44.
13. *株洲公安志*, 74; *大庆市萨尔图区志*, 392; *枣阳年鉴 2012–2013*, 315; *水磨沟年鉴 2013*, 180; *武汉公安年鉴 2015*, 27, 41.
14. Gary Bruce, *The Firm: The Inside Story of the Stasi* (Oxford: Oxford University Press, 2010), 11, 13.
15. 许晓明, 刘英武, “国内安全保卫工作改革初探,” *公安研究*, no. 107 (2003): 75.
16. 苏全霖, 刘黎明, “论国内安全保卫工作法治化,” *Journal of Shanxi Police Academy* 24, no. 1 (2016): 44.
17. 刘新民, “当前制约政保工作诸因素简析,” 4: 42.

China Quarterly 222 (2015): 339–359; Yuhua Wang, "Empowering the Police: How the Chinese Communist Party Manages Its Coercive Leaders," *China Quarterly* 219 (2014): 625–648.
32. 钟金燕, "中共政法委制度的历史考察," *中共党史研究*, no. 4 (2014): 116–124; 曾林妙, 陈科霖, "中国国家治理中的政法委制度," *国家治理评论* (April 2020): 5–15.
33. David Lampton, "Xi Jinping and the National Security Commission: Policy Coordination and Political Power," *Journal of Contemporary China* 24, no. 95 (2015): 759–777.
34. 粛清の分析については以下参照。Guoguang Wu, "Continuous Purges: Xi's Control of the Public Security Apparatus and the Changing Dynamics of CCP Elite Politics," *China Leadership Monitor*, no. 66 (Winter 2020), https://www.prcleader.org/wu; Sheena Greitens, "The *Saohei* Campaign, Protection Umbrellas, and China's Changing Political-Legal Apparatus," *China Leadership Monitor*, no. 65 (Fall 2020), https://www.prcleader.org/greitens-1.
35. 陳一新は, 政法部門の総人員は270万人だと述べたが, 中国には制服警察官だけで約200万人おり, この数字には総勢150万人と推定される人民武装警察は含まれていない可能性が高い。中央政法委, "政法队伍整顿教育, 全国12576名干警投案," https://www.infzm.com/contents/207864; "全国政法队伍教育整顿领导小组：16个中央督导组近期到位," *今日观察新闻社*, March 25, 2021, http://newsaum.com/fztd/1096.html.
36. "中共中央印发中国共产党政法工作条例," http://www.gov.cn/zhengce/2019-01/18/content_5359135.htm.
37. 钟金燕, "中共政法委制度的历史考察," 121–123.
38. *元谋年鉴 1996*, 109; *元谋年鉴 2011*, 189.
39. "中共武汉市委政法委员会概况," http://www.wuhan.gov.cn/ztzl/yjs/2020_52695/drz/zgwhswzfwyh_36901/sndjs_36903/202110/t20211015_1795862.shtml.
40. 成都市成華区のPLCには, 2021年時点で22人のスタッフがいた。"2022 年中共成都市成华区委政法委 部门预算," http://www.chenghua.gov.cn/chqrmzfw/c144318cgt/2022-01/20/37f3d52743a449b7a27c18982b211743/files/c358be787d1f4d74ba596c2be9c96d41.pdf. 2018年の人口が80万人近い河南省内黄県のPLCの同年職員数は27人だった。*内黄年鉴 2019*, 37, 190.
41. *开封市禹王台区年鉴 2019*, 25, 66; *天长年鉴 2020*, 62.
42. *北京密云年鉴 2019*, 1, 112.
43. 中国版ウィキペディアのCPLCのページには正確と思われる11の部門が掲載されているが, 公式な情報源はこれらの部門の存在を明らかにしていない。https://zh.wikipedia.org/wiki/中共中央政法委员会.
44. 贵州政法委, http://www.guizhou.gov.cn/ztzl/gzsczzjxxgkzl_1794/sygbmhdwczyjsjsgjf/zggzswzfwyh/201609/t20160905_436885.html.
45. 杭州市のPLCがよい例である。杭州市政法委, https://www.hangzhou.gov.cn/col/col809713/index.html.
46. 各地域のPLC組織の説明については, 以下を参照。*北京密云年鉴 2019*, 112; *内黄年鉴 2019*, 190; *维西傈僳族自治县年鉴 2019*, 148; *黄龙年鉴 2015*, 6.
47. *深圳政法年鉴 2000*.
48. 多くの地方年鑑には, PLCの業績の簡単な要約が掲載されている。より詳細にまとめられたものは, 2002年から19年に発行された*中共邯郸年鉴*（北京：中共党史出版社）

済网, http://www.xinhuanet.com/politics/201505/26/c_127843253.htm.

12. James Tong, *Revenge of the Forbidden City: The Suppression of the Falungong in China, 1999–2005* (New York: Oxford University Press, 2009).

13. "维稳办走上前台," *双周刊*, no. 8 (2009): 44.

14. "中央维稳办调研组来我市调研," *莱芜日报*, July 16, 2014, 2; "中央维稳办调研组来我市," *济宁日报*, August 30, 2009, 1; "中央维稳办调研组来抚调研," *抚州日报*, May 14, 2015, 1.

15. "告诉你一个完整的中央新疆工作协调小组," *澎湃新闻*, September 10, 2014, https://www.thepaper.cn/newsDetail_forward_1267650; "汪洋出席第七次全国对口支援新疆工作会议," *北京青年报*, July 16, 2019, https://news.sina.com.cn/c/2019-07-16/doc-ihytcerm4115379.shtml.

16. "西藏工作协调小组工作范围扩至4省藏区," *南方都市报*, August 19, 2010, http://news.sina.com.cn/c/2010-08-19/055420928594.shtml.

17. "平安中国建设协调小组成立," *澎湃新闻*, April 22, 2020, https://www.thepaper.cn/newsDetail_forward_7083492.

18. "平安中国建设协调小组四个专项组亮相," *新京报*, July 28, 2020, https://www.sohu.com/a/410223007_114988.

19. この文書の中国語名は「中共中央进一步加强和改进公安工作的决定」。

20. 胡錦濤はこれらの会議には出席しなかったが, 2007年に選ばれた代表団と会談した。"总书记出席政法工作会议," http://news.takungpao.com/mainland/focus/2014-01/2164561.html.

21. たとえば, 雲南省の祥雲県と元謀県のPLCには2 ~ 3人の最低限の人員しかいなかった。*祥云县志 1978–2005*, 741; *元谋县志 1978–2005*, 207.

22. 中国共産党は中国サイバー管理局とその地方組織を設立する際, 同じモデルを使用したが, サイバー管理局の地方事務所と地方PLCには決定的な違いがある。サイバー管理局が中国共産党宣伝部の一部であるのに対し, PLCはより高い政治的地位を享受する独立した党官僚組織である。

23. *公安工作大事要览*, 964.

24. 中国の制度では, 地級市（大都市が持つ約300の行政階級）と地区の行政上の地位は同じ。いわゆる自治州を含め, いずれも行政階級では省に次ぐ第2位。

25. 周永坤, "论党委政法委员会之改革," *法学*, no. 5 (2012): 3–13; 刘忠, "政法委的构成与运作," *环球法律评论*, no. 3 (2017): 16–38.

26. "中共中央关于加强政法工作的指示," http://www.71.cn/2011/0930/632692.shtml.

27. 刘忠, "政法委的构成与运作," 34.

28. "中共中央关于维护社会稳定加强政法工作的通知," http://www.reformdata.org/1990/0402/4106.shtml.

29. 江沢民は1995年12月の政法会議の代表団に対する演説の中で, 地方PLCの規模と資金を拡大すると宣言した。*公安工作大事要览*, 1047–1048; 李永浩 等, "全面推进依法治国背景下中央政法委改革探讨," *淮阴师范学院学报*, no. 3 (2016): 301–308.

30. 殷家国, "基层政法委在履行职责中存在的主要问题及对策," *贵州省政法管理干部学院学报*, no. 1 (1996): 37–38.

31. "中共中央关于进一步加强和改进公安工作的决定," http://www.reformdata.org/2003/1118/4921.shtml; Yuhua Wang and Carl Minzner, "The Rise of the Chinese Security State,"

社, 2005), 708; *陕西省志：公安志*, 725; *跨世纪的中国人口 陕西卷* (北京：中国统计出版社, 1991): 20–22; *天津通志：公安志*, 550, 562; *江西公安志*, 49–50, 80–81; *湖南省志：政法志*, Ch. 3, 電子書籍; *湖南省志：人口志*, 電子書籍; *上海公安志*, Ch. 8, 電子書籍; *上海通志, 第三卷*, 電子書籍; *福建公安志*, http://data.fjdsfzw.org.cn/2016-0921/content_295.html; *甘肃省公安志*, 400, 465; *吉林省志：司法公安志*, Ch. 10, 電子書籍; *浙江人民公安志*, 256–260; *广西公安志*, http://lib.gxdfz.org.cn/view-a63-220.html; *广西通志 (1979–2005)*, http://www.gxdfz.org.cn/flbg/szgx/201710/t20171013_47365.html; *贵州省志：公安志*, 580–581; *贵州省志：人口和计划生育*, 3.

表1-2 データ出典: *公检法支出财务统计资料, 1991–1995* (南京：江苏科技出版社, 1991), 166, 169; *中国统计年鉴*, various years (北京：中国统计年鉴出版社).

第2章　命令・統制・連携

1. Sheena Greitens, *Dictators and Their Secret Police: Coercive Institutions and State Violence* (New York: Cambridge University Press, 2016), 12; Blake McMahon and Branislav Slantchev, "The Guardianship Dilemma: Regime Security through and from the Armed Forces," *American Political Science Review* 109, no. 2 (2015): 297–313.
2. Ephraim Kahana and Muhammad Suwaed, *Historical Dictionary of Middle Eastern Intelligence* (Lanham, MD: Scarecrow Press, 2009), 66, 210–211.
3. "Manuel Contreras, Head of Chile's Spy Agency under Pinochet, Dies Aged 86," *Guardian*, August 8, 2015.
4. Mike Dennis, *The Stasi: Myth and Reality* (Harlow: Pearson/Longman, 2003), 40–46.
5. Murray Scot Tanner and Eric Green, "Principals and Secret Agents: Central versus Local Control over Policing and Obstacles to 'Rule of Law' in China," *China Quarterly* 191 (2007): 644–670.
6. このような地方当局と中央当局の摩擦は,「分裂した権威主義」の兆候だ。以下参照。Kenneth Lieberthal and David Lampton, eds., *Bureaucracy, Politics, and Decision Making in Post-Mao China* (Berkeley: University of California Press, 2018).
7. これらの委員会の中国語名は以下の通り。中央国家安全委员会, 中央网络安全和信息化委员会, 中央外事工作委员会, 中央军民融合发展委员会。
8. "全国社会治安综合治理工作大事记," *法制日报*, September 25, 2001, http://news.sina.com.cn/c/2001-09-25/365090.html. 2011年, 党はこの委員会の名称を「中央社会管理综合治理委员会」に変更したが, 2014年に元の名称に戻した。"中央综治委恢复"治安"原名," *澎湃新闻*, October 10, 2014, http://m.thepaper.cn/kuaibao_detail.jsp?contid=1270571&from=kuaibao.
9. Wen-Hsuan Tsai and Wang Zhou, "Integrated Fragmentation and the Role of Leading Small Groups in Chinese Politics," *China Journal*, no. 82 (July 2019): 1–22; Alice Miller, "More Already on the Central Committee's Leading Small Groups," *China Leadership Monitor*, no. 44, Hoover Institution, July 28, 2014, https://www.hoover.org/research/more-already-central-committees-leading-small-groups.
10. 中国語名は「中央防范和处理邪教问题领导小组」と「中央维护稳定领导小组」。
11. Sarah Cook and Leeshai Lemish, "The 610 Office: Policing the Chinese Spirit," *China Brief* 11, no. 17, Jamestown Foundation, September 16, 2011, https://jamestown.org/program/the-610-office-policing-the-chinese-spirit; "刘金国不再担任610办公室主任," *中国经*

の警察官を増やせば，純増数は1万人を超える。

102. *公安工作大事要览*, 880.

103. *公安工作大事要览*, 988, 1073–1074, 1227.

104. "中共中央关于维护社会稳定加强政法工作的通知."

105. "维稳办走上前台," *双周刊*, no. 8 (2009): 44–46.

106. Weishan Miao and Wei Lei, "Policy Review: The Cyberspace Administration of China," *Global Media and Communication* 12, no. 3 (2016): 337–340.

107. Beibei Tang, "Grid Governance in China's Urban Middle-class Neighbourhoods," *China Quarterly* 241 (2020): 43–61; Fan Liang, Vishnupriya Das, Nadiya Kostyuk, and Muzammil M. Hussain, "Constructing a Datadriven Society: China's Social Credit System as a State Surveillance Infrastructure," *Policy & Internet* 10, no. 4 (2018): 415–453.

108. *Statistical Yearbook of China 2021*, Table 7-1, 電子書籍.

109. *Statistical Yearbook of China*, various years.

110. この新しい委員会についてはほとんど知られていない。以下参照。Joel Wuthnow, "China's New 'Black Box': Problems and Prospects for the Central National Security Commission," *China Quarterly* 232 (2017): 886–903.

111. "十八大、十九大后落马省部级及以上高官名单," http://district.ce.cn/newarea/sddy/201410/03/t20141003_3638299.shtml.

112. Sheena Greitens, "Surveillance, Security, and Liberal Democracy in the Post-COVID World," *International Organization* 74 (S1) (2020): E169–E190.

113. Yu Sun and Wilfred Wang, "Governing with Health Code: Standardising China's Data Network Systems during Covid-19," *Policy & Internet* 14 (2022): 673–687; Fan Liang, "COVID-19 and Health Code: How Digital Platforms Tackle the Pandemic in China," *Social Media + Society* 6, no. 3 (2020): 1–4.

114. "河南健康码变色之警示," *China Economic Weekly*, June 30, 2022, 52–55; Chris Buckley, Vivian Wang, and Keith Bradsher, "Living by the Code," *New York Times*, January 30, 2022.

115. 中華人民共和国国家衛生健康委員会, "关于印发"十四五"全民健康信息化规划的通知," http://www.nhc.gov.cn/cms-search/xxgk/getManuscriptXxgk.htm?id=49eb570ca79a42f688f9efac42e3c0f1.

116. 著者, "Grid Management: China's Latest Institutional Tool of Social Control," *China Leadership Monitor* 67 (Spring 2021), https://www.prcleader.org/pei-grid-management.

117. 习近平, "在中央政治局常委会会议研究应对新型冠状病毒肺炎疫情工作时的讲话," https://www.12371.cn/2022/09/03/ARTI1662190489127492.shtml.

118. "先锋街道网格化推进老年人疫苗接种," http://www.tongzhou.gov.cn/tzzt/fkxd/content/192aff3a-0796-4609-b3da-46e2edd0d509.html; "网格员深入社区轮岗值守," http://www.szlhq.gov.cn/jdbxxgkml/mzjdb/dtxx_124615/gzdt_124616/content/post_10108548.html; "广东省全面推行"网格化"疫情防控," http://www.gov.cn/xinwen/202002/11/content_5477195.htm; "广灵县网格化管理筑牢疫情防控网," http://www.dt.gov.cn/dtzww/xqxx1/202205/1b8681d9cd2641588a78339b9b9416d1.shtml.

119. "习近平指示强调：把 '枫桥经验' 坚持好、发展好," http://www.gov.cn/ldhd/2013-10/11/content_2504878.htm.

表1-1 データ出典: *广东公安志*, 180; *新中国五十五年统计资料汇编*（北京：中国统计出版

Xiaoping Era (Cambridge, MA: Harvard University Press, 1994).
80. 1990年代の都市部人口の純増数は1億5,700万人（出生を含む）。*Statistical Yearbook of China 2001*, Table 4.1, 電子書籍; Xiaobo Lu and Elizabeth Perry, eds., *Danwei: The Changing Chinese Workplace in Historical and Comparative Perspective* (Armonk, NY: M. E. Sharpe, 1997).
81. Timothy Brook and B. Michael Frolic, *Civil Society in China* (London: Routledge, 2015).
82. Murray Scot Tanner, "China Rethinks Unrest," *Washington Quarterly* 27, no. 3 (2004): 137–156.
83. "中共中央关于维护社会稳定加强政法工作的通知," http://www.reformdata.org/1990/0402/4106.shtml.
84. "关于加强公安工作的决定," *公安工作大事要览*, 872, 875.
85. Yuhua Wang and Carl Minzner, "The Rise of the Chinese Security State," *China Quarterly* 222 (2015): 339–359.
86. *公安工作大事要览*, 820, 917, 932, 1084–1085, 1132, 1141.
87. "中共中央、国务院关于加强社会治安综合治理的决定," http://www.reformdata.org/1991/0219/4159.shtml; "中共中央国务院关于进一步加强社会治安综合治理的意见," http://www.gov.cn/gongbao/content/2001/content_61190.htm.
88. Hualing Fu, "Zhou Yongkang and the Recent Police Reform in China," *Australian & New Zealand Journal of Criminology* 38, no. 2 (2005): 241–253.
89. "中共中央关于进一步加强和改进公安工作的决定," http://www.reformdata.org/2003/1118/4921.shtml.
90. "中共中央关于进一步加强和改进公安工作的决定"; Yuhua Wang, "Empowering the Police: How the Chinese Communist Party Manages Its Coercive Leaders," *China Quarterly* 219 (2014): 625–648.
91. Sheena Greitens, "Rethinking China's Coercive Capacity: An Examination of PRC Domestic-Security Spending, 1992–2012," *China Quarterly* 232 (2017): 1002–1025.
92. *Statistical Yearbook of China 2020*, Table 7-1, 電子書籍.
93. 2012年以降, 政府は人民武装警察への支出を含む国内治安支出の総額のみを公表している。人民武装警察への支出の割合は2002年から11年までの平均で約16%であったことから, 2012年から20年までの国内治安支出総額の約84%は公安, 検察局, 裁判所に充てられたと考えるのが妥当だろう。
94. 消費者物価指数は1991年から2020年の間に472%上昇した。*Statistical Yearbook of China 1999*, Table 9-2; *Statistical Yearbook of China 2021*, Table 5-2, 電子書籍.
95. *地方财政统计资料 1995*（北京：新华出版社, 1996), 314, 316; *地方财政统计资料 1996*（北京：中国财政经济出版社, 1998), 317, 319.
96. *中国法律年鉴 1987–1997 (珍藏版)*, 778; 沈晓洪 等, "基层公安机关警力配置现状与思考," *Journal of Jiangxi Public Security College*, no. 141 (July 2010): 107.
97. *湖北公安志*, 259.
98. *浙江通志：公安志*, 63.
99. *贵州省志：公安志*, 129.
100. *湖北公安志*, 259.
101. *浙江通志：公安志*, 63. 全国で1万人の警察官増員という試算は控えめな数字である。中国には省級行政区画が31ある。浙江省と湖北省より少ないが, それぞれ平均350人

49. *陕西省志：公安志*, 723; *公安工作大事要览*, 164–166.
50. *江西公安志*, 49; *天津通志：公安志*, 550, 560; *甘肃省志：公安志*, 466–467.
51. *公安工作大事要览*, 419, 573.
52. *中国法律年鉴 1987–1997 (珍藏版)*, 161. 2000万人以上という数字は, MPSの『*Major Events in Public Security Work 1949–2000*』*公安工作大事要览*, 573 に引用されたニュース記事にも記載がある。
53. *上海公安志*, Ch. 3, 電子書籍; *浙江人民公安志*, 257–258; *贵州省志：公安志*, 581.
54. *浙江人民公安志*, 257; *甘肃省公安志*, 464.
55. *浙江人民公安志*, 257–258; *湖南省志：政法志*, 電子書籍; *江西公安志*, 49; *福建公安志*, http://data.fjdsfzw.org.cn/2016-09-21/content_295.html.
56. *广西公安志*, http://lib.gxdfz.org.cn/view-a63-220.html; *上海公安志*, Ch. 3, 電子書籍; *贵州省志：公安志*, 580.
57. *绍兴市志*, http://www.sx.gov.cn/col/col1462780/index.html.
58. *长兴公安志*, 387; *岱山县公安志*, 158; *舟山市公安志*, 210.
59. *杭州市人民公安志*, 210; *绍兴县公安志*, 142.
60. "关于重点人口管理工作的暂行规定." この規定への言及は*公安工作大事要览*, 100–101 にある。
61. "城市治安管理工作细则," *山东省国情网*, "重点人口管理."
62. *黑龙江省志：公安志*, 373; 1959年の人口の出典はhttps://m.gotohui.com/pdata-0/1959.
63. *黑龙江省志：公安志*, 373; https://m.gotohui.com/pdata-0/1959; *重庆市志：公安志*, Ch. 7, 電子書籍; *杭州市人民公安志*, 210; *建德市公安志*, 191, 260; *余杭公安志*, 79, 343; *岱山县公安志*, 158, 165; *天台县公安志*, 98, 100; *宁海县公安志*, 337; *慈溪市公安志*, 237, 251.
64. "关于加强政法工作的指示," http://cpc.people.com.cn/GB/4519165.html#.
65. *公安工作大事要览*, 344, 564.
66. *中国法律年鉴 1987–1997（珍藏版）*, 739, 778.
67. *湖北公安志*, 259.
68. *公安工作大事要览*, 448.
69. 地方の政法委員会のスタッフはごくわずかで, 場所によっては書記を含めて2, 3人しかいない委員会も, 専任のスタッフや書記すらいない委員会もあった。*祥云县志 1978–2005*, 741; *元谋县志 1978–2005*, 207; *河源市源城区志 1988–2003*, 684.
70. *公安工作大事要览*, 507–508, 528, 537.
71. "关于加强国家安全部和公安部合作的意见," *公安工作大事要览*, 596.
72. *公安工作大事要览*, 576–577.
73. リベラル派の阮崇武は, 1985年8月から1987年3月まで公安部部長を務めた。
74. *公安工作大事要览*, 557, 646, 699, 731.
75. 歳入データ出典は *Statistical Yearbook of China 2021,* Table 7-1, 電子書籍.
76. Murray Scot Tanner, "State Coercion and the Balance of Awe: The 1983–1986 'Stern Blows' Anti-crime Campaign," *China Journal* 44 (2000): 93–125.
77. *公安工作大事要览*, 653.
78. Susan Trevaskes, "Severe and Swift Justice in China," *British Journal of Criminology* 47, no. 1 (2007): 23–41.
79. Merle Goldman, *Sowing the Seeds of Democracy in China: Political Reform in the Deng*

27. *陕西省志：公安志*, 393; *景德镇市志第一卷公安志*, 399–400; "治安保卫委员会暂行组织条例," http://www.gov.cn/zhengce/2020-12/25/content_5573171.htm.
28. 中国共産党員と青年団員の割合は, 1963年の南京市では54%, 1960年の嘉興市では46%だった。*南京公安志*, 159; *嘉兴人民公安志*, 297.
29. *吉林省志：司法公安志*, Ch. 7 and Ch. 9, 電子書籍; *浙江通志：公安志*, 292; *浙江省人口志*, Table 3-4-1, 電子書籍; *福建公安志*, http://data.fjdsfzw.org.cn/2016-09-21/content_295.html; *湖北公安志*, 62, 194; *江西公安志*, 60, 80.
30. *中国法律年鉴1987–1997（珍藏版）*（北京: 中国法律出版社, 1998), 739, 742, 754–755, 765, 767, 778, 780, 795, 797, 811, 827, and 829.
31. *公安工作大事要览*, 152.
32. *公安工作大事要览*, 165.
33. *公安工作大事要览*, 507.
34. *来宾政法志*, 41–43, 56.
35. Michael Dutton, "Policing the Chinese Household: A Comparison of Modern and Ancient Forms," *Economy and Society* 17, no. 2 (1988): 195–224; Wai-po Huen, "Household Registration System in the Qing Dynasty: Precursor to the PRC's Hukou System," *China Report* 32, no. 4 (1996): 395–418.
36. Zhang Qingwu, "Basic Facts on the Household Registration System," ed. and trans. Michael Dutton, *Chinese Economic Studies* 22 (1988): 3–106; Michael Dutton, *Policing and Punishment in China: From Patriarchy to the People* (New York: Cambridge University Press, 1992); Frederic Wakeman Jr., *Policing Shanghai, 1927–1937* (Berkeley: University of California Press, 1995).
37. Fei-Ling Wang, *China's Hukou System: Organizing through Division and Exclusion* (Stanford, CA: Stanford University Press, 2005); Kam Wing Chan and Li Zhang, "The Hukou System and Rural-Urban Migration in China: Processes and Changes," *China Quarterly* 160 (1999): 818–855; Tiejun Cheng and Mark Selden, "The Origins and Social Consequences of China's Hukou System," *China Quarterly* 139 (1994): 644–668.
38. *Statistical Yearbook of China 1999*, Table 4-1, 電子書籍.
39. MPSは1951年7月に「都市戸口管理暫定条例（城市户口管理暂行条例）」を公布した。http://www.hljcourt.gov.cn/lawdb/show.php?fid=48&key=%D0%D0%D5%FE; *公安工作大事要览*, 63.
40. *江西公安志*, 72.
41. *湖南省志：政法志*, Ch. 2, 電子書籍.
42. "中华人民共和国户口登记条例," https://www.waizi.org.cn/doc/120275.html.
43. *公安工作大事要览*, 143–144.
44. *浙江人民公安志*, 290–294.
45. *浙江人民公安志*, 290–294.
46. *广东公安志*, 209–211; *湖南省志：政法志*, Ch. 2, 電子書籍.
47. *江西公安志*, 73; *湖南省志：政法志*, Ch. 2, 電子書籍; *浙江人民公安志*, 290–294; *广东公安志*, 209–211.
48. 中国の監視へのアプローチはスターリン主義的な人口の分類法に倣っているようだ。以下も参照。David Shearer, *Policing Stalin's Socialism* (New Haven: Yale University Press, 2009), 158–180.

Politics 49, no. 2 (1997): 155–183.

第1章　中国監視体制の発展

1. "管制反革命分子暂行办法," http://www.ce.cn/xwzx/gnsz/szyw/200705/29/t20070529_11526416.shtml; *天津通志：公安志*, 560; *浙江人民公安志*, 254–257.
2. 革命体制全般における大規模恐怖運動についてはスティーヴン・レヴィツキー，ルーカン・ウェイ著 Steven Levitsky and Lucan Way, 『*Revolution and Dictatorship: The Violent Origins of Durable Authoritarianism*』 (Princeton, NJ: Princeton University Press, 2022)を，とくに中国の恐怖運動については，フランク・ディケーター著 Frank Dikötter, 『*Tragedy of Liberation* (New York: Bloomsbury Press, 2013), ヤン・クイソン著 Yang Kuisong, 『Reconsidering the Campaign to Suppress Counterrevolutionaries』 *China Quarterly* 193 (March 2008): 102–112 を参照。
3. *Statistical Yearbook of China 1990* (Beijing: China Statistical Publishing Co., 1991), 89.
4. *建国以来公安工作大事要览*（北京：群众出版社, 2003), 21, 24, 25, and 36 (以下, *公安工作大事要览*).
5. *浙江人民公安志*, 83.
6. *江西公安志*, 186.
7. *上海公安志*, Part 2, Ch. 3, 電子書籍.
8. *江西公安志*, 186; 上海公安志, Part 2, Ch. 2, 電子書籍; *浙江人民公安志*, 107–108.
9. *公安工作大事要览*, 87–89.
10. *公安工作大事要览*, 137.
11. *公安工作大事要览*, 164–166.
12. "罗瑞卿同志在全国公安厅局长座谈会上的总结发言," *公安会议文件汇编* (1949.10–1957.9), 529–535. 江西省警察は「反革命的社会基盤」に関するファイルを作成した。*江西公安志*, 72.
13. *公安工作大事要览*.
14. この数には17万1,000人の警察官，すなわち階級を持たない「民警」が含まれている。さらに，人民武装警察には12万5,000人の警官と兵士がいた。*公安工作大事要览*, 157.
15. *公安工作大事要览*, 344, 564.
16. *Statistical Yearbook of China 1999*, Table 4-1; and *Statistical Yearbook of China 2011*, Table 3-1, 電子書籍.
17. *浙江通志：公安志*, 63.
18. *甘肃省公安志*, 84.
19. *贵州省志：公安志*, 127–129 に基づいた計算。
20. *象山县公安志*, 290; *鄞县公安志*, 125–128.
21. Michael Schoenhals, *Spying for the People: Mao's Secret Agents, 1949–1967* (New York: Cambridge University Press, 2013), 206, 228.
22. "罗瑞卿在第六次全国公安会议上的报告," May 17, 1957, 173.
23. 陈一新, "1955 年公安工作的基本总结和1956年的工作任务（草稿)," *第11次（湖北）省公安会议文件*, 325.
24. "罗瑞卿在第六次全国公安会议上的报告," 185–186.
25. Schoenhals, *Spying for the People*, 1; *公安工作大事要览*, 319.
26. *公安工作大事要览*, 346, 349.

on Language, Art and Cultural Exchange (ICLACE 2022), 336–341 (Atlantis Press, 2002).
47. Timothy Brook, *The Chinese State in Ming Society* (London: Routledge, 2005), 36.
48. Mott, *Imperial China 900–1800*, 918–919.
49. Mo Tian, "The *Baojia* System as Institutional Control in Manchukuo under Japanese Rule (1932–45)," *Journal of the Economic and Social History of the Orient* 59, no. 4 (2016): 531–554; Ching-Chih Chen, "The Japanese Adaptation of the pao-chia System in Taiwan, 1895–1945," *Journal of Asian Studies* 34, no. 2 (1975): 391–416; Lane Harris, "From Democracy to Bureaucracy: The Baojia in Nationalist Thought and Practice, 1927–1949," *Frontiers of History in China* 8, no. 4 (2013): 517–557.
50. "最新统计数据显示: 党员 9671.2万名 基层党组织 493.6万个," http://www.gov.cn/xinwen/2022-06/29/content_5698405.htm.
51. Seymour Martin Lipset, "Some Social Requisites of Democracy: Economic Development and Political Legitimacy," *American Political Science Review* 53, no. 1 (1959): 69–105; Samuel Huntington, *The Third Wave: Democratization in the Late Twentieth Century* (Norman: University of Oklahoma Press, 1993),『第三の波：二〇世紀後半の民主化』サミュエル・P・ハンティントン著, 川中豪訳, 白水社, 2023年; *Robert Dahl, Polyarchy: Participation and Opposition* (New Haven: Yale University Press, 1971).
52. Jie Chen and Bruce Dickson, *Allies of the State: China's Private Entrepreneurs and Democratic Change* (Cambridge, MA: Harvard University Press, 2010); Sebastian Heilmann and Elizabeth Perry, eds., *Mao's Invisible Hand: The Political Foundations of Adaptive Governance in China* (Cambridge, MA: Harvard University Asia Center, 2011); David Shambaugh, *China's Communist Party: Atrophy and Adaptation* (Berkeley: University of California Press, 2008); Andrew Nathan, "Authoritarian Resilience," *Journal of Democracy* 14, no. 1 (2003): 6–17; Teresa Wright, *Accepting Authoritarianism: State-Society Relations in China's Reform Era* (Stanford, CA: Stanford University Press, 2010).
53. 以下も参照。Yuhua Wang, "Coercive Capacity and the Durability of the Chinese Communist State," *Communist and Post-Communist Studies* 47, no. 1 (2014): 13–25; Yan, "Patrolling Harmony."
54. Joshua Rosenzweig, "Political Prisoners in China: Trends and Implications for US Policy," Testimony to the Congressional-Executive Committee on China, August 3, 2010; Ware Fong, "Depoliticization, Politicization, and Criminalization: How China Has Been Handling Political Prisoners since 1980s," *Journal of Chinese Political Science* 24, no. 2 (2019): 315–339.
55. 裕福な独裁国家ほど強大な弾圧能力を持つ。Vincenzo Bove, Jean-Philippe Platteau, and Petros G. Sekeris, "Political Repression in Autocratic Regimes," *Journal of Comparative Economics* 45, no. 2 (2017): 410–428; Michael Ross, "The Political Economy of the Resource Curse," *World Politics* 51, no. 2 (1999): 297–322.
56. Guillermo O'Donnell, Philippe C. Schmitter, and Laurence Whitehead, eds., *Transitions from Authoritarian Rule*, vol. 4, *Tentative Conclusions about Uncertain Democracies* (Baltimore, MD: Johns Hopkins University Press, 1986).
57. 著者, *China's Trapped Transition: The Limits of Developmental Autocracy* (Cambridge, MA: Harvard University Press, 2006).
58. Adam Przeworski and Fernando Limongi, "Modernization: Theories and Facts," *World*

Cambridge University Press, 2012), 125.

34. Dennis, *The Stasi*, 99.

35. Bruce, *The Firm*, 80–105.

36. Roderic Camp, *Politics in Mexico: The Decline of Authoritarianism* (Oxford: Oxford University Press, 1999); Harold Crouch, *Government and Society in Malaysia* (Ithaca, NY: Cornell University Press, 1996); Diane Mauzy and Robert Stephen Milne, *Singapore Politics under the People's Action Party* (London: Routledge, 2002).

37. Houchang Chehabi and Juan Linz, eds., *Sultanistic Regimes* (Baltimore, MD: Johns Hopkins University Press, 1998); Gholam Reza Afkhami, *The Life and Times of the Shah* (Berkeley: University of California Press, 2009); David Nicholls, "Haiti: The Rise and Fall of Duvalierism," *Third World Quarterly* 8, no. 4 (1986): 1239–1252; Gary Hawes, *The Philippine State and the Marcos Regime* (Ithaca, NY: Cornell University Press, 1987); Harold Crouch, "Patrimonialism and Military Rule in Indonesia," *World Politics* 31, no. 4 (1979): 571–587.

38. Owen Sirrs, *The Egyptian Intelligence Service: A History of the Mukhabarat, 1910–2009* (London: Routledge, 2010).

39. Pucci, *The Secret Police*; Amy Knight, *The KGB: Police and Politics in the Soviet Union* (Boston, MA: Unwin Hyman, 1988); Schoenhals, *Spying for the People*.

40. Barbara Geddes, Erica Frantz, and Joseph G. Wright, "Military Rule," *Annual Review of Political Science* 17, no. 1 (2014): 147–162.

41. サダム・フセインのバース党は一般的に，他の独裁政権よりも巧みに組織化された一党独裁政権と考えられている。しかし，バース党は社会への影響力が浅く，組織構造も典型的なレーニン主義政党ほど厳格なものではなかった。Sassoon, *Saddam Hussein's Ba'th Party; Thomas Rigby, Communist Party Membership in the USSR* (Princeton, NJ: Princeton University Press, 2019).

42. Carl Friedrich and Zbigniew Brzezinski, "The General Characteristics of Totalitarian Dictatorship," in *Comparative Government*, ed. Jean Blondel, 3–22 (London: Palgrave, 1969); Juan Linz, *Totalitarian and Authoritarian Regimes* (Boulder, CO: Lynne Rienner, 2000).

43. Kenneth Lieberthal, *Governing China: From Revolution through Reform* (New York: Norton, 2003); Richard Burks, *Dynamics of Communism in Eastern Europe* (Princeton, NJ: Princeton University Press, 2015).

44. "Citizen Spies," *Deutsche Welle (DW)*; *吉林省志: 司法公安志*, Ch. 7 and Ch. 9, 電子書籍; *浙江通志：公安志*, 292; *浙江省人口志*, Table 3-4-1, 電子書籍; *福建公安志*, http://data.fjdsfzw.org.cn/2016-09-21/content_295.html; *湖北公安志*, 62, 194; *江西公安志*, 60, 80; "化工本14党支部开展社区治安巡逻活动," https://www.cup.edu.cn/chem/dqgz/zthd/151707.htm; "组织在职党员、在职团员、中学生团员社区安全巡逻活动的通知," https://www.bit.edu.cn/tzgg17/qttz/a176500.htm; "西峰区各乡镇召开全面加强社会治安管理工作动员会," http://www.qyswzfw.gov.cn/Show/326262.

45. F. W. Mott, *Imperial China 900–1800* (Cambridge, MA: Harvard University Press, 1999), 140, 753.

46. Mott, *Imperial China 900–1800*, 138–144; Yuchen Song, "Rethinking on Wang Anshi's Reform from Economics Perspective," in *Proceedings of the 2022 3rd International Conference*

22. Zheng Wang, *Never Forget National Humiliation: Historical Memory in Chinese Politics and Foreign Relations* (New York: Columbia University Press, 2014); Suisheng Zhao, *A Nation-State by Construction: Dynamics of Modern Chinese Nationalism* (Stanford, CA: Stanford University Press, 2004); Sergei Guriev and Daniel Treisman, *Spin Dictators: The Changing Face of Tyranny in the 21st Century* (Princeton, NJ: Princeton University Press, 2022).

23. Chappell Lawson, "Mexico's Unfinished Transition: Democratization and Authoritarian Enclaves in Mexico," *Mexican Studies* 16, no. 2 (2000): 267–287; Bruce Dickson, "Integrating Wealth and Power in China: The Communist Party's Embrace of the Private Sector," *China Quarterly* 192 (2007): 827–854.

24. Steven Levitsky and Lucan Way, *Competitive Authoritarianism: Hybrid Regimes after the Cold War* (New York: Cambridge University Press, 2010); Jennifer Gandhi and Adam Przeworski, "Authoritarian Institutions and the Survival of Autocrats," *Comparative Political Studies* 40, no. 11 (2007): 1279–1301.

25. Tiberiu Dragu and Adam Przeworski, "Preventive Repression: Two Types of Moral Hazard," *American Political Science Review* 113, no. 1 (2019): 77–87; Nathan Danneman and Emily Ritter, "Contagious Rebellion and Preemptive Repression," *Journal of Conflict Resolution* 58, no. 2 (2014): 254–279.

26 Kris De Jaegher and Britta Hoyer, "Preemptive Repression: Deterrence, Backfiring, Iron Fists, and Velvet Gloves," *Journal of Conflict Resolution* 63, no. 2 (2019): 502–527.

27. E. K. Bramstedt, *Dictatorship and Political Police* (London: Kegan Paul, 1945); Molly Pucci, *The Secret Police in Communist Eastern Europe* (New Haven, CT: Yale University Press, 2020); Jonathan Adelman, ed., *Terror and Communist Politics: The Role of the Secret Police in Communist States* (Boulder, CO: Westview Press, 1984); Pablo Policzer, *The Rise and Fall of Repression in Chile* (South Bend, IN: University of Notre Dame Press, 2009); Carl Wege, "Iranian Intelligence Organizations," *International Journal of Intelligence and Counter Intelligence* 10, no. 3 (1997): 287–298.

28. Dragu and Przeworski, "Preventive Repression"; Yevgenia Albats, *The State within a State: The KGB and Its Hold on Russia* (New York: Farrar, Straus, Giroux, 1994); Greitens, *Dictators and Their Secret Police*. 強大な権力を持ったスパイ組織の長の例として旧ソ連のラヴレンティ・ベリア, ナチス・ドイツのハインリヒ・ヒムラー, 東ドイツのシュタージで長年トップを務めたエーリヒ・ミールケなどが挙げられる。

29. Wege, "Iranian Intelligence Organizations," 288; Chile: National Intelligence Directorate (DINA) and National Information Center (CNI), Federation of American Scientists, Intelligence Resource Program, September 11, 1998, https://irp.fas.org/world/chile/dina.htm.

30. Mike Dennis, *The Stasi: Myth and Reality* (London: Longman, 2003), 78–79; Gary Bruce, *The Firm: The Inside Story of the Stasi* (Oxford: Oxford University Press, 2010), 11, 13. 1989年の東ドイツの人口は1,640万人。

31. "Citizen Spies," *Deutsche Welle (DW)* Global Media Forum, March 11, 2008, https://www.dw.com/en/east-german-stasi-had-189000-informers-study-says/a-3184486-1.

32. 沈晓洪 等, "基层公安机关警力配置现状与思考," *Journal of Jiangxi Public Security College*, no. 141 (July 2010): 107.

33. Joseph Sassoon, *Saddam Hussein's Ba'th Party: Inside an Authoritarian Regime* (New York:

Surveillance Infrastructure," *Policy & Internet* 10, no. 4 (2018): 415–453; Xu Xu, "To Repress or to Co-opt? Authoritarian Control in the Age of Digital Surveillance," *American Journal of Political Science* 65, no. 2 (2021): 309–325 などがある。
11. より広範な疑問に答えてくれる著作に, Michael Schoenhals, *"Spying for the People: Mao's Secret Agents, 1949–1967"* (New York: Cambridge University Press, 2013) があるが, 毛沢東時代後は対象となっていない。
12. Christian Davenport, "State Repression and Political Order," *Annual Review of Political Science* 10, no. 1 (2007): 1–23; Mai Hassan, Daniel Mattingly, and Elizabeth R. Nugent, "Political Control," *Annual Review of Political Science* 25, no. 1 (2022): 155–174; Alexander Dallin and George Breslauer, *Political Terror in Communist Systems* (Stanford, CA: Stanford University Press, 1970).
13. Christian Davenport, Hank Johnston, and Carol Mueller, eds., *Repression and Mobilization* (Minneapolis: University of Minnesota Press, 2005); Dursun Peksen and A. Cooper Drury, "Economic Sanctions and Political Repression: Assessing the Impact of Coercive Diplomacy on Political Freedoms," *Human Rights Review* 10, no. 3 (2009): 393–411.
14. Ronald Wintrobe, *The Political Economy of Dictatorship* (New York: Cambridge University Press, 2000), 342.
15. Robert Barro, "Democracy and Growth," *Journal of Economic Growth* 26, no. 3 (1996): 1–27; Baizhu Chen and Yi Feng, "Some Political Determinants of Economic Growth: Theory and Empirical Implications," *European Journal of Political Economy* 12, no. 4 (1996): 609–627.
16. Alberto Alesina, Sule Özler, Nouriel Roubini, and Phillip Swagel, "Political Instability and Economic Growth," *Journal of Economic Growth* 1, no. 2 (1996): 189–211; Ari Aisen and Francisco José Veiga, "How Does Political Instability Affect Economic Growth?" *European Journal of Political Economy* 29 (2013): 151–167.
17. Sheena Greitens, *Dictators and Their Secret Police: Coercive Institutions and State Violence* (New York: Cambridge University Press, 2016), 12; Jack Paine, "Reframing the Guardianship Dilemma: How the Military's Dual Disloyalty Options Imperil Dictators," *American Political Science Review* 116, no. 4 (2022): 1–18.
18. Andrea Kendall-Taylor and Erica Frantz, "How Autocracies Fall," *Washington Quarterly* 37, no. 1 (2014): 35–47.
19. Michael Makara, "Coup-proofing, Military Defection, and the Arab Spring," *Democracy and Security* 9, no. 4 (2013): 334–359; Ulrich Pilster and Tobias Böhmelt, "Coup-proofing and Military Effectiveness in Interstate Wars, 1967–99," *Conflict Management and Peace Science* 28, no. 4 (2011): 331–350; Greitens, *Dictators and Their Secret Police*, 30–61.
20. Bruce Bueno de Mesquita and Alastair Smith, *The Dictator's Handbook: Why Bad Behavior Is Almost Always Good Politics* (New York: Public Affairs, 2011); Erica Frantz and Andrea Kendall-Taylor, "A Dictator's Toolkit: Understanding How Co-optation Affects Repression in Autocracies," *Journal of Peace Research* 51, no. 3 (2014): 332–346; Johannes Gerschewski, "The Three Pillars of Stability: Legitimation, Repression, and Co-optation in Autocratic Regimes," *Democratization* 20, no. 1 (2013): 13–38.
21. Bruce Gilley, *The Right to Rule: How States Win and Lose Legitimacy* (New York: Columbia University Press, 2009).

Administrative Detention Powers in China (New York: Cambridge University Press, 2007); Youyu Xu and Hua Ze, eds., *In the Shadow of the Rising Dragon: Stories of Repression in the New China* (New York: Macmillan, 2013); Christian Göbel, "The Political Logic of Protest Repression in China," *Journal of Contemporary China* 30, no. 128 (2021): 169–185; Xiaojun Yan, "Engineering Stability: Authoritarian Political Control over University Students in Post-Deng China," *China Quarterly* 218 (2014): 493–513; Zhou Kai and Xiaojun Yan, "The Quest for Stability: Policing Popular Protest in the People's Republic of China," *Problems of Post-Communism* 60, no. 3 (2014): 3–17.

9. Margaret Roberts, *Censored* (Princeton: Princeton University Press, 2018); Gary King, Jennifer Pan, and Margaret E. Roberts, "How Censorship in China Allows Government Criticism but Silences Collective Expression," *American Political Science Review* 107, no. 2 (2013): 326–343; Rogier Creemers, "Cyber China: Upgrading Propaganda, Public Opinion Work and Social Management for the Twenty-First Century," *Journal of Contemporary China* 26, no. 103 (2017): 85–100; Wen-Hsuan Tsai, "How 'Networked Authoritarianism' Was Operationalized in China: Methods and Procedures of Public Opinion Control," *Journal of Contemporary China* 25, no. 101 (2016): 731–744; H. Christoph Steinhardt, "Defending Stability under Threat: Sensitive Periods and the Repression of Protest in Urban China," *Journal of Contemporary China* 30, no. 130 (2021): 526–549; Rory Truex, "Focal Points, Dissident Calendars, and Preemptive Repression," *Journal of Conflict Resolution* 63, no. 4 (2019): 1032–1052; Xiaojun Yan, "Patrolling Harmony: Pre-emptive Authoritarianism and the Preservation of Stability in W County," *Journal of Contemporary China* 25, no. 99 (2016): 406–421; Yanhua Deng and Kevin O'Brien, "Relational Repression in China: Using Social Ties to Demobilize Protesters," *China Quarterly* 215 (2013): 533–552; Kevin O'Brien and Yanhua Deng, "Preventing Protest One Person at a Time: Psychological Coercion and Relational Repression in China," *China Review* 17, no. 2 (2017): 179–201; Xi Chen, "Origins of Informal Coercion in China," *Politics & Society* 45, no. 1 (2017): 67–89; Lynette Ong, *Outsourcing Repression: Everyday State Power in Contemporary China* (New York: Oxford University Press, 2022); Martin Dimitrov, *Dictatorship and Information: Authoritarian Regime Resilience in Communist Europe and China* (New York: Oxford University Press, 2022); Jennifer Pan, *Welfare for Autocrats: How Social Assistance in China Cares for Its Rulers* (New York: Oxford University Press, 2020); Daniel Mattingly, *The Art of Political Control in China* (New York: Cambridge University Press, 2020), 154–180.

10. ジャーナリスティックな記述としては, Kai Strittmatter, *"We Have Been Harmonized: Life in China's Surveillance State"* (New York: Custom House, 2021)や, より実質的で情報量の多い Josh Chin and Liza Lin, *"Surveillance State: Inside China's Quest to Launch a New Era of Social Control"* (New York: St. Martin's Press, 2022) などがある。貴重な学術的記述としては, James Leibold, "Surveillance in China's Xinjiang Region: Ethnic Sorting, Coercion, and Inducement" *Journal of Contemporary China* 29, no. 121 (2020): 46–60, Jessica Batke and Mareike Ohlberg, "State of Surveillance: Government Documents Reveal New Evidence on China's Efforts to Monitor Its People" Asia Society, *ChinaFile*, October 30, 2020, https://www.chinafile.com/state-surveillance-china などがある。社会信用システムに関する著作としては, Fan Liang, Vishnupriya Das, Nadiya Kostyuk, and Muzammil M. Hussain, "Constructing a Data-Driven Society: China's Social Credit System as a State

原 注

はじめに

1. Jon Russell, "China's CCTV Surveillance Network Took Just Seven Minutes to Capture BBC Reporter," TechCrunch, December 14, 2017, https://techcrunch.com/2017/12/13/china-cctv-bbc-reporter.
2. Paul Mozur and Allan Krolik, "A Surveillance Net Blankets China's Cities," *New York Times*, December 17, 2019.
3. Josh Chin and Clément Bürge, "Twelve Days in Xinjiang: How China's Surveillance State Overwhelms Daily Life," *Wall Street Journal*, December 17, 2017.
4. Paul Mozur, Claire Fu, and Amy Chang Chien, "How China's Police Used Phones and Faces to Track Protesters," *New York Times*, December 2, 2022.
5. George Soros, "Remarks Delivered at the World Economic Forum," Davos, Switzerland, January 24, 2019, https://www.georgesoros.com/2019/01/24/remarks-delivered-at-the-world-economic-forum-2/.
6. Suzanne Scoggins, *Policing China* (Ithaca, NY: Cornell University Press, 2021); Susan Trevaskes, *Policing Serious Crime in China: From 'Strike Hard' to 'Kill Fewer'* (London: Routledge, 2012); Michael Dutton, *Policing and Punishment in China: From Patriarchy to 'the People'* (Cambridge: Cambridge University Press, 1992); Michael Dutton, *Policing Chinese Politics* (Durham, NC: Duke University Press, 2005); Murray Scot Tanner and Eric Green, "Principals and Secret Agents: Central versus Local Control over Policing and Obstacles to 'Rule of Law' in China," *China Quarterly* 191 (2007): 644–670; Ivan Sun and Yuning Wu, "Chinese Policing in a Time of Transition, 1978–2008," *Journal of Contemporary Criminal Justice* 26, no. 1 (2010): 20–35; Edward Schwarck, "Intelligence and Informatization: The Rise of the Ministry of Public Security in Intelligence Work in China," *China Journal* 80, no. 1 (2018): 1–23.
7. Yuhua Wang and Carl Minzner, "The Rise of the Chinese Security State," *China Quarterly* 222 (2015): 339–359; Yuhua Wang, "Empowering the Police: How the Chinese Communist Party Manages Its Coercive Leaders," *China Quarterly* 219 (2014): 625–648; Xie Yue, "Rising Central Spending on Public Security and the Dilemma Facing Grassroots Officials in China," *Journal of Current Chinese Affairs* 42, no. 2 (2013): 79–109; Sheena Greitens, "Rethinking China's Coercive Capacity: An Examination of PRC Domestic Security Spending, 1992–2012," *China Quarterly* 232 (2017): 1002–1025; Xuezhi Guo, *China's Security State: Philosophy, Evolution, and Politics* (New York: Cambridge University Press, 2012).
8. Sheena Greitens, Myunghee Lee, and Emir Yazici, "Counterterrorism and Preventive Repression: China's Changing Strategy in Xinjiang," *International Security* 44, no. 3 (2020): 9–47; James Tong, *Revenge of the Forbidden City: The Suppression of the Falungong in China, 1999–2005* (New York: Oxford University Press, 2009); Sarah Biddulph, *Legal Reform and*

【ラ・リ・レ・ロ】

【アルファベット】

【ヘ】

【ホ】

【ミ・モ】

【ヨ】

【ナ・ニ・ネ】

【ハ】

【ヒ】

【フ】

【チ】

【テ】

【ト】

【ス】

【セ】

【ソ】

【タ】

【サ】

【シ】

【 ク 】

【 ケ 】

【 コ 】

索 引

【訳者】布施亜希子（ふせ あきこ）
神奈川県横浜市生まれ。英日ノンフィクション翻訳を中心に活動。『スタンフォード・ソーシャルイノベーション・レビュー』の翻訳に携わる。訳書に、『クリティカル・シンキングができる子に育つ ３つの視点と13のレッスン』がある。

中国《ちゅうごく》の恐《おそ》るべき監視体制《かんしたいせい》　独裁政治《どくさいせいじ》の未来《みらい》

2024年12月20日　初版印刷
2024年12月30日　初版発行

著　者　ミンシン・ペイ
訳　者　布施亜希子
装　幀　岩瀬聡
発行者　小野寺優
発行所　株式会社河出書房新社
〒162-8544 東京都新宿区東五軒町2-13
電話 03-3404-1201［営業］ 03-3404-8611［編集］
https://www.kawade.co.jp/

組　版　KAWADE DTP WORKS
印　刷　株式会社暁印刷
製　本　小泉製本株式会社

Printed in Japan
ISBN978-4-309-22949-2